法治中国丛书

司法公开

由朦胧到透明的中国法院

——浙江法院阳光司法第三方评估

田　禾　吕艳滨　著

中国社会科学出版社

图书在版编目（CIP）数据

司法公开：由朦胧到透明的中国法院：浙江法院阳光司法第三方评估/田禾，吕艳滨著．—北京：中国社会科学出版社，2017.1

（法治中国丛书）

ISBN 978-7-5161-9389-1

Ⅰ.①司…　Ⅱ.①田…②吕…　Ⅲ.①法院—司法制度—研究报告—浙江—2013—2015　Ⅳ.①D926.2

中国版本图书馆 CIP 数据核字（2016）第 280130 号

出 版 人　赵剑英
责任编辑　王　茵　李溪鹏
责任校对　王佳玉
责任印制　王　超

出　　版　中国社会科学出版社
社　　址　北京鼓楼西大街甲 158 号
邮　　编　100720
网　　址　http://www.csspw.cn
发 行 部　010-84083685
门 市 部　010-84029450
经　　销　新华书店及其他书店

印　　刷　北京君升印刷有限公司
装　　订　廊坊市广阳区广增装订厂
版　　次　2017 年 1 月第 1 版
印　　次　2017 年 1 月第 1 次印刷

开　　本　710×1000　1/16
印　　张　17
字　　数　229 千字
定　　价　65.00 元

目　录

导言　司法公开是中国司法制度的一场革命 …………………… (1)
一　人民法院推进司法公开的意义 …………………………………… (2)
(一)提升司法公信力 ……………………………………………… (2)
(二)保障公民权益 ………………………………………………… (3)
(三)规范司法权力 ………………………………………………… (4)
(四)提升法官的素质和水平 ……………………………………… (5)
二　人民法院司法公开的推进及其特点 ……………………………… (5)
(一)更加注重顶层设计 …………………………………………… (5)
(二)公开范围不断扩展 …………………………………………… (6)
(三)公开观念不断提升 …………………………………………… (7)
(四)注重借力信息手段 …………………………………………… (7)
(五)公开形式更加多样 …………………………………………… (8)
(六)司法公开平台更加统一 ……………………………………… (9)
三　人民法院司法公开的实践及其创新 ……………………………… (9)
(一)立案庭审公开 ………………………………………………… (9)
(二)裁判文书公开 ………………………………………………… (11)
(三)执行信息公开 ………………………………………………… (12)

第一章　法治量化研究及司法公开第三方评估 …………………… (16)
一　法治量化评估方法的基本要素 …………………………………… (17)

二　境内外法治指数概况 …………………………………………（21）
三　司法透明度指数的基本要素 ……………………………………（24）
（一）评估意义和作用 …………………………………………（24）
（二）评估方法与路径 …………………………………………（25）
（三）评估体系的原则 …………………………………………（27）
四　法治量化研究的未来发展方向 ……………………………………（29）
（一）立志于推动法治发展 ……………………………………（29）
（二）强化研究中立的思维 ……………………………………（30）
（三）指标与方法的科学性 ……………………………………（30）

第二章　浙江法院阳光司法评估及阳光司法实践概况 ………………（34）
一　评估的意义 ……………………………………………………（34）
二　评估指标与方法 ………………………………………………（38）
（一）2013 年的评估指标 ……………………………………（39）
（二）2014 年的评估设计 ……………………………………（42）
（三）2015 年的评估设计 ……………………………………（44）
三　浙江法院阳光司法的成效 ……………………………………（46）
（一）2013 年评估发现的亮点 ………………………………（46）
（二）2014 年评估发现的亮点 ………………………………（50）
（三）2015 年评估发现的亮点 ………………………………（51）
四　浙江阳光司法存在的问题 ……………………………………（53）
（一）2013 年评估发现的问题 ………………………………（53）
（二）2014 年评估发现的问题 ………………………………（55）
（三）2015 年评估发现的问题 ………………………………（58）
小结　司法公开工作成绩斐然但仍存在多重困难 ……………………（60）
（一）司法公开还存在法律上的模糊地带 …………………………（61）
（二）司法公开面临案多人少的压力 ……………………………（61）
（三）纷繁复杂的案件情况制约司法公开的发展 ……………………（62）

第三章 立案庭审公开 …………………………………………………… (63)
一 评估指标和方法 …………………………………………………… (63)
二 立案庭审公开的成效 ……………………………………………… (68)
(一)2013 年浙江法院阳光司法的亮点 ……………………………… (68)
(二)2014 年浙江法院阳光司法的亮点 ……………………………… (73)
(三)2015 年浙江法院阳光司法的亮点 ……………………………… (75)
三 立案庭审公开存在的问题 ………………………………………… (81)
(一)2013 年浙江法院阳光司法的问题 ……………………………… (81)
(二)2014 年浙江法院阳光司法的问题 ……………………………… (88)
(三)2015 年浙江法院阳光司法的问题 ……………………………… (105)
小结 立案庭审公开的努力方向 ……………………………………… (116)
(一)注重诉讼指南的编制与公开工作 ……………………………… (116)
(二)加强案卷的管理规范化和标准化 ……………………………… (117)
(三)提高诉讼权利义务和重大事项告知的实效 …………………… (117)
(四)重视庭审同步录音录像工作 …………………………………… (118)

第四章 裁判文书公开 …………………………………………………… (120)
一 评估指标和方法 …………………………………………………… (120)
(一)2013 年裁判文书指标设计 ……………………………………… (120)
(二)2014 年裁判文书公开指标 ……………………………………… (121)
(三)2015 年裁判文书公开指标 ……………………………………… (123)
二 裁判文书公开的成效 ……………………………………………… (124)
(一)2013 年浙江法院阳光司法的亮点 ……………………………… (124)
(二)2014 年浙江法院阳光司法的亮点 ……………………………… (128)
(三)2015 年浙江法院阳光司法的亮点 ……………………………… (129)
三 裁判文书公开存在的问题 ………………………………………… (131)
(一)2013 年浙江法院阳光司法的问题 ……………………………… (131)
(二)2014 年浙江法院阳光司法的问题 ……………………………… (139)
(三)2015 年浙江法院阳光司法的问题 ……………………………… (144)

小结　裁判文书公开的努力方向 …………………………………（150）
（一）贯彻以公开为常态、不公开为例外的原则 ………………（150）
（二）正确认识裁判文书公开的意义 ……………………………（151）
（三）科学界定裁判文书公开的节点 ……………………………（151）
（四）重视并保障裁判文书说理 …………………………………（152）
（五）发挥下级法院的主动性 ……………………………………（153）

第五章　执行信息公开 ……………………………………………（155）
一　评估指标和方法 ……………………………………………（155）
二　执行信息公开的成效 ………………………………………（157）
（一）2013 年浙江法院阳光司法的亮点 …………………………（157）
（二）2014 年浙江法院阳光司法的亮点 …………………………（163）
（三）2015 年浙江法院阳光司法的亮点 …………………………（168）
三　执行信息公开存在的问题 …………………………………（175）
（一）2013 年浙江法院阳光司法的问题 …………………………（175）
（二）2014 年浙江法院阳光司法的问题 …………………………（182）
（三）2015 年浙江法院阳光司法的问题 …………………………（188）
小结　执行信息公开的努力方向 ………………………………（196）
（一）提升执行信息公开的意识 …………………………………（197）
（二）细化执行信息的公开标准 …………………………………（197）
（三）依法履责并保障当事人权益 ………………………………（198）
（四）规范文书制作和案卷管理 …………………………………（199）

第六章　审务公开 …………………………………………………（200）
一　评估指标和方法 ……………………………………………（200）
二　审务公开的成效 ……………………………………………（203）
（一）2013 年浙江法院阳光司法的亮点 …………………………（203）
（二）2014 年浙江法院阳光司法的亮点 …………………………（208）
（三）2015 年浙江法院阳光司法的亮点 …………………………（209）

三　审务公开存在的问题 …………………………………… (216)
(一)2013 年浙江法院阳光司法的问题 ………………………… (216)
(二)2014 年浙江法院阳光司法的问题 ………………………… (226)
(三)2015 年浙江法院阳光司法的问题 ………………………… (234)
小结　审务公开的努力方向 ………………………………… (242)
(一)强化网站公开第一平台理念 ………………………… (243)
(二)提升网站的实用性和易用性 ………………………… (244)
(三)理顺法院各公开平台的关系 ………………………… (245)
(四)提升 12368 平台的服务水平 ………………………… (245)

结语 ………………………………………………………… (247)
一　深化司法公开,推动司法改革 ………………………… (249)
二　提升观念认识,引领公开工作 ………………………… (249)
三　完善制度机制,保证依法推进 ………………………… (250)
四　以需求为导向,注重公开实效 ………………………… (251)
五　提升司法能力,确保内容质量 ………………………… (252)
六　协调处理关系,有序推动公开 ………………………… (253)
七　善用信息技术,力争事半功倍 ………………………… (256)

后记 ………………………………………………………… (258)

导　言

司法公开是中国司法制度的一场革命

进入 21 世纪以后，中国司法制度改革进入了快进模式，其中尤以司法公开最为引人瞩目。司法公开是一个国家司法文明的重要标志。中国法律对司法公开有明确的规定，如《宪法》第 125 条规定："人民法院审理案件，除法律规定的特别情况外，一律公开进行。"《刑事诉讼法》《民事诉讼法》《行政诉讼法》也分别对司法公开作了规定。进入信息社会之后，公权力受到前所未有的挑战，司法权也不能独善其身。司法公开是落实宪法法律原则、保障公民权利的重要路径。司法公开对促进司法公正、提升司法公信力、维护司法权威有重要的作用。同时，司法公开也是保证司法廉洁、提升司法水平的重要手段，是全面推进依法治国、加快建设法治中国的必然要求。党的十八大以来，习近平总书记高度重视人民群众对于公平正义的获得感，多次提出，在推进依法治国的伟大实践中，司法工作应当以"让人民群众在每一个司法案件中都感受到公平正义"为目标，构建开放、动态、透明、便民的阳光司法机制。

司法公开不是司法机关的选择性义务，而是其对社会公众和法律应尽的法定职责，是保障社会公众知情权、参与权、监督权的有效途径。司法公开不是人民法院"想公开什么就公开什么"的权力，而是宪法赋予公民的民主权利。应把司法公开作为人民法院应当依法履行的职责，努力通过推进司法公开，实现"看得见的公正""可感受的高效"

和“能认同的权威”。[①]

人民法院一直高度重视司法公开，始终把推进司法公开作为深化司法体制和工作机制改革的重要内容。党的十八届三中全会以来，人民法院加快推进司法公开工作的步伐。最高人民法院先后出台了一系列推行司法公开的规范性文件，并依托现代信息技术，拓展了司法公开的广度和深度。

2015 年 3 月，最高人民法院第一次对外发布《中国法院的司法公开》白皮书，系统阐释了人民法院司法公开的各种举措、表现形式和预期效果。法院的职能是公正司法，普遍性是其固有特征，司法公开使规范的普遍性得以实现。公平正义是司法的终极目标，其应以看得见的方式予以实现。实践中，司法公开也是社会公约数最大、阻力最小、实践效果最好的司法改革措施之一。

一　人民法院推进司法公开的意义

（一）提升司法公信力

长期以来，司法因其专业性和秘密性颇遭诟病。在司法公开过程中，人民法院借力信息化手段建设了审判流程公开、裁判文书公开、执行信息公开、庭审公开四大平台。向当事人和公众全方位公布司法信息，有助于提升司法公信力。

公开裁判文书即晒出法官作出的裁判文书，让社会公众参与评价法院司法判决。这一方面让法官在定纷止争中更加谨慎严谨，深入推敲；另一方面也让其作出裁判前可以充分研究其他地方的同类案件，力争做到类案同判，尺度一致，维护公平正义。对于公众而言，可以从公开的裁判文书中理解法律常识，明确行为边界，预期法律风险。而且，巨大的裁判文书的数据库还为社会创新提供了重要的资源，为构建诚信社会提供了依据。

① 公丕祥：《司法公开是法院应当履行的义务》，《法制日报》2011 年 3 月 16 日第 7 版。

审判流程信息公开可以使案件当事人及时了解案件审判进度，掌握法院审判动态，了解案件的办理进展，判断自己的权利义务与可能面临的法律风险。

推进执行信息公开，向案件当事人尤其是申请执行人公开执行流程节点信息等，向公众公开拒不履行生效判决的当事人信息，并采取网络拍卖等方式提升拍卖环节透明度，最大限度压缩案件执行过程中法官的自由裁量权，有效规范了法官选择性执行和乱执行行为。

新开通的中国庭审公开网实现了全国四级法院的融合贯通，让正义看得见、让正义更直观。庭审直播、录播，尤其是依托微博等新媒体技术开展的庭审直播满足了广大人民群众旁听案件的需求，加快了司法公开的进程，拓展了司法公开的广度与深度。

总之，人民法院坚持以公开为常态、以不公开为例外，全方位地向诉讼当事人和社会公众公开了相应的司法信息，拉近了和人民群众的距离，受到社会各界的高度认可。这些措施也有效地提升了司法权威，提升了法院的司法公信力。

（二）保障公民权益

司法公开可以有效保障公民的知情权。知情权又称为信息权或了解权，是知悉、获取信息的自由与权利，主要是指从官方知悉、获取相关信息的权利。司法权是特定的公权力，其存在、行使和结果以保障公民利益为宗旨，故有必要让公众了解其运行程序和结果。司法公开，特别是四大司法公开平台的建设，揭开了司法的神秘面纱，从不同角度保障了公民的司法知情权。

司法公开保障了公民的诉讼权利。诉讼权利是公民参与和享有司法诉权的权利，公民有权知晓与诉讼相关的立案庭审信息、裁判文书信息、执行信息等。对当事人而言，人民法院还应通过信息技术向其及其律师公开案件的节点信息，方便其及时了解案件审判进度，掌握法院审判动态，了解案件的办理进展，判断自己的权利义务与面临的法律风险。同时，人民法院通过向社会公开失信被执行人的相关信息，强制被执行人履行法律判决，保障胜诉当事人的权益能够最大限度地得以实现。

（三）规范司法权力

法治是治国理政的基本方式，凝聚了社会的最大共识。司法是依法治国的重要组成部分，是维护社会公平正义的最后一道防线，司法权运行的好坏是依法治国成效最直观的反映。一段时间以来，司法判决得不到执行、个别法官徇私枉法，导致司法公正受到了质疑、司法权威受到了削减。在信息化时代公权力全面开放的形势下，司法自我封闭无疑是天方夜谭，既不符合时代的要求，也违背了公正司法的宗旨。司法公开是预防司法腐败的主要制度安排。司法公开将司法流程置于公众的监督之下，将法官的职权活动暴露在阳光之下，规范司法行为，改进司法作风，使“司法潜规则”无处遁形，倒逼人民法院和法官增强司法能力。

司法公开也是保护法院和法官正常工作的有效机制。在司法活动中，常常会出现扰乱法院法庭秩序、伤害法官的行为，通过现场直播、录音录像等方式，可以保护法官的正常职业行为，还法院和法官以清白。

司法活动最大的特点是根据现有证据推定过去已经发生的案件事实，并据此寻找法律依据来分配当事人之间的权利义务。因此，司法活动既要有严格的诉讼程序、证据规则、法律逻辑来保证，同时也要让当事人和社会公众通过“看得见的公正”来实现。[①] 司法公开可以使法官在审理案件时更加审慎、制作裁判文书时更加认真、执行判决时更加坚决。信息技术为推动司法公开提供了技术支撑，将法官的自由裁量权关进了笼子里，最大限度地防止了司法权的滥用。

可以说司法公开在司法活动中具有非常重要的作用，有助于人民群众行使监督权，进而有效规范司法权的运行，倒逼法官提高审判能力，预防司法腐败发生。

---

① 贺小荣：《裁判文书为什么要上网公开》，《人民法院报》2013年11月29日第4版。

（四）提升法官的素质和水平

司法公开可以提升法官的执业水平。立案庭审、制作裁判文书、执行工作是法官的基本业务，其涉及数百个关键节点，每一个节点既有时间的要求、有专业知识和水平的要求，也有职业道德的要求。以裁判文书为例，一份好的裁判文书，可以全面展现法官的法律素养、文字水平和价值取向，是衡量法官职业化水平的最好标尺，也是司法文明程度的集中体现。[①] 推动司法公开尤其是裁判文书公开，有助于法官从其他同类裁判中汲取营养，也有助于鞭策其谨慎裁判，提升个人的审判能力。

二　人民法院司法公开的推进及特点

近年来，人民法院司法公开从理论到实践、从原则到制度实现了质的飞跃。法院推进司法公开的实践主要呈现以下几个特点。

（一）更加注重顶层设计

人民法院司法公开大致沿袭下列轨迹推进。司法公开最早表现为审判公开。审判是司法的核心内容，审判公开触及法院最根本的司法价值。1988 年，中国法院就开始了审判方式改革，改革的重心之一是推动司法公开[②]。这里所说的司法公开仅指审判公开。此后，审判公开贯穿司法改革的全过程，后来又延伸到司法的其他领域，如裁判文书公开、执行信息公开等。1999 年之后，最高人民法院先后颁布了一系列司法文件：《关于严格执行公开审判制度的若干规定》（1999）、《关于加强人民法院审判公开工作的若干意见》（2007）、《关于司法公开的六项规定》（2009）、《关于人民法院接受新闻媒体舆论监督的若干规定》（2009）、《关于庭审活动录音、录像的若干规定》（2010）、《关于确定

① 贺小荣：《裁判文书为什么要上网公开》，《人民法院报》2013 年 11 月 29 日第 4 版。

② 刘敏：《论司法公开的深化》，《政法论丛》2015 年第 6 期。

司法公开示范法院的决定》（2010）、《关于推进司法公开三大平台建设的若干意见》（2013）、《关于人民法院在互联网公布裁判文书的规定》（2016 修订）。此外，2014 年，最高人民法院颁布了《关于人民法院执行流程公开的若干意见》《关于减刑、假释案件审理程序的规定》《关于进一步加强国家赔偿司法公开工作的若干意见》。

1999 年以来，最高人民法院还制定了四个人民法院五年改革纲要，每一个五年改革纲要都强调司法公开的作用。《人民法院第一个五年改革纲要（1999—2003）》提出，从 1999 年起至 2003 年，人民法院改革要以落实公开审判原则为主要内容。《人民法院第二个五年改革纲要（2004—2008）》提出，司法改革就是落实依法公开审判原则，采取司法公开的新措施，确定案件运转过程中相关环节的公开范围和方式，为社会全面了解法院的职能、活动提供各种渠道，提高人民法院审判工作、执行工作和其他工作的透明度。《人民法院第三个五年改革纲要（2009—2013）》提出，司法改革要加强和完善审判与执行公开制度，推进审判和执行公开制度改革，增强裁判文书的说理性，提高司法的透明度，大力推动司法民主化进程；完善庭审旁听制度，规范庭审直播和转播；完善公开听证制度；研究建立裁判文书网上发布制度和执行案件信息的网上查询制度。《人民法院第四个五年改革纲要（2014—2018）》则将构建开放、动态、透明、便民的阳光司法机制作为全面深化人民法院司法改革的主要任务之一，指出到 2015 年年底，形成体系完备、信息齐全、使用便捷的人民法院审判流程公开、裁判文书公开和执行信息公开三大平台，建立覆盖全面、系统科学、便民利民的司法为民机制。

最高人民法院的上述文件和其制定的人民法院五年改革纲要可谓是司法公开的顶层设计，尽管尚有需完善之处，但为全国四级法院齐心协力推进司法公开明确了目标、确定了标准、划定了范围，有效地推动了全国四级法院的司法公开工作，尤其是推动了 2013 年以来的司法公开工作，为备受诟病的法院司法工作吹来了一股清新的风。

（二）公开范围不断扩展

司法公开最初的范围并不是十分明确，仅仅限于审判公开。随着司法公开的推进，尽管审判公开是法院的核心信息，但是仅公开审判信息并不能满足社会的需求。于是，人民法院的司法公开逐渐从最初的审判公开，扩展到了立案、执行、庭审、听证、文书、审务公开信息的全方位公开，而且每个公开领域的范围、内容、方式、标准也逐渐细化。

（三）公开观念不断提升

司法公开的理念有一个逐渐确立的过程，从最初的不理解、拒绝，到今天的习以为常，各级法院的法官逐步树立了司法公开理念，即以公开为常态、以不公开为例外，进而在实践中努力实现了几个转变，即变被动公开为主动公开，变内部公开为外部公开，变选择性公开为全面公开，变形式公开为实质公开。在司法公开之初，一些法官对司法公开存在较强的抵触情绪，尤其是对公开法院的司法行政信息不甚理解。司法行政信息一般包括法院的组织机构信息、法院领导和法官与职务有关的信息、法院的“三公经费”信息，以及司法统计信息等，应否公开这些信息曾经很有争议。在司法公开之初，法院考虑的司法信息范围较为狭窄，认为公开司法程序过程及结果信息就是司法公开，法院的行政管理信息是内部信息，与公众无关。法官对公开自己的基本信息也甚不理解，认为这会对法官的人身安全带来一定威胁。然而，法院是国家的公权力机关之一，司法行政信息实际上是非常重要的政务信息，也是信息公开的主要内容。特别是，法官是国家的公职人员，其与职务相关的信息应该向当事人和社会公开。随着司法公开工作向纵深发展，法院和法官的观念发生了根本性的转变。根据中国社会科学院国家法治指数研究中心发布的《中国司法透明度指数报告》，法院在司法行政信息公开方面取得了长足进步，尽管个别法院在司法行政信息以及法官个人信息公开方面仍有所欠缺，但与司法公开推进之初法院的封闭状态已不可同日而语。

（四）注重借力信息手段

在信息社会，大数据、云计算、新媒体成为推动社会进步的手段，改变了社会治理的模式、格局，对法院工作也带来了深刻的影响。与此同时，人民群众对司法公开、透明的期待更加强烈。人民法院面对移动互联网时代的挑战，充分运用网络、微博、微信等现代信息技术，推进司法公开，实现司法公开的数据化、精细化、移动化。2013 年以来，最高人民法院建设了审判流程信息公开、裁判文书公开、执行信息公开三大平台。各级人民法院也利用网站、微博、微信和手机电视等新媒体和移动服务渠道努力推进司法公开。

以司法公开三大平台为例，信息化推动了审判流程公开。审判流程是司法公开的重要内容，是有效解决案件当事人因无法及时获悉案件审理进程，容易对案件审判公正性提出质疑的重要方法，也是让人民群众在每一个司法案件中都感受到公平正义的必经途径。各级人民法院积极推进审判流程信息公开平台建设，如各高级人民法院均已建成辖区统一的审判流程信息公开平台，并与中国审判流程信息公开网对接，基本满足了当事人及其诉讼代理人查询案件信息的需求。

信息化助力裁判文书公开。最高人民法院建立全国统一的裁判文书公开平台后，全国各级人民法院的生效裁判文书陆续通过中国裁判文书网向社会公布，公众直接登录中国裁判文书网即可轻松找到所需要的裁判文书，无须再到案件审理法院查询文书。截至 2016 年 12 月 31 日，中国裁判文书网公开裁判文书超过 2550 万篇，访问量突破 47.2 亿人次，成为全球最大的裁判文书网。

信息化深化执行信息公开。执行公开是法院司法公开的重要内容。最高人民法院建成中国执行信息公开网，向当事人和公众公开与执行案件有关的各类信息，主动接受社会和当事人的监督。中国执行信息公开网主要公布全国法院执行案件流程信息、失信被执行人名单、被执行人信息、执行裁判文书四类执行相关信息，有效地推动了执行工作。

（五）公开形式更加多样

传统上，法院公报、法院政务网站、人民法院工作报告和审判白皮书是司法公开的主要渠道。随着司法公开的深入，各级人民法院通过

12368 诉讼服务平台、法院微博和微信、移动新闻客户端、手机 APP、手机电视、新闻发布会制度和院长信箱等方式，不断拓宽司法公开的渠道，探索立体化、全方位、一站式、互动性的司法公开服务，满足人民群众对司法公开的多元化需求。

（六）司法公开平台更加统一

司法公开平台已从分散向集中统一转变。最高人民法院建成了全国统一的中国审判流程信息公开网、中国裁判文书网、中国执行信息公开网、中国法院庭审直播网等。2016 年 9 月，中国庭审公开网上线，至此，司法公开平台由三大平台变为四大平台。各地人民法院在开展司法公开工作时，也根据司法信息的种类和公开方式，基本做到了平台整体规划和分步推进建设，分清主体框架信息与局部信息，做到关键信息尽快公开，基础性信息优先公开，并利用信息平台提高司法公开能力，创新性公开司法信息。

三 人民法院司法公开的实践及其创新

人民法院司法公开主要体现在立案庭审公开、裁判文书公开、执行信息公开以及审务信息公开等方面。以下着重从立案庭审公开、裁判文书公开、执行信息公开三个方面分析司法公开的实践及创新。

（一）立案庭审公开

立案庭审是法院司法权运作的核心程序，因此，其也是法院司法公开的关键，审判流程又是其中的重点。审判流程是人民法院从立案到审理终结归档的全过程，其由若干信息节点组成。审判流程信息公开方便人民群众参与诉讼，不仅能够保障当事人诉讼权利，也能满足人民群众的知情权要求。

人民法院以审判流程信息公开网站为核心，以手机短信、电话语音系统、微信、微博、手机 APP 等方式为辅助，自动向当事人及诉讼代理人及时推送案件流程信息。目前，除最高人民法院外，北京等数十个省、自治区、直辖市已经建成了省级统一的审判流程信息公开平台，并与中国审判流程信息公开网相链接。许多法院建设了全方位、立体化、一站式的诉讼服务平台，实现了司法公开和司法便民的有机结合。北京、上海等多个省、自治区、直辖市开通了12368诉讼服务系统。全国法院建设科技法庭、数字法庭近两万个，实现了庭审活动全程同步录音录像，并以数据形式集中存储、定期备份、长期保存。

庭审是审判流程的重要环节和关键节点，旁听是公民的重要权利。2015年，最高人民法院修改了《人民法院法庭规则》（以下简称《法庭规则》），自2016年5月1日起施行。新《法庭规则》要求，人民法院应当通过官方网站、电子显示屏、公告栏等向公众公开各法庭的编号、具体位置以及旁听席位数量等信息。《法庭规则》修订的重要目的是要求人民法院在依法公开审理案件时，选择与旁听人数相适应的审判法庭，最大限度满足公众旁听需求，切实让人民群众感受司法公开，现实体验司法公开。新《法庭规则》明确庭审信息公开必须依托最高人民法院公开平台，创新法庭信息公开载体的形式，科学界定法庭信息的范围及内容，确保发布法庭信息的权威性，并立足实际，尊重司法规律，鼓励司法公开的探索创新。①

庭审直播是人民法院通过互联网实时向社会公开案件审理全过程的活动。2013年12月，最高人民法院建成中国法院庭审直播网，为全国各地法院搭建便捷的庭审直播平台。中国法院庭审直播网是配合审判流程公开、裁判文书公开和执行信息公开三大平台建设的一项重要的司法公开举措。中国法院庭审直播网现设“庭审直播”“直播预告”和“直播回顾”等栏目，全国各高级、中级和基层人民法院均可通过该平台在网上直播案件庭审，人民群众也可通过“直播回顾”栏目查看以往的庭审实况。网站提供了视频查询功能，方便人民群众查找到自己所关注案件的庭审视频。中国法院庭审直播让广大人民群众能够更好地实现

① 刘淑丽：《公开法庭信息——深化司法公开的新视点》，《人民法治》2016年第5期。

对法院审理案件过程的知情权、参与权和监督权，同时也能够更有力地规范法官在庭审中的一言一行，达到司法公开立体化及促进司法公正的目的。

人民法院对庭审活动进行全程录像或录音，公众关注度较高、社会影响较大、法治宣传教育意义较强的案件，都可以通过电视、互联网或其他公共媒体进行图文、音频、视频直播或录播。2016 年 1 月，“快播案”庭审在互联网视频直播，累计 100 余万人在线观看。2016 年 7 月 1 日起，最高人民法院所有公开开庭案件的庭审原则上均通过互联网直播，实现了庭审直播常态化。庭审直播因其实时、全面、开放、直观的特点，成为司法公开最具普及性的平台。

2016 年 9 月，中国庭审公开网正式开通，是继中国审判流程公开网、中国裁判文书公开网、中国执行信息公开网之后建立的司法公开第四大平台，是在原中国法院庭审直播网基础上进行升级改造后上线的全新平台，标志着司法公开进入新的历史阶段。至此，中国法院庭审直播走向常态化、立体化，在保障人民群众对法院审理案件过程的知情权、参与权和监督权方面将会发挥重要作用，同时也将有效地规范法官在庭审中的言行，使每一个案件首先做到形式公正，进而实现实体公正。

（二）裁判文书公开

裁判文书是整个审判活动的集中反映和最终结晶。裁判文书是诉讼活动、定分止争的主要载体，是法院查明案件事实、决定适用法律的最终结果，是决定当事人权利义务分配的关键文书。裁判文书是法官代表国家行使审判权，就案件的实体和程序依法制作，具有法律效力的文书，其直接体现了法官的裁判水平。裁判文书上网公开是深化司法公开、展现司法文明、保障司法公正的重要举措。裁判文书不仅要向案件当事人公开，还需要向社会公开，接受社会监督，以统一司法裁判标准，提升司法水平，真正在每个案件中实现公平正义。裁判文书的公开是一个渐进的过程。以往，裁判文书以不公开为常态、以公开为例外，且主要依靠纸质形式公开，导致裁判文书非常难查找。为寻求裁判文书，人们往往需要去案件审理法院实地查询，甚至需要证明自己与该案件有利害关系，耗费大量时间和精力。进入互联网时代，部分法院虽然开始通过互联网公开裁判文书，但公开的裁判文书一般散见于各法院自身门户网站，且公开标准不一，同样不利于查询。2013 年 11 月，最高人民法院开通中国裁判文书网，集中统一发布全国法院的生效裁判文书，形成了裁判文书数据库，已成为司法大数据的重要组成部分。2014 年 1 月 1 日起，全国各级人民法院的生效裁判文书陆续在该网公布。2016 年 8 月起，中国裁判文书网每日访问量均超过 2000 万次，单日最高访问量高达 5463 万次，且访问量增长态势明显。截至 2016 年 8 月，中国裁判文书网公开的裁判文书超过 2000 万篇，网站访问量突破 20 亿次，覆盖全球 190 多个国家和地区。2016 年 8 月 30 日，中国裁判文书网 APP 手机客户端正式上线，为公众查询裁判文书提供了新的平台。

为了提升网站友好性，最高人民法院多次对中国裁判文书网进行优化改版，增设一键智能查询、关联文书查询、个性化服务等功能，并开设了少数民族语言文书公开板块。裁判文书上网公开之后，不仅方便了人民群众查阅裁判文书和开展司法领域的研究，也对法官形成了倒逼机制，督促法官加强裁判文书说理以提高文书的质量和司法水平。2016 年 8 月 30 日，最高人民法院公布了新修订的《最高人民法院关于人民法院在互联网公布裁判文书的规定》（以下简称新《规定》）。此次修订，明确了不上网公开的裁判文书种类范围，强化不上网审批管理，要求所有公开的裁判文书都必须做相应的技术处理，以保护公民隐私权。在不断加大裁判文书公开力度的同时，新《规定》还就减轻各级法院裁判文书公开工作量、降低上网裁判文书出错风险、强化对此项工作的精细化管理等，增设了一系列配套制度。

中国裁判文书上网公开，并建成全球最大的裁判文书库，标志着中国司法公开进入了前所未有的阶段，彰显了中国规范司法权运行的信心和决心。

（三）执行信息公开

执行工作是法院根据法律规定，依当事人申请，将法院生效裁判文书所确定的内容付诸实现的活动。执行是确保司法裁判得以落实、当事人权益得以保障的最后一道关口，是维护司法权威的重要举措。执行信息是人民法院在执行案件过程中产生的各类信息。长期以来，法院判决执行难现象突出，具体表现为被执行人难找、被执行财产难寻、协助执行人难求、应执行财产难动“四难”现象。执行信息不公开、不透明、不对称，是影响人民法院判决执行的重要原因。2016 年 3 月，最高人民法院在全国人民代表大会上向全世界庄严承诺，中国法院将用两到三年的时间基本解决法院判决执行难的问题。

执行信息公开是基本解决“执行难”的关键。执行信息公开应做到执行案件全流程公开，如向申请执行人公开财产查询的流程、查询的结果等，同时将对有被执行能力但拒不配合执行的被执行人的制裁公开曝光，对评估、拍卖程序加强监督并公开等。

2013 年 10 月，最高人民法院建成中国执行信息公开网，公开全国法院失信被执行人信息、执行案件流程信息以及执行裁判文书等内容。中国执行信息公开网为公众查询未结执行实施案件的被执行人信息，失信被执行人名单信息，限制出境、限制招投标、限制高消费的被执行人名单信息提供了重要的平台。

执行当事人可以凭证件号码和密码从中国执行信息公开网上获取执行立案、执行人员、执行程序变更、执行措施、执行财产处置、执行裁决、执行结案、执行款项分配、暂缓执行、中止执行、终结执行等信息。社会公众也可以通过该平台查询执行案件的立案标准、执行财产处置、拍卖公告等信息。截至 2015 年年底，有 3766 万余人次通过该平台查询执行案件信息。[①]

为了加大执行力度，最高人民法院建立了公布失信被执行人名单制度，开通“全国法院失信被执行人名单信息公布与查询”平台，在微博、微信开设“失信被执行人曝光台”，与人民网联合推出“失信被执

① 中国社会科学院国家法治指数研究中心：《中国法院信息化第三方评估报告》，中国社会科学出版社 2016 年版，第 59 页。

行人排行榜”，扩大失信被执行人信息的传播范围，形成了强大的信用惩戒威慑，在促使被执行人主动履行义务方面发挥了较大的作用。2014年12月，最高人民法院还开通执行指挥系统，对全国法院执行案件进行统一管理，对被执行人和被执行人财产进行查找控制，对失信被执行人予以惩戒。

各级人民法院也依法利用信息平台公开与有关部门共享相关信息，如失信被执行人名单以及限制出境、限制招投标、限制高消费的被执行人信息等。在此过程中，各级人民法院积极参与推进社会征信体系建设，推动建立覆盖全国的失信被执行人信息网络查控体系，加速推进信用惩戒机制建设，如将失信被执行人名单信息通报给相关部门，限制失信被执行人乘坐高铁、列车软卧、飞机和申请贷款、办理信用卡，禁止其担任企业法定代表人、高级管理人员，等等，促使被执行人主动履行执行义务。截至2016年2月29日，公布失信被执行人302万人，失信信息查询4011万人次。对失信被执行人实施限制出境、乘坐飞机、贷款置业等联合信用惩戒，民航限制购票388万余人次，铁路限制购票78万人次，联合信用惩戒已由初期的中航信、中铁总公司等8家部门、企业扩展到中国人民银行征信中心等19个部门、企业，惩戒的范围也从现实的社会活动扩展到网络虚拟空间。①

许多地方法院还探索通过在互联网上进行司法拍卖，保障司法拍卖工作的公开透明。目前，全国性的人民法院诉讼资产网也已经建成并运行，集中发布各地法院司法拍卖信息。

总之，司法公开是中国司法制度的一场革命，其深度和广度达到了前所未有的水平，其在提升司法公信力、维护司法公正、造福中国人民方面无疑具有重要的作用。司法公开是中国政治体制改革的前沿阵地，是中国道路自信、制度自信、理论自信、文化自信的重要体现。司法权威受到挑战并不只是中国独有的现象，世界各国都面临司法公信力下降

① 中国社会科学院国家法治指数研究中心：《中国法院信息化第三方评估报告》，中国社会科学出版社2016年版，第37页。

的难题。中国法院勇于面对挑战，全面推进司法公开，尽管在前进的道路上还存在沟沟坎坎，不会一帆风顺，但中国法院对此充满坚定信念，既不妄自菲薄，也不狂妄自大。作为一个文明古国，中国曾经对人类社会的发展做出过重要的贡献。今天，中国以崭新的面貌重现世界舞台，提出新的司法建设思路和发展道路，这将是中国为人类社会做出的新贡献。

第一章

法治量化研究及司法公开第三方评估

司法公开第三方评估是法治第三方评估的一个分支，法治第三方评估的一项重要路径是开展法治量化评估，即法治指数评估。法治量化研究是法学实证研究最为重要的方法之一。党的十八届三中全会提出，要“建立科学的法治建设指标体系和考核标准”，推动了法治量化研究的深入发展。司法公开第三方评估，即司法透明度指数研究是法治量化研究的重要组成部分。2013 年 11 月，习近平同志在十八届三中全会上就《中共中央关于全面深化改革若干重大问题的决定》所作的说明中提出，要“提高司法透明度和公信力”，这是中央高层第一次正式采用了“司法透明度”的表述。自 2009 年起，中国社会科学院法学研究所项目组（后依托法治指数创新工程项目组、国家法治指数研究中心，以下简称“项目组”）转变法学研究方法，引入指数研究模式，先后推出《中国政府透明度指数报告》《中国司法透明度指数报告》《中国检务透明度指数报告》[①] 等若干学术创新的科研成果。这些研究成果产生了巨大的社会影响、学术影响，极大地推动了相关法律制度的完善和改进。

① 截至 2016 年 3 月，《中国政府透明度指数报告》已经连续发布 7 年，《中国司法透明度指数报告》连续发布 6 年，《中国检务透明度指数报告》连续发布 4 年。

一　法治量化评估方法的基本要素

法治作为一个概念，包含两方面的内容，一是法律规范本身，二是法律实践。从规范演进的角度追溯，法治又是一个历史概念，有自己的思想渊源和传承。在中西方法学家的生花妙笔之下，法或法治的内涵各有不同。人们乐于讨论法治的思想渊源，是因为历史上无数的思想家在法治方面有许多真知灼见，丰富了我们对法治理论的认识，也逐渐将法治这种地方性经验演变成具有普遍认知的知识谱系。然而，仅在认识论上分析法治的本质和功能是远远不够的，因为这遮盖了法治的内在光芒，使之变成枯燥无味的规则教条。法治更重要的意义在于其首先是一种社会实践，是与社会相互作用的产物，从这种意义上说，法治不可避免地具有一定的地方性，是特殊性与普遍性相结合的产物。

法治是当今中国社会唯一获得共识的社会治理方式。然而放在更大的背景下来看，人们对社会治理的理解和探索有所不同。20 世纪 50 年代以后，新中国的诞生，打破了中国传统的思维和行为模式，改变了旧有的价值判断，使中国社会在语言和行为方式上与中国传统社会来了个彻底的了断。社会主义建设和改造将“老爷、太太、少爷和小姐们”统统拉下了轿，并将劳苦大众推上了社会的舞台。工农大众显然更适应社会主义话语体系，其行为目标也集中体现了他们的兴趣。社会分化的消弭使下层社会获得了某种满足，然而也不无弊端。社会价值的转向，使曾经指点江山的知识阶层失去了安身立命的基础和存在的价值。虽然说人民群众是历史的创造者，但知识的缺乏、简单和直接化，使社会在创新和活力方面出现了问题。历史总是以各种理由让人们在发展的旋涡中挣扎和寻觅。20 世纪 80 年代以后，中国再次卷入了变革的旋涡，突飞猛进的改革开放改变了传统中国单一的价值取向，市场经济突然成为最重要的正确政治选择。经济的发展改善了中国人民的生活，却造成了新的张力。社会在短短的 30 年间突然分化，各阶层之间的矛盾和冲突逐渐激化，由于度量衡的变化，几乎每一个阶层都感到了不满、不平等、不舒畅，这使得中国社会面临改革开放以来最大的挑战，即如何使各社会阶层在同一块土地上依照一定规则共处。这样一来，人们对法治的认可度大大提升，尽管各阶层对法治的理解有一定的差异，但其仍然具有非同小可的意义。

理论上说，法治有内在的逻辑和外在的边界，出其左右便不可称之为法治。法治的前提条件是必须具备一套完善且符合人民意志的法律，这些法律应具有确定性且是公开透明的。法律的宗旨是保障公民的权利，限制公权力机关的权力。在法治社会中，权力机关应依法立法，行政机关依法行政，司法机关依法独立行使审判权和检察权，一切社会组织和公民个人依法享有权利并履行义务。公民的权利在受到侵害后，能够得到及时充分的救济；要做到法律实施公正无偏，法律面前人人平等，等等①。所有这一切都说明，法治不是制定几条规则便万事大吉，法律的制定不仅要符合社会的实际，还应该满足实际需要。

如何判断法律是否符合社会实际，是否得到严格执行，这需要法律共同体的集体意志和作用，其中，法学研究具有极为重要的作用。通过对各项制度运行进行监测并对其效果进行研究分析，人们可以对制度进行评估，并提出修改的建议。但是，应当注意的是，传统的法学研究方法难以承担这样的重任，因为其倚重于规范分析、逻辑演绎、推理论证，它将与实践有天然联系的法治异化成一种构建宏大叙事体系。概念、体系、理论成为至高原则、善世真理，其中的血与肉逐渐枯萎，变成可以忽略不计的细枝末节，即便是实证研究，在很多情况下也只是局限于个案分析，或者座谈访谈。法学量化研究则与前述方法有着较大区别，其从细微处入手，更看重制度运行中的表现，用数据来详尽描述已经发生的和正在发生的与法治相关的事实。

法学定量研究方法是应时代召唤应运而生的。在信息化时代，数据产生、收集和运用成为许多行业决定胜负的重要因素，从某种意义上

---

① 李林主编：《构建和谐社会的法治基础》，社会科学文献出版社 2013 年 7 月版，第 9—10 页。

说，数据是人类至关重要的社会资源。数据，特别是大数据[①]的产生及运用改变了我们感知世界的方式，即从感知个体的、局部的、周边的环境，发展为感知更为宏观的世界。大数据时代对人类的数据驾驭能力提出了新的挑战，也为人们获得更为深刻、全面的洞察能力提供了前所未有的空间与潜力。[②] 所有的决策行为都将日渐建立在数据分析的基础上，而不是建立在传统的经验和直觉的基础上，习惯于靠“差不多”来管理社会的方式也将随之发生巨大的变革。正如人们所说，没有数学，我们无法看透哲学的深度；没有哲学，人们也无法看透数学的深度；而没有两者，人们则什么也看不透。数学和哲学提供了社会科学研究的两种方法，其不是相互割裂，而是相辅相成的。

量化研究是自然科学的天然伴侣，随着时间的推移，曾经对其持排斥态度的社会科学也逐渐对量化研究方法张开了欢迎的双臂。国际上一些著名的研究都采用了量化研究方法，特别是指数方法。指数是一个统计学上的概念，一般是指在统计中反映某一时期某一社会现象变动情况的相对指标。例如，人际关系与陌生人信任指数（Interpersonal Safety and Trust，IST）[③]、腐败感知指数（Corruption Perception Index，CPI）[④]、营商环境指数（Ease of Doing Business Index）[⑤]、国家风险指数数据库（Country Risk Analysis）[⑥] 等都是非常重要的以指数形式出现的社会科学研究成果。国内也有很多学者将量化和实证研究的方法引入了法学研究范畴。法治指数是衡量法治发展状况的重要尺度。法治指数是用模型和指标体系对法治发展状态进行量化评测的一种数据结果，其通过对相

① 大数据具有四个特征：一是数据量大。大数据的起始计量单位至少是 P（1000 个 T）、E（100 万个 T）或 Z（10 亿个 T）。二是数据类型繁多，其包括网络日志、音频、视频、图片、地理位置信息等。三是数据价值密度相对较低。如随着物联网的广泛应用，信息感知无处不在，信息海量，但价值密度较低。四是处理速度快，时效性要求高。这是大数据区别于传统数据的最显著的特征。

② 参见维克托·迈尔·舍恩伯格《大数据时代》，浙江人民出版社 2013 年版，第 4 页。

③ 由 International Institute of Social Studies in The Hague（ISS）研发。

④ 由 Transparency International（透明国际）发布。

⑤ 由 Institute for Economics and Peace（IEP，经济与和平研究所）发布。

⑥ 由 Economist Intelligence Unit（经济学人信息社）发布。

关数据的再造和重新解释，不仅能全面总结法治发展取得的成就，而且能使存在的问题一目了然。

从方法上看，建立法治指数平台是法治指数研究的重要且有效的手段。中国社会科学院法治指数研究中心及法学研究所法治指数创新工程项目组采用的就是这种方法，其开发的中国法治指数平台集数据采集、录入、指数核算、统计分析等功能于一身，将传统的手工处理分析，转化为程式化、可定制的数据采集、分析、共享机制。数据平台实现了大数据对创新研究的技术支持，提升了研究效率，降低了研究成本，并提高了研究的规范化程度。中国法治指数数据平台实现了多套指数评估同步运行，权限分工明晰，录入员仅负责录入数据，审核员则负责审查录入员的工作，系统管理员向录入员和审核员派发工作任务、监督其工作，并对结果进行定制分析。

法治指数具有高度创新性。从研究内容看，法治指数创新了研究领域，具有跨学科、跨领域、高度开放性等特点，并涵盖法治的方方面面。从研究方法看，法治指数以数据为基础，以民意测验为辅助，构建了一套易于理解、能够客观展示法治全景的国家与区域指数和指标体系。法治指数重视对法律制度运行状况的评判，强调客观性，排除任意性，评价体系和标准严格依据法律。此外，法治指数注重数据筛选、指标设计与赋值的专业性。从研究成果来看，法治指数创新了研究成果的形式，以数据的方式说明法治发展的成绩和存在的问题，较为客观地反映社会正义和秩序的实现状况。

法治指数对推动法治发展和法学研究都有非常重要的意义。法治指数提升了法学研究的广度和深度、完善了法学研究的理论和方法体系，使原本单调、晦涩的法学研究变得丰富多彩和易懂易见。法治指数推动了法治社会和人权保障机制的建设，为国家的法治决策提供客观、简明、精确的参考依据，成为检验中央机关和地方政府法治绩效的一项重要标准，而不再仅倚重 GDP。更为重要的是，法治指数有助于打破境外对法治评级授信的垄断地位，使国家在国内外掌握法治话语权上更加主动。

二　境内外法治指数概况

鉴于法治指数的重要意义和作用，其逐渐成为学术界认可的法学研究方法之一，境内外都有不少的学术机构致力于法治指数的研究。对法治进行数量化、指数化的运动首先由美国学者开启，并逐渐扩展到世界上其他国家和地区。

目前，境外较有影响的、与法治相关的指数主要有以下几类。自由之家的《世界自由度报告》（World Press Freedom Index，WPFI）、透明国际的“清廉指数”（Corruption Perceptions Index）、世界银行的“全球治理指数”（Worldwide Governance Indicators，WGI）、世界正义工程的“世界法治指数”（The World Justice Project，WJP）、经济学家的“全球民主指数”（Democracy Index，DI）。

从1972年起，自由之家的《世界自由度报告》（World Press Freedom Index）开始分析世界各国与地区的民主与自由度，主要是对选举民主，如多党竞争、普遍选举权、公平投票与选举等进行评价。自由之家评价的基本向度是政治权利和公民自由实现状况，评估体系由25个测量指标组成，其中，10个为政治权利指标，15个为公民自由指标。评估结果划分为7个等级，其中1为最自由国家，7为最不自由国家。自由之家的评价团队由24位专业人士和资深顾问组成。自由之家的评价数据来源非常广泛，专家意见、新闻报道、研究报告均为其数据基础，由评价团队根据上述数据得出自由与否的结论。由于其标准具有浓厚的西方意识形态烙印，中国历年被自由之家列为“不自由国家”。

透明国际成立于1993年，于1995年开始评估。透明国际的“清廉指数”（Corruption Perceptions Index）的全称是“腐败印象指数”，由六部分指标构成，第六部分为反腐败与法治，包括法治、法律实施等内容。前者包括刑事判决的上诉机制、刑事审判是否依据法律、司法决定是否实施、判决腐败案件的法官是否安全、司法独立、司法平等六个评分项。后者包括执法机构是否有效率、是否对自己行为负责两个评分项。“清廉指数”的数据完全取自民意测试，即专家和商界领袖根据10个独立机构的13种调查数据，衡量各国和地区公共领域或政治领域的腐败程度。CPI衡量的是人们对腐败的感知和印象，是商业领袖和专家对各国腐败程度的主观评估，由于各国专家的感知经验不同，谁的感知，如何感知，感知由何而来都是问题。受访者通常不是来自本国，调查问题也一般与商业交易有关，如需要支付多少贿赂来签订合同等，这实际是一种更广义的腐败，即商业贿赂。此外问卷关心的是受贿者，指向非常明确，排除了跨国公司主动行贿的行为，也使评价结果广受争议。从某种意义上说，"清廉指数"使跨国研究腐败问题有了可能，CPI的数据是许多二手研究的数据来源。应当看到的是，CPI是西方国家进入他国市场的敲门砖，凡是"榜上有名"的国家都会陷入"道德陷阱"，如果这些国家想获得外部投资，必须进行"善治"改革，这就陷入悖论，即想要投资，就必须先改革，但没有投资，投资改革是不可能启动的。而更为吊诡的是，2013年以来，中国开展了大规模的反腐败运动，腐败行为得到了有效控制，然而根据该评估，中国的廉洁指数不升反降，这显然违背了基本的常识。

"全球治理指数"是衡量一国政府公共治理成效方面较为权威的指标体系。1996年以来，世界银行的"全球治理指数"（Worldwide Governance Indicators）对212个以上的国家和地区的治理状况进行评价，其评价指标体系具有六个维度，分别是：话语权与问责，体现为公民具有政治参与能力与言论自由；政治稳定与杜绝暴力，体现为国家没有政治暴动和恐怖主义；政府效能，体现在公共服务质量、公务员素质、政策执行方面；监管质量，体现为政府制定监管政策、促进私营部门发展的能力；法治维度，主要衡量社会成员遵守法律和社会规则的程度，包括司法机构的效率、判决的可预见性、合同的履行状况等；遏制腐败，表现为遏制公权力牟取私利的程度。由上可见，法治仅是其六个维度之一。近年来，该指数的法治维度吸纳了透明国际法治指数的内容，增加了更多的变量，例如犯罪成本、外国人被绑架的数量、银行的腐败程度及税收扩张的程度等。

世界正义工程"世界法治指数"（The World Justice Project，WJP）由美国律师协会于2008年推出，是全球第一个全方位的法治指数。根据《世界人权宣言》及其他国际法律文件，WJP 将法治归纳为如下四方面。一是政府及其官员对法律负责；二是所制定的法律应清晰、公开、稳定、公平，集中体现为对公民人身权与财产权的保护；三是法律制定、实施的过程应公正、有实效并便于参与；四是法律应受到尊重并由有社会代表性、独立、德才兼备的律师或者官员实施。该指数设立了100 多项法治变量。WJP 不仅关注理论上的法治架构，更关注现实的法治状况，如国家的制度环境状况，即法律制定、遵守、权利救济状况等内容明显比其他法治有关指数更全面。WJP 的数据来源主要是普通人口抽查（GPP）和专家受访问卷（QRQ）。WJP 肯定中国在司法、消除腐败、治安方面的进步，在同等收入国家中，中国的公共安全排名第4。2014 年世界正义工程再次发布世界法治指数，中国位列第 7。

经济学家的“全球民主指数”（Democracy Index，DI）评估的是各国各地区的民主状况。2012 年，“全球民主指数”曾评估了 160 多个国家和地区的民主现状。DI 的方法主要是问卷调查，其设立了五类指标，分别是选举过程、公民自由、政府的功能、政治参与、政治文化。其又下辖 60 多个问题，每个问题有 2—3 个选项；每项的最高分为 10 分，总得分为这 5 项指标的平均分。依据得分高低，DI 将国家分为“完全民主国家”“有缺陷的民主国家”“民主与独裁混合体制国家”以及“独裁国家”四类。

综上所述，这些指数的特点如下。首先，西方政治观是上述指数坚定的理论基础，即将政治权利、政治表达作为衡量民主法治的唯一标准。法治是人类的历史选择，其具有丰富的内涵，而不应只是政治权利表达的一种尺度。从时间概念来看，人类发明的良善社会制度并不多，法治是其中的一种。人类社会在经历多年的争斗、流血、杀戮的混乱状态之后，法治逐渐成为人们最能接受的一种社会治理方式，被认可、流传、演进和扩大开来。法治是发源于西方的一种社会实践，实践给予了法治最丰富的内涵，但政治家或法学家却往往乐于将其抽象成几个干枯的原则、几条乏味的教条、几个技穷的招数，并要求所有的人、民族、国家将这些原则、教条、招数奉为圭臬。若以西方法治理论衡量世界，则一切社会，不论它们的自然、地理、文化、历史有什么区别，都必须这么走西方的模式道路，这实际上既给了西方“过多的荣誉，也给了它过多的侮辱”。法治最重要的特性——具有实践特性的地方性知识被忽略了。上述指数的设计背后充满强烈的导向性，即法治必须以西方的价值观为基础，不黑即白。所以，在一些人的眼里，西方的法治才是真正的法治，西方的历史就是世界的历史。除了这段历史，其他地区、社会、人民都没有历史。对于一个有着几千年历史的国家，选择法治的道路，其背后的逻辑叙述绝不只是政治权利是否实现这样简单，它承载的内容要更复杂、更丰富、更现实。这样的法治更多体现为用法治的思维和法治的手段维护人们含政治权但不限于政治权在内的基本权利，如发展权和生存权。多样化、共生是中国文化的核心。中国哲学更认同两种以上东西之间的和谐是生存的必要条件，共存（coexistence）成了存在（existence）的先决条件，多样或多元的生存方式是生活意义的基础。共存在一个国家内部体现为和谐，在世界范围就体现为和谐世界。从这个意义上说，西方的法治实践具有重要的开创意义，但中国和其他地区的社会实践也不是一无是处。其次，这些指数都是以民意抽样调查的方式进行的，结果具有主观性和可操作性。世界正义工程虽然关注法治问题，如法律制定、遵守、权利救济状况等，但其方法仍然是民意调查。民意调查具有一定的作用，但不可避免地具有主观性强的特点。

三　司法透明度指数的基本要素

（一）评估意义和作用

司法是有权机关依照法律法规、遵循一定程序处理案件、定分止争的行为。司法机关在处理各类案件时，应做到法律实体和程序双重正义，实现宪法确定的人民主权原则及法治原则。司法公开是实现公平正义的制度保障，也是司法规律的必然要求。司法的终极目标是依照法律程序，以事实为基础，以法律为准绳，实现社会正义，这决定了司法活动必须遵循司法公开的原则，而不能“私相授受”。司法公开是推进司法公正的有效途径，也是人民法院必须严格遵循的一项宪法原则。司法公开可以使公众最大限度地了解司法权力的运作方式和运行结果，参与司法活动，监督司法活动，从而有效地消除猜疑，使司法正义变成看得见、摸得到的正义，最终实现提高司法公信力、维护司法权威的目标。

司法透明度指数是法治指数的重要内容。司法透明度指数是通过对相关数据的再造和重新解释，用指标体系对司法公开状态和制度运行状况进行量化评测的一种数据结果。

司法透明度指数对推动中国的法治建设具有十分重要的作用。首先，它提升了法学研究的广度和深度，有力地推动了法治社会和人权保障机制的建设。科学的指标体系和评估结果能够准确地揭示出法院司法过程中在人权保障方面的成就和存在的问题，明确发展的方向和应当采取的改进措施。其次，司法透明度指数还打破了境外对法治评级的垄断，在掌握话语权上更加主动。不可否认的是，改革开放以来，中国的法治建设取得了很大的进步，但法治话语权一直处于旁落状态。司法透明度指数由于其直观可见的分析，有利于有关部门把握法治话语权。最后，司法透明度指数也为法院提供了客观、简明、精确的参考依据，成为检验各级法院司法是否公开透明的一项重要标准。

（二）评估方法与路径

司法透明度指数的研究方法有别于传统的法学研究方法，其从细微处入手，更看重制度运行中的数据表现，是司法公开监督的一种创新。司法透明度指数是第三方机构对法院司法公开成效评估的结果。2011 年起，中国社会科学院法学研究所的项目组开始对全国高级人民法院和较大的市的中级人民法院的司法公开进行评估，2013 年将最高人民法院的司法公开也纳入评估范围，每年发布《中国司法透明度指数年度报告》。2013 年开始，中国社会科学院法学研究所受浙江省高级人民法院委托，对浙江省 3 级 105 家法院①进行为期三年的阳光司法指数评估，并于 2013

① 浙江省高级法院下辖 105 家法院，2013 年只评估了 103 家法院，未评估刚移交的杭州铁路运输法院和新成立的杭州经济技术开发区人民法院，2014 年、2015 年则评估了全部 105 家法院。

年 11 月在最高人民法院发布了首期《浙江法院阳光司法指数报告》，并连续三年发表在中国社会科学院法学研究所主编的《法治蓝皮书》上。

《中国司法透明度指数年度报告》和《浙江法院阳光司法指数报告》的主要研究方法大体相同，都是由项目组研发出一套指标体系，对法院的司法公开工作进行评估。在指标设计上，两套评估指标都是以法律为基础，同时参考相关司法解释、司法文件。近年来，司法公开一直是司法体制改革的重要内容。最高人民法院先后多次下发推动司法公开的规定，包括《最高人民法院关于严格执行公开审判制度的若干规定》《最高人民法院关于人民法院执行公开的若干规定》《关于加强人民法院审判公开工作的若干意见》《最高人民法院关于进一步加强民意沟通工作的意见》《关于司法公开的六项规定》《关于确定司法公开示范法院的决定》《关于人民法院在互联网公布裁判文书的规定》《关于推进司法公开三大平台建设的若干意见》《关于公布失信被执行人名单信息的若干规定》等。上述文件均是指标设计的重要依据。同时，项目组设计指标时，还立足于中国各地法院司法公开实践，参考域外司法公开经验，并广泛征求了法官、律师、学者的意见。

两个评估的指标内容大体相同，但路径略有差异。中国司法透明度评估侧重于借助各级法院的门户网站进行评估，更多的是评估对一般公众的公开情况。中国司法透明度指数的板块分为四部分，即审务公开、立案庭审公开、裁判文书公开和执行公开。法院网站是信息公开的第一平台，因此中国司法透明度评估主要通过各级法院的门户网站进行数据采集，辅助以电话验证的方式进行评估。

与中国社会科学院法学研究所的中国司法透明度评估不同，浙江法院阳光司法指数的评估方法更为综合，不仅有网络线上评估，还有实体线下评估，不仅评估对一般公众公开信息的情况，还评估对案件当事人的公开情况。第一年的评估内容包括审务公开、立案庭审公开、裁判文书公开、执行公开和保障机制五个板块，之后两年将保障机制融入其他四个板块中。项目组采取了查询法院网站、现场考察立案大厅、抽查法院案卷、电话验证、统计法院自报数据等方式，评估的方法较为多样。

在网站考察方面，项目组观察验证所有被评估的法院网站公开司法信息的情况；在实地考察方面，项目组检查法院立案大厅的设备、诉讼指南配置、公告栏、档案室的配置情况；在案卷查阅方面，项目组在浙江105家（2013年首年评估的法院为103家）法院里随机调取了民商事、刑事、行政和执行案卷数千件，最终按比例在每个法院抽查一定数量的案卷，检查审判案件受理通知书、诉讼权利义务告知书、举证通知书、合议庭组成人员告知书、诉讼风险提示、廉政监督跟踪卡和外网查询告知书送达的情况，以及执行案件中采取执行措施后告知当事人的情况；在法院自报信息方面，项目组采取各种方式核实法院自报的司法公开经费、相关人员信息、公众开放日的次数及内容、网络带宽、主机数量、远程视频审讯室的配置等的真实性；在电话验证方面，项目组实际拨打法院的联系电话、档案查询电话、司法公开投诉电话，验证其是否真实有效。

（三）评估体系的原则

中国社会科学院法学研究所项目组依照以下几项原则制定上述两个司法公开指标体系。

第一，依法设定评估指标，指标具有法定性。《宪法》第125条，《刑事诉讼法》第11条、第183条、第274条、第196条，《民事诉讼法》第10条、第134条、第148条、第156条，《行政诉讼法》第6条、第45条，以及前述相关司法文件均是设定两个指数的法定依据。司法透明度指数评估意在评价法院落实司法公开工作的现状、分析其存在的问题，只有做到于法有据，才能避免评估成为无源之水、无本之木。

第二，评估是研究机构的学术行为，具有独立性。中国司法透明度评估和浙江法院阳光司法指数评估均是学术机构独立开展研究的项目。浙江法院阳光司法指数的指标前期是由浙江大学光华法学院与浙江省高级人民法院共同研发的，中国社会科学院法学研究所接受浙江省高级人民法院的委托后，对指标体系进行了可量化可操作性修改。指标设定、评估、报告发布，均由法学研究所独立完成，未有任何机构干预。浙江省高级人民法院曾经自行开展过类似的考核工作，各法院进行交叉评估，成绩普遍良好，但由于这种评估是一种法院系统内的自我评价，且方法主要是依靠基于内部视角进行材料审查，因此，难以发现问题，公信力不强。而法学研究所项目组对其独立开展评估时，浙江省高级人民法院做到了对下级法院“四不”，即不提前通知、不提前布置、不作动员、不告知评估科目，评估结果具有较高的可信度。

第三，评估指标重点突出。司法权运行涉及方方面面，司法公开的内容纷繁芜杂，包括司法权运行的各个环节，对其全部进行评估不现实且会迷失重点。因此，评估立足于信息化环境下推进司法公开的要求以及公众对司法公信力的期望，将立案庭审、裁判文书、执行信息和审务信息公开作为重点，因为这四方面是司法的核心内容，与当事人密切相关，也是公众最为关心的司法信息。

第四，排除评估的主观随意性。项目组在设计司法透明度指标时，注意把各种价值判断转化为明确且无自由裁量空间的标准。所有的指标设计只允许评估人员判断有或没有，如某一类信息是否公开了，而不是去判断它公开得好不好。只有这样才能保障评估结果不受评估人员主观好恶的影响。

第五，注重公开的实际效果。司法透明度评估的结果最后体现为各级法院司法公开的评估分数排名，但评估的用意并不仅在于此。透明度指数更乐于通过每个评估指标，分析相关制度的实施情况，让法院了解自身的优势和存在的问题。只有如此，方能清楚判断究竟是制度设计存在不足，还是制度落实不到位，为进一步推进司法公开工作提供有价值的参考，为促进司法公开工作更加精细化提供必要的智力支持。

中国社会科学院法学研究所做的两类司法公开指数评估，先行先试，具有里程碑式的意义，创造了司法体制改革和法学研究的新模式。以浙江法院阳光司法指数评估为例，浙江省高级人民法院向项目组开放法院内网系统和内部统计数据，让项目组随机调取案卷档案，对评估什么、怎么评估、评估结果不做干预。浙江省高级人民法院放手让一个学术机构独立评估，获得了原始数据，确保了评估的准确性，评估的结果具有高度的科学性，评估方法也具有较强的可推广性和可复制性。浙江省高级人民法院将评估结果运用到全省优秀法院的年终评选过程中，很多法院也将评估结果写进了其年度工作报告中，有力推动了各级法院司法公开工作的开展。

四　法治量化研究的未来发展方向

法治指数研究具有的积极意义不可否认，但也并非没有争议。社会科学能否使用量化方法，在一些学科里已经不是问题，但是在法理导向的法学研究中还是一个问题，以至于不理解的人会指手画脚、说东道西。在一些人的眼中，思辨和“针尖上能站几个天使”才是法学理论的方法，不顾法学研究实际上是对法律制度的背书，是一个应用学科，而不是仅存于大脑之中的思辨活动这一实际。因此，当一些人在进行法治量化研究的时候，难免会有另外一些人提出“法治指数对法学理论有什么贡献”这样不值一驳的幼稚问题。这种误读实际上颠倒了理论和实践的关系，问题本来应是法学理论应当对法治实践有什么样的贡献。作为一种研究方法，不管人们承认与否，法治量化研究实际上对法学理论做出了贡献，因为其对法治本身的贡献更大。

（一）立志于推动法治发展

法治量化研究不是象牙塔里的学问，而是经时济世的研究，主要目标是推动法治的发展。以项目组的指数研究为例，量化研究在政府机关、各级法院和学术机构已经有了十分广泛的影响力，但是在推动制度完善方面还需要更加努力，使每一项研究都能切中时弊、发挥作用。

指标设置科学、评估体制顺畅、结果应用有力的“法治指数”是客观评价法治建设成效与发现存在问题的标尺，也可起到法治建设抓手的作用。因此，法治指数既有评价的客观功能，也有发现问题、不足的监督功能，还有鲜明的引导、预测、修正等建设性功能。

当然，在指数热的同时，需要警惕法治指数的异化。特别是在评估结果成为被考评对象负责人与一般工作人员的职务升降、奖励惩处的重要考虑因素的背景下，在指标考评中造假的动机将有增无减。而主导评估的上级国家机关也不希望评估结果过于“难看”以至于“难堪”。最终，法治指数评估在各方合谋之下很容易成为一项新的政绩工程，各级公权力机关皆大欢喜而群众并不买账。如此这般，法治指数评估就丧失了存在的正当性。因此，法治指数评估必须立足于发现问题、改进问题，立足于推动法治发展，而不是追求政绩工程。

（二）强化研究中立的思维

评估主体的中立性是评估结果客观、公正的基本前提。我国有一些地方法治指数评估表现出强烈的公权力主导色彩，有的地方和部门开展评价工作时，还不适应让部门外甚至体制外的机构对自身工作进行评价的工作方式，担心其专业性不够或者怕揭自己的短。这些权力机构更愿意采取部门自评、上级评下级、同级部门交叉互评或者自评为主、第三方评估为辅助等做法。操刀确定评价指标体系、评价方式方法，甚至亲自动手评价的情况并不罕见，即便有些机关在评估中委托第三方机构承担部分评估任务或者引入部分公众和专家参与，但也主要服务于其导向和要求，并未发挥应有作用。这种公权力主导模式，成为特定阶段中国法治指数的鲜明特色，其结果是，评价始终不能走出“不识庐山真面目，只缘身在此山中”的怪圈。

因此，在评估体制上，应突出以独立的第三方评估为主。其要求包括：首先，应是第三方主导评估而非被评估的国家机关自我主导。其次，第三方应当独立自主，而不应被上级机关、被评估对象过多干扰。从域外看，几大有影响力的法治指数往往由政府机构以外的并不隶属于任何政府的民间组织来制定。

（三）指标与方法的科学性

量化研究特别要防止的是被技术理性和工具理性所支配，评估指数应当有必要的学术内涵和人文关怀。

一是在评估指标的设置上，应兼顾全面性和重点内容，既立足现有制度规范又有适度前瞻。既要避免将各个被评估对象都已经做到的规则作为主要评估指标，又要避免指标陈义过高而适得其反，使得评估对象疲于应对而不得不作假以求过关。另外，还应适度分配客观性指标与主观性指标（如满意度、幸福感）的权重，避免主观性指标在评估中比重过高，导致评估走形变样。

二是兼顾评估指标的连续性与灵活性。缺乏连续性的评估，则无法进行年度纵向之间的比较，同时，若指标缺乏灵活性，则可能走向僵化，进而流于形式。因此，如何兼顾连续性和灵活性，是对指标设计者的高层次要求。

三是找出与法治有关联的数据和事件，以对制度执行、政策落实情况做出准确的判断。例如，有的地方在评价公安机关工作成效时将刑事案件发案率作为评价指标，发案率高固然可以说明公安机关工作量大，也可以说明当地治安管理水平不高、安全防控系统有漏洞；而发案率低则既可能是因为当地治安管理水平高，也可能是因为公安机关侦查能力不高导致一些案件尚未被发现。又如，有的地方把腐败案件查处数量作为评价党风廉政建设情况的依据，但却忽略了腐败案件查处数量很难孤立地反映廉洁程度，因为查处数量多固然可以反映纪检监察部门尽职尽责，但也说明当地惩防体系建设存在漏洞；查处数量少则也有可能是因为腐败案件越发隐蔽暂时还难以发现。因此，科学地选定可以真正反映法治发展、制度执行、政策落实情况的数据和事件是做好第三方评估的关键。

四是兼顾地方性与普适性。我国法治指数的评估，表现出强烈的地方性创新与突破色彩。法治指数指标体系呈现出区域化特征，既有省一级的指标体系，也有地市级、区县级的指标体系。各地根据实际情况，积极创新。有理由预期，今后中国的法治量化工作，在相当长时间内仍保持这种地方创新的特征，既要有普适性的指标，也要有凸显地方特色的指标；既要有适用于各个层级的一般性指标，也要有适用于地市级、区县级、各个部门机关的特殊指标体系。因此，法治指标体系必然带有多元性、区域性特点，这也是符合不同评估对象的属性和特征。

五是评估指标的设置与修订应兼顾公众意志、公众需求的主观性与法治自身规律的客观性。不能体现公意的评估指标，再完善也不过是空中楼阁，仍可能遭到公众的抛弃。对法治的评估，需要充分考虑公众的需求和感受。杜绝不能适应社会需求的闭门造车的指标。另外需要特别提出的是，仅以满意度来评估法治的公平正义、公开透明、平等可预期等要求显然过于简单粗暴，无法适应胜诉方与败诉方、执行难与顺利执行的精微情感需要。传统的社会抽样调查关注的是抽样对象的主观感受，尽管主观感受一定程度上能够反映客观真实性，但任何抽样调查的统计结果都不等于客观真实性。以问卷调查为例，调查样本越具有代表性，满意度的评估越真实；而样本的代表性取决于各类使用者的特点、问卷的选项和问卷对细节要求的程度。因此，指标的设计应兼顾主观性和客观性。显然，评估方式的完善永无止境。对此需要强调的是，地方法治指数在相当长的一段时期内，应当考虑根据客观数据（包括官方权威数据，以及项目组自行调研的实证数据），利用客观的方法进行分析，辅之以主观调查方法以保障指标的中立性、科学性和客观性。

六是评估指标和评估结果不应密闭于系统内部孤芳自赏，而应向社会各界开放。结果开放既有利于提升指数评估的科学性与可信度，也有利于社会各界予以检验、比较。然而与第三方评估的结果相比较，由于上级评估还是被评估对象自我评估，评估所依据的信息、素材往往是国家机关内部工作的文件、材料，外人无从知晓和验证。加上评估指标、评估结果缺乏充分公开，社会公众、学术科研机构也往往无从检验、比较，其缺陷显而易见。

七是要避免评估的“材料审”。各级公权力机构的传统评审方法是上报材料，由同级或上级部门根据材料评审其优劣情况。目前，一些评估也停留在“材料审”上，对各地政府报上的“先进事迹和材料”进行审议，评出先进，颁发各种奖项。为了获得各种创新奖，各级党政机关、司法机关趋之若鹜，每年都会向一些机构上报材料，拉关系、走后门以争取获得奖项。目前，这些奖项已经过于泛滥，除了用于自吹自擂，在群众中几乎没有什么公信力和影响力。“材料审”最大的弊端是，材料写得好坏直接影响到评审的结果，而却未必能反映真实的工作情况。正确的做法是依法制定科学的指标体系，对该部门是否完全落实了法律或相关政策的要求进行评估，对日常工作进行评估，材料审查仅仅作为辅助手段。这种评估方法虽然人力、财力投入较大，但是能拉出问题清单，结果真实可靠，对工作具有实际的推动作用，因此，应作为评估的主要方法。

第二章

浙江法院阳光司法评估及阳光司法实践概况

2013—2015年，中国社会科学院法学研究所受浙江省高级人民法院（下称“浙江高院”）的委托，对浙江全省三级共105家法院[①]进行了连续三年的阳光司法指数评估。评估工作根据每年设定的评估指标体系，从审务公开、立案庭审公开、裁判文书公开、执行公开等方面，对浙江全省各法院落实司法公开工作要求的情况进行评估，形成指数排名，总结有益经验，发现存在的问题和不足，提出改进和完善的建议。浙江法院的阳光司法评估是法学研究的新范式，对推进司法公开工作有着不可低估的重要意义。

一　评估的意义

浙江阳光司法第三方评估是落实党的十八大精神和最高人民法院三大平台建设要求的重要举措。十八大报告提出，推进司法公开工作，加强司法公信建设。习近平总书记《在首都各界纪念现行宪法公布施行30周年大会上的讲话》也指出，要努力让人民群众在每一个司法案件中都能感受到公平正义。最高人民法院《关于推进司法公开

① 浙江全省三级共有105家法院，2013年评估时未包含2012年新设的杭州经济技术开发区人民法院和2012年移交地方的杭州铁路运输法院。

三大平台建设的试点方案》则从落实中央精神角度出发，建立审判流程公开、裁判文书公开、执行信息公开三大平台，为社会公众和当事人及时、全面、便捷地了解司法、参与司法、监督司法提供服务与保障。如何切实提升司法公开水平，满足社会公众和当事人的信息需求，回应社会需求，是摆在各级法院面前的重要课题。浙江省高级人民法院开展阳光司法评估，对法院司法公开工作进行量化评估，对全省各级法院开展司法公开工作的状况进行全面深入的分析评价，有助于找准问题、明确方向，为落实中央要求和最高人民法院部署提供了有力的抓手。

浙江法院阳光司法指数评估对于推进司法公开工作和学术研究具有里程碑式的意义。浙江法院阳光司法指数评估是司法实务部门与国家最高法学研究机构合作开展的，这充分证明法律实务与法学理论研究有机结合能够得出丰硕的成果，对法律实务部门和学术研究部门都具有振聋发聩的巨大作用。传统上，司法机关相关工作的推进主要依赖于内部工作机制的运行，与司法机关外部，尤其是与法学理论界的交流方式是碎片化的，主要是单学科的专家论证和咨询活动；理论界缺乏对司法实务流程的整体参与和了解，所提出的建议和设计难免有隔靴搔痒和只见树木之虞。更何况，法学理论研究往往在照搬境外理论与制度方面得心应手，但缺乏对中国问题与中国实践的关注和关心，更缺乏系统深入、具有可行性和前瞻性的研究。结果是法律实务界与法学理论界长期处于缺乏有效互动、各说各话的状态中。有的学者对实务不了解，不清楚司法的流程，想当然地就应不应该公开以及公开什么发表看法，贻笑大方甚至误导决策。以送达为例，对法学理论界而言，送达是诉讼制度中最为简单的小问题，法律规定也很明确，没有理论研究的必要，也就是说根本不是一个问题。但项目组发现，送达难正在成为影响诉讼权利义务告知效果和司法流程顺利推进以及司法行为有效性的突出障碍，也是令各级法院最为头疼的难题之一。

更为重要的是，浙江法院阳光司法指数评估没有停留在对司法公开意义和理论的空谈之中，而是立足于中国的实践，充分参考其他国家和地区的实践，以现行法律和法理为依据，通过专家的分析论证，结合理论以及法律的精髓，深入到了法院的内部，横向纵向地对浙江各级法院司法工作以及司法公开的实践进行了全方位的分析。项目组不仅通过法院门户网站、公告栏等对其司法公开工作进行外部观察，还细化到法院工作的每一个步骤，如调取法院原始统计数据和各类案卷，分析了法院实际运行的全流程情况。此外，计算机专家与法学家密切配合，充分使用计算机技术是此次阳光司法评估的重要特征。如在评估裁判文书上网公开这一板块时，项目组采用了“爬虫技术”，大大提高了评估期间裁判文书上网数量统计的精确度，使评估与研究在具有专业性的同时也具有科学性。

鉴于此，可以说浙江法院阳光司法指数评估真正做到了内容深入、方式新颖、结果可靠，体现了创新性、前瞻性、实践性，对其他地区乃至国家层面的司法公开工作具有一定的启发和参考价值，对法学研究的方法创新和理论创新都有着重要的意义。由于颠覆了传统的法学研究方法，实务部门与第三方学术机构以全新的模式进行了成功合作，在促进学术研究和推动司法实务工作方面均堪称标志性事件。

另外，国家级学术研究机构以第三方中立的立场介入评估确保了评估结果的公正性、客观性、权威性与最强的传播效应。对法院而言，考核自身工作是必要的，但考核方法、效果则难免有所局限。过往采取的评估和考核方法是，上级法院制定出考核标准，各法院根据该标准交叉评估或循环评估，主观评分占较大的比重。更为重要的是，即便是各法院交叉评估，仍然是自说自话。由于缺乏中立性和权威性，各个法院做得再好、说得再实在都难以取信于人。

为了开展浙江法院阳光司法指数评估工作，浙江省高级人民法院将评估工作全部交由中国社会科学院法学研究所作为独立第三方自行完成。从方法上看，由法学研究所法治国情调查研究室、法治指数创新工程项目组以及国家法治指数研究中心组成的项目组长期开展法治指数量化评估工作，积累了丰富的量化评估经验，依照法律和相关司法解释科学设计了评估指标，特别强调评估的可操作性。例如，将指标中诸如“及时公开”“有效公开”等主观性强、难以量化的评估点全部转化为“××日内公开”“通过网站等可以查询到”等可以量化、便于操作的点。从评估对象上看，法学研究所独立于所有被评估对象，对被评估对象能够做到一视同仁，这是保证评估结果公正性的重要条件。评估结果也显示，不论是对浙江省高级人民法院还是中级人民法院，抑或是基层人民法院，评估均按照一个尺度、一个标准，没有例外。公正、中立、客观是阳光法治指数的生命所在。

中国社会科学院法学研究所是国家最高的法学研究机构，是党中央、国务院的思想库和智囊团，法学研究所法治国情调查研究室开展的政府透明指数、司法透明指数等所有指数类研究课题都力求做到以下几点。一是指数评估应当对政府和法院的工作有切实和具体的推动作用，在认可成绩、推广经验的同时，指出改进的方向。二是指数成果应能引起公众的关注，让深藏高墙之中的政府信息和司法信息为公众所知晓、所关心。三是指数成果应成为社会关注的焦点。司法公开讲了多年，社会已经有了疲劳效应，以全新的面貌向社会展示浙江法院司法公开的内容将有利于消除社会的疲劳感，使公众更关注浙江省高级人民法院的创新点。四是由于方法创新、成果创新，预计指数成果将在学界引起极大的关注。更为重要的是，项目组深入了解了司法全流程信息，对中国司法制度运行有了全面的掌握和深刻的理解，更进一步认识到，中国问题不能完全套用西方的理论来诠释，而是需要通过不断完善中国的司法理论来解决。可以说，阳光司法指数成果做到了以上四点，并通过中国社会科学院发布，成果在理论界、实务界以及国内外都产生了巨大的影响。

浙江法院阳光司法指数评估先行先试，杀出一条司法改革的血路，具有较强的示范效应。一个法院是否对外开放、开放到多大的程度，哪怕是开放给一个国家级学术机构，仍然是有争议的。浙江省高级人民法院在国内开创先例，有底气不害怕，表现出深入推进司法公开的极大勇气和决心，让第三方机构独立地开展评估，对评估什么、怎么评估、评估结果不做任何干预。在项目组开始评估前，浙江省高级人民法院对全省法院做到“四不”，即不提前通知、不作动员、不提前布置、不告知评估科目。为了配合评估工作，浙江省高级人民法院向项目组开放了法院内网系统和内部统计数据，让下属两级法院配合项目组随机调取案卷档案，这些原始数据的提供确保了评估的准确性。此外，浙江省高级人民法院对评估结果坦然接受的态度也值得赞赏。可以想象，根据严格的评估标准，分数难尽人意，甚至与人们的预期相差甚远。对此，浙江各级法院并不讳疾忌医，不怕丢丑，即便在首年评估中，浙江省高级人民法院在全省三级法院整体的排名以及部分评估板块的排名中结果不够理想，但其未回避问题，而是原封不动地将 103 家法院的大排名向全省法院公开。这些做法表明浙江省高级人民法院在推进司法公开方面有破釜沉舟的决心和意志，以及其正视问题、不回避、不逃避的勇气，这是值得很多法院和党政机关学习之处。

二　评估指标与方法

2013—2015 年，中国社会科学院法学研究所对浙江法院进行了连续三年的跟踪评估。三年的指标总体保持一致，后两年略有微调。微调的标准是如果 90% 以上的法院都符合了某一指标的评估标准，新一年就撤销此指标，换言之，是在逐年加大难度，逐年向实质内容的评估过渡。指数评估是综合考虑浙江各法院所在地区的经济发展状况、人口状况、法院人员情况、受案数量等，设计数量模型，以计算出浙江全省的法院阳光司法指数。司法公开工作是动态发展的，会根据法律及最高人民法院等的要求、浙江法院的工作现状与发展需要不断进行调整、完善。阳光司法指数的指标体系及权重每年都会据此进行优化，由于每年评估依据不同，其评估分数也就不存在进行年度比较的可比性。因此，浙江省的阳光司法指数如能与其他省份之间进行横向比较才具有意义，而在其他省份未开展此项评估的情况下，核算该指数并按照年度进行纵向比较，并不能够说明一个省阳光司法工作的实际进展，甚至可能造成误解。因此，项目组暂不核算全省的总指数。

2013年浙江阳光司法指数指标体系以现行法律法规、最高人民法院有关司法解释和指导意见以及浙江省高级人民法院出台的《浙江法院阳光司法实施标准》《浙江法院阳光司法实施标准考核计分办法》《浙江法院阳光司法指数评估体系》等为依据，选取司法公开中最为核心的事项作为本年度评估的主要内容。

（一）2013年的评估指标

浙江省高级人民法院自行研发的《浙江法院阳光司法指数评估体系》有7项一级指数（立案公开、庭审公开、执行公开、听证公开、文书公开、审务公开、工作机制）和26项二级指数。根据司法公开的重点以及浙江法院的实际，项目组与浙江省高级人民法院共同研究制定了“浙江法院阳光司法指数评估指标体系”，重点突出了审务公开、立案庭审公开、裁判文书公开、执行公开和保障机制5项一级指标和31项二级指标，每个一级指标满分为100分。其权重分别为15%、35%、20%、20%、10%（见表2-1，评估结果见表2-2）。

表2-1 **浙江法院阳光司法指数评估指标体系（2013年度）**

一级指标	二级指标
审务公开（15%）	法院门户网站（25%）
	联系渠道（15%）
	人员信息（20%）
	公众开放日（10%）
	新闻发布制度（10%）
	统计数据（20%）

续表

一级指标	二级指标
立案庭审公开（35%）	立案信访窗口设施（5%）
	诉讼指南（5%）
	诉讼权利义务告知（40%）
	案件信息查询系统（15%）
	开庭公告（5%）
	同步视频室（5%）
	公开庭审率（5%）
	定案证据质证度（5%）
	庭审录像（15%）
裁判文书公开（20%）	网上公开（35%）
	裁判文书栏目更新（20%）
	对上网文书进行技术处理（10%）
	裁判文书检索（15%）
	裁判文书意见反映渠道（10%）
	裁判文书查询（10%）
执行公开（20%）	执行案件信息查询系统（10%）
	执行措施透明度（20%）
	被执行人失信信息曝光（20%）
	拍卖公告（15%）
	执行标的物拍卖（20%）
	执行款物管理（15%）
保障机制（10%）	组织保障（15%）
	信息化建设（45%）
	案件档案电子化（20%）
	司法公开投诉渠道（20%）

表 2-2　2013 年度浙江法院阳光司法指数评估结果（满分 100 分）

排名	法院	总分	排名	法院	总分	排名	法院	总分
1	吴兴	70.44	36	平湖	56.36	71	临海	50.92
2	鄞州	65.82	37	定海	56.01	72	南湖	50.51
3	舟山中院	65.09	38	嘉兴中院	55.94	73	嘉善	49.92
4	北仑	63.49	39	嵊泗	55.80	74	富阳	49.77
5	椒江	62.92	40	文成	55.73	75	浙江高院	49.38
6	海曙	62.58	41	洞头	55.55	76	龙湾	48.91
7	宁波中院	61.90	42	景宁	55.27	77	永嘉	48.83
8	普陀	61.77	43	西湖	55.18	78	建德	48.82
9	海盐	61.12	44	龙游	55.04	79	婺城	48.74
10	三门	61.01	45	遂昌	55.01	80	上虞	48.56
11	南浔	60.39	46	平阳	55.00	81	柯城	48.50
12	萧山	60.27	47	金华中院	54.98	82	江干	47.91
13	象山	60.15	48	岱山	54.79	83	上城	47.74
14	丽水中院	60.10	49	台州中院	54.78	84	浦江	46.97
15	衢州中院	59.85	50	莲都	54.61	85	乐清	46.80
16	宁海	59.75	51	慈溪	54.59	86	兰溪	46.76
17	温岭	59.22	52	龙泉	54.36	87	嵊州	46.64
18	余姚	59.07	53	宁波海事法院	54.27	88	天台	46.41
19	常山	58.97	54	温州中院	54.19	89	下城	45.82
20	湖州中院	58.55	55	青田	53.58	90	金东	45.69
21	路桥	58.52	56	泰顺	53.46	91	绍兴	45.66
22	云和	58.26	57	余杭	53.32	92	仙居	45.49
23	奉化	58.24	58	绍兴中院	53.15	93	开化	45.37
24	长兴	58.17	59	黄岩	52.95	94	磐安	45.23
25	东阳	58.11	60	德清	52.94	95	桐庐	44.23
26	江东	57.73	61	杭州中院	52.70	96	衢江	43.78
27	桐乡	57.58	62	永康	52.65	97	诸暨	42.72
28	江北	57.15	63	缙云	51.71	98	新昌	42.66
29	镇海	57.09	64	秀洲	51.64	99	安吉	42.29
30	鹿城	56.97	65	临安	51.48	100	义乌	42.07
31	庆元	56.70	66	淳安	51.41	101	拱墅	38.81
32	松阳	56.53	67	滨江	51.34	102	武义	35.69
33	瑞安	56.48	68	玉环	51.24	103	越城	34.35
34	海宁	56.42	69	苍南	51.14		平均分	53.28
35	瓯海	56.39	70	江山	50.99			

（二）2014 年的评估设计

2014 年的浙江阳光司法指数指标体系包括 4 个一级指标，分别是审务公开、立案庭审公开、裁判文书公开和执行信息公开。其中，审务公开包括网站建设、法院概况、人员信息、法院文件、工作报告、统计数据；立案庭审公开包括诉讼指南、案件信息查询、档案电子化、权利义务及重大事项告知、定案证据质证度、庭审录像；裁判文书公开包括裁判文书公开平台、裁判文书不上网公开审批；执行信息公开包括执行指南、执行拍卖（含拍卖公告与司法网拍）、执行措施透明度、执行举报电话有效性（见表 2－3，评估结果见表 2－4）。

表 2－3　　2014 年度浙江法院阳光司法指数指标体系

一级指标	二级指标
审务公开（20%）	网站建设（20%）
	法院概况（10%）
	法院文件（15%）
	人员信息（25%）
	工作报告（20%）
	统计数据（10%）
立案庭审公开（40%）	诉讼指南（15%）
	权利义务及重大事项告知（25%）
	案件信息查询（10%）
	定案证据质证度（10%）
	档案电子化（15%）
	庭审录像（25%）
裁判文书公开（10%）	裁判文书公开平台（60%）
	裁判文书不上网公开审批（40%）
执行信息公开（30%）	执行指南（20%）
	执行拍卖（35%）
	执行举报电话有效性（15%）
	执行措施透明度（30%）

表 2－4　2014 年度浙江法院阳光司法指数评估结果（满分 100 分）

序号	法院	总分	序号	法院	总分	序号	法院	总分
1	江北	77.11	37	龙泉	63.46	73	定海	55.06
2	东阳	74.81	38	浙江高院	62.59	74	柯城	55.05
3	景宁	74.36	39	苍南	62.58	75	瓯海	55.00
4	海宁	71.90	40	平阳	62.49	76	三门	54.72
5	余姚	71.60	41	淳安	62.24	77	瑞安	54.63
6	镇海	70.89	42	缙云	62.00	78	衢州中院	54.43
7	椒江	70.12	43	杭州中院	61.80	79	嘉兴中院	54.37
8	遂昌	69.79	44	岱山	61.45	80	柯桥	54.08
9	鄞州	69.18	45	建德	61.39		龙游	54.08
10	临海	69.00		嵊泗	61.39	82	嘉善	53.41
11	吴兴	68.77	47	宁海	61.24	83	玉环	52.80
12	南浔	68.67	48	象山	61.15	84	黄岩	52.71
13	余杭	68.59	49	绍兴中院	60.70	85	秀洲	52.43
14	湖州中院	68.49	50	德清	60.36	86	龙湾	52.34
15	北仑	68.48	51	常山	60.01	87	临安	52.31
16	宁波中院	68.11	52	新昌	59.87	88	江山	51.53
17	文成	67.94	53	上城	59.85	89	永嘉	51.26
18	丽水中院	67.85	54	海曙	59.13	90	宁波海事法院	51.03
19	普陀	67.75	55	南湖	59.09	91	永康	50.96
20	萧山	67.60	56	江干	58.65	92	磐安	50.87
21	长兴	67.49	57	金东	58.11	93	浦江	50.85
22	青田	66.87	58	鹿城	57.92	94	桐乡	49.96
23	云和	66.43	59	兰溪	57.86	95	海盐	49.77
24	慈溪	66.16	60	下城	57.83	96	西湖	47.87
25	安吉	65.99	61	仙居	57.19	97	台州中院	47.76
26	松阳	65.95	62	江东	56.92	98	富阳	47.30
27	温岭	65.86	63	上虞	56.88	99	越城	47.03
28	莲都	65.58	64	武义	56.86	100	诸暨	46.21
29	洞头	64.88	65	开化	56.72	101	义乌	44.28
30	平湖	64.85	66	奉化	56.63	102	天台	42.49
31	拱墅	64.15	67	乐清	56.49	103	杭州开发区法院	42.01
32	温州中院	63.94	68	婺城	56.39	104	衢江	38.78
33	庆元	63.76	69	桐庐	55.88	105	杭州铁路运输法院	21.40
34	嵊州	63.59	70	泰顺	55.74		平均分	59.13
35	金华中院	63.54	71	舟山中院	55.47			
	路桥	63.54	72	滨江	55.22			

总体而言，2014 年的评估工作无论是在内容上，还是在具体评估标准上，都更加注重实质性内容的公开，评估要求也更加严格。

（三）2015 年的评估设计

2015 年度评估包括 4 个一级指标，分别是审务公开、立案庭审公开、裁判文书公开和执行信息公开，权重分别为 15%、35%、25%、25%（见表 2－5，评估结果见表 2－6）。

表 2－5　　2015 年度浙江法院阳光司法指数指标体系

一级指标及权重	二级指标	权重
审务公开（15%）	门户网站	20%
	12368 平台	20%
	人员信息	30%
	法官职业规范	5%
	法院投诉渠道	5%
	工作报告	10%
	统计数据	10%
立案庭审公开（35%）	诉讼指南	20%
	权利义务及重大事项告知	30%
	档案电子化	20%
	庭审公开	30%
裁判文书公开（25%）	归纳诉辩主张	20%
	回应诉求	20%
	证据采信说理	25%
	法律适用说理	25%
	列举法律依据	10%
执行信息公开（25%）	执行指南	30%
	执行措施透明度	40%
	司法网拍	30%

表 2－6　　2015 年度阳光司法指数评估结果（满分 100 分）

排名	法院	得分	排名	法院	得分	排名	法院	得分
1	余姚	74.34	37	绍兴中院	65.27	73	萧山	59.88
2	椒江	73.60	38	衢江	65.26	74	淳安	59.64
3	青田	73.18	39	温州中院	65.06	75	泰顺	59.53
4	北仑	72.62		开化	65.06	76	嵊泗	59.50
5	江北	71.96	41	余杭	65.01	77	建德	59.41
6	东阳	71.95	42	文成	64.49	78	滨江	59.32
7	缙云	70.93		金华中院	64.49		瓯海	59.32
8	南浔	70.78	44	宁海	64.45	80	义乌	59.28
9	吴兴	70.75	45	衢州中院	64.42	81	金东	59.02
10	慈溪	70.17	46	洞头	64.25	82	柯桥	58.88
11	景宁	70.16	47	杭州中院	64.08	83	兰溪	58.87
12	海曙	69.67		舟山中院	64.08	84	西湖	58.58
13	临海	69.46	49	嘉善	63.98	85	象山	58.44
14	上城	69.42	50	平阳	63.64	86	柯城	58.40
15	永嘉	69.06	51	龙游	63.51	87	龙湾	58.18
16	遂昌	68.59	52	台州中院	63.26	88	江干	58.13
17	龙泉	68.51	53	常山	63.10	89	桐乡	58.10
18	海宁	68.44	54	海盐	62.87	90	婺城	57.61
19	仙居	68.43	55	拱墅	62.82	91	诸暨	57.14
20	镇海	68.41	56	新昌	62.70	92	鹿城	57.10
21	宁波中院	68.38	57	温岭	62.57	93	江山	56.89
22	丽水中院	68.37	58	玉环	62.11	94	越城	56.28
23	德清	68.14	59	路桥	62.10	95	临安	56.06
24	鄞州	67.90	60	磐安	61.71	96	桐庐	55.97
25	平湖	67.52	61	南湖	61.67	97	定海	55.05
26	长兴	67.07	62	宁波海事法院	61.64	98	奉化	55.04
27	安吉	67.03	63	下城	61.57	99	乐清	54.39
28	嵊州	66.99		莲都	61.57	100	永康	53.95
29	湖州中院	66.90	65	经开	61.19	101	富阳	52.00
30	浙江高院	66.85	66	云和	60.95	102	秀洲	51.65
31	嘉兴中院	66.73	67	苍南	60.82	103	江东	51.45
32	黄岩	66.64	68	瑞安	60.63	104	浦江	49.26
33	三门	66.62		天台	60.63	105	杭州铁路运输法院	38.93
34	岱山	66.46	70	松阳	60.48		平均分	62.92
35	庆元	66.10	71	武义	60.40			
36	上虞	65.46	72	普陀	60.39			

三　浙江法院阳光司法的成效

（一）2013 年评估发现的亮点

1. 硬件建设水平高

推进司法公开需要具备一定的硬件设施，这是做好审判工作的必然要求。如公告栏用以公示开庭公告、诉讼须知等事项；自助查询设备用以方便公众自助查询案件进度信息；同步视频室通过加装视频采集、传送、播放设备，实现远程旁听庭审过程；信访接待室、判后答疑室用以在现场接待信访投诉、解答当事人疑问。通过项目组的统计和现场抽查，浙江三级法院全部在立案接待大厅配有公告栏、信访接待室。有96.1%的法院在立案接待大厅配置了自助查询设备，其中有91.7%的中级法院配置了该类设备，有96.7%的基层法院配此类设备；98.1%的法院配有判后答疑接待室，其中中级法院配有该接待室的比例为100%，基层法院配有该设施的比例为97.8%；有96.7%的基层法院配有人民调解室；有81.6%的法院配置了同步视频室。

2. 信息化建设水平较高

信息化是推进司法公开向广度、深度发展的重要保障。网站以及微博、微信、手机短信等手段都已成为现代社会司法公开不可或缺的平台。为了满足信息时代对信息高速传播与分布的要求，各类司法信息的生成、管理、共享要适应无纸化办公的需要，这对法院信息化建设水平提出了越来越高的要求。

首先，浙江法院普遍配备了较高的专网带宽。司法公开及司法信息管理要求法院专网在技术上必须能够支持法院处理、传输各类业务数据的需求。带宽不够就像高速公路上车辆多但车道狭窄，必然造成信息堵塞，传输缓慢，不仅法院自身以及法院之间的信息传输迟缓，还会影响公众登录法院网站。根据浙江各法院的自报数据，截至 2013 年 6 月，29 家法院的专网带宽在 50M 以上，其中，宁波中院及所属基层法院都在 100M 以上，且有 8 家为 1000M（见图 2－1）。

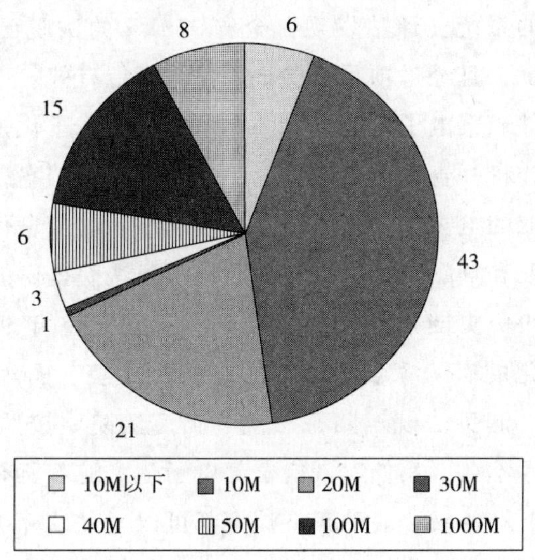

图 2－1 浙江法院专网带宽分布情况（截至 2013 年 6 月）

其次，数字化法庭普及率较高。数字化法庭是指，通过加装音视频采集、传输设备，对法庭活动进行实时监控、录音、录像等，借此实现同步视频旁听与监控、审判活动音视频直播、法庭活动音视频资料备份留存等功能。数字化法庭是法院信息化发展过程中的创新举措，有助于消除传统案件审理受场地限制的弊端，提高案件审理的公开程度，并在原有庭审笔录的基础上，为案件审理全程保留音视频档案。统计显示，截至 2013 年 6 月，全省法院审判用法庭共计 1896 个，已经数字化法庭的共有 1798 个，约占 94.8%。其中，有 67 家法院审判用法庭 100% 实现数字化。

再次，普遍建有远程视频提审室。远程视频提审室是在传统审判法庭的基础上，通过在看守所加装音视频及其传输线路，实现远程提审看守所在押犯罪嫌疑人等功能。统计显示，截至 2013 年 6 月，浙江全省有 96 家法院已经在当地看守所建成了视频提审室。

复次，案件信息查询系统普及率较高。案件信息查询系统是利用法院内网信息管理平台，全面、完整、及时录入和反映案件基本信息和办理进度，并通过互联网或者自助查询设备向案件当事人开放，供其查询自身案件信息的系统。评估发现，全省 97.1% 的法院已经通过门户网站开通了此系统，且经过项目组验证，系统运行有效。

最后，案件档案电子化程度较高。案件档案电子化是指法院适应信息化发展要求，将一直以来以纸质形式保存的案件档案，扫描、转换为计算机可以读取的电子文档，实现司法活动结果的信息化，方便案件档案的保存、调取和查阅。根据浙江省高级人民法院提供的数据，浙江各级法院正在加快历史档案电子化的步伐。截至 2013 年 9 月，案件档案全部实现电子化的有 7 家法院，分别是杭州中院、丽水中院、西湖法院、鹿城法院、洞头法院、路桥法院、临海法院。按照现有的管理方式，案件结案后不久，其档案就应全部电子化。随着所有历史档案完成电子化，未来浙江各级法院的案件档案都可以通过计算机和互联网进行远程调取、查阅，有效化解了纸质档案在备份保管和查阅、移送上的诸多不便。案件档案电子化既方便公众查询案件档案，也有助于法院内部管理，对提升司法公开水平意义重大。

3. 重视通过网站公开信息

法院门户网站正在成为法院公开司法信息、实行在线办事的第一平台。浙江各级法院重视网络交流平台的建设工作，能够主动运用新技术手段，为公众提供在线公开信息、在线咨询和在线办事服务，为有效提升阳光司法水平提供了条件。

首先，注重利用网络手段，公开法院信息。从评估情况看，全省 103 家法院在保留传统的公告栏、布告栏等的基础上，均建有自身门户网站，通过网站实时对外发布审判及法院管理的各类信息。

不少法院还适应新媒体发展趋势，将 QQ、微博等新媒体方式引入法院司法公开工作中，利用其短平快的特点，对外公开信息和进行在线咨询。据不完全统计，江干法院建有 QQ 在线服务平台，丽水中院、上虞法院设有 QQ 在线咨询平台，瑞安法院各内设机构及派出法庭均设有 QQ 咨询平台。不少法院的 QQ 在线咨询平台运行正常，如江干法院的 QQ 在线服务平台在项目组发出在线咨询后立即作出了有效回复，上虞法院在项目组留言后不久就作出了答复。另根据在新浪微博和腾讯微博上的不完全统计，全省共有25家法院及其内设机构开通了微博，其中2家为中级法院，6家为法院执行局、法警大队或者派出法庭（见表2－7）。

表2－7　　**浙江省法院开通微博情况（截至2013年9月）**

法院或其内设机构名称	新浪微博	实名认证	腾讯微博	腾讯机构认证	法院或其内设机构名称	新浪微博	实名认证	腾讯微博	腾讯机构认证
海曙	√	√			嘉善	√	√		
海曙法院执行局	√	√			嘉善法院西塘法庭	√	√		
江东	√	√			平湖法院法警大队	√			
北仑	√	√			诸暨	√	√		
慈溪	√	√			嵊州法院长乐法庭	√	√		
余姚	√	√			嵊州法院黄泽法庭	√	√		
宁海	√	√			嵊州法院甘霖法庭	√	√		
象山	√	√			兰溪			√	√
温州中院	√	√			东阳			√	√
鹿城	√	√			定海			√	√
文成	√	√			临海			√	√
泰顺法院	√				宁波海事	√			
莲都	√		√	√					

其次，法院门户网站稳定性相对较好。建设门户网站旨在打造一个24小时不关门的法院，方便公众随时随地查询所需要的信息，因此，法院门户网站的稳定性是衡量其司法公开水平和信息化能力的重要条件。调研发现，浙江法院网站整体上运行较好，仅有7家法院存在网站链接无法打开或者栏目信息链接无效等网站运行不稳定的情况。

再次，注重以信息化手段保障裁判文书公开。全省103家法院均在网站上公开了裁判文书，所有网站都设置了裁判文书栏目，并通过该栏目集中发布裁判文书。浙江法院所开通的浙江法院法律文书检索中心，作为裁判文书统一发布平台，也为各法院通过网站发布裁判文书提供了重要的渠道。

复次，浙江法院将网站打造成执行信息公开的重要平台。浙江法院建设了多个执行公开平台，推动省内法院统一、高效地公开执行信息。如执行案件信息查询系统实现了全省法院执行案件基本信息、办理进度等的统一查询。浙江省高级人民法院网站提供的“曝光台”和“限制高消费”栏目正在向统一发布全省法院的执行曝光信息迈进。此外，浙江省开通的信用浙江网集中发布了全省法院提供的“个人未履行生效裁判信息”“单位未履行生效裁判信息”。一些基层法院由于执行案件数量多、任务重，在法院门户网站之外开通了专门的执行网站，一些中级法院也开通了整合全市基层法院的执行网站，确保了本地法院执行公开的协调一致、标准统一。

最后，利用互联网，提升拍卖环节透明度。浙江法院在传统的拍卖平台基础上，创新司法拍卖形式，开发了司法网拍工作机制，通过与淘宝网的合作，开展司法拍卖。虽然司法网拍在拍卖物品的种类上受到制约，但全省法院普遍参与其中，且已经取得了明显成效。据对淘宝网司法拍卖栏目的检索，目前绝大多数法院已经在淘宝网司法网拍栏目中开展司法网拍工作。这一做法明显降低了拍卖成本，并借助淘宝网较为透明的运行机制，提高了拍卖过程的透明度，减小了人为操纵拍卖的概率。可以说，司法网拍机制是规范执行活动、消除拍卖中各种乱象的创新之举。

（二）2014 年评估发现的亮点

1. 重视程度明显提升

本年度评估发现，多家法院都将司法公开作为 2014 年工作的重点，并针对 2013 年评估结果进行了整改。自 2014 年 6 月项目组陆续提交阶段性报告以来，各法院纷纷反馈，有说明情况的，有表明态度的，有列出整改意见的，有提出异议的，这也表明，各法院对阳光司法工作的重视程度明显提升。从调研访谈及各分院的反馈情况看，几乎所有的法院都对本院司法公开工作提出了更高的要求，院领导亲自抓公开工作的落实情况，注重领导、细化标准、明确责任。

2. 制度建设更加细化

为了进一步做好司法公开工作，浙江省高级人民法院根据最高人民法院《最高人民法院关于推进司法公开三大平台建设的若干意见》《关于人民法院在互联网公布裁判文书的规定》等文件的规定，结合2013年度阳光司法评估工作，陆续出台了一系列规范性文件，如《关于打造司法公开三大平台全面深化阳光司法的工作要点及分工方案》《关于在互联网公布裁判文书的实施细则》《浙江省高级人民法院关于规范全省法院门户网站栏目设置和运营管理的意见》等。这些规定细化了司法公开的规定，使各级法院的司法公开工作有了抓手，并更具有可操作性。

3. 注重提升规范化程度

不少法院针对司法公开工作，制定了细化的标准。如杭州中院制定了《诉讼权利义务和重大程序事项告知清单（附业务庭常用告知事项样本）》，萧山法院制定了《司法公开标准化操作细则》，南浔法院编制了《阳光司法工作操作规程表》，等等。这些做法为进一步提升司法公开的规范化程度确立了重要的标准。

4. 加强司法公开平台建设

2014年度，浙江省高级人民法院在原有门户网站的基础上，专门开通了浙江法院公开网，其集中了全省3级105家法院的审务信息、裁判文书、执行信息等审判、执行流程信息。使司法公开的内容能够做到标准、格式统一，在一个网站就可以查询到全省法院的相关信息，大大提升了司法公开的效果。此外，浙江全省的12368语音平台开通运行，成为当事人与法院联系、法院向当事人公开信息的新平台。

（三）2015年评估发现的亮点

1. 阳光司法工作总体呈现向好发展趋势

虽然评估难度逐年加大，但各法院分数波动不大，总体呈上升趋势。浙江法院阳光司法指数评估立足于法院审务公开、立案庭审公开、裁判文书公开和执行信息公开4方面内容，具体评估内容从2013年偏重形式，过渡到形式与实质并重并逐步偏重实质内容，从仅仅关注司法公开到更加关注审判权、执行权运行机制和规范化程度。自2013年以来，评估要求逐年细化，难度逐步加大，但各法院总体表现逐步向好。2013 年，最高分为 70.44 分，平均分为 53.28 分，得分超过 60 分的有 14 家法院；2014 年，最高分为 77.11 分，平均分为 59.13 分，得分超过 60 分的有 51 家法院；2015 年，最高分为 74.34 分，平均分为 62.92 分，得分超过 60 分的有 72 家法院。其中，浙江省高级人民法院得分和排名逐年提升，2014 年度得分为 62.59 分，排在第 38 位；2015 年度得分为 66.85 分，排在第 30 位。上述数据显示，全省各法院阳光司法工作成效显著，司法公开水平明显提升。

2. 各法院形成了你追我赶的氛围

评估促使各法院形成了你追我赶共同推进阳光司法工作的氛围。几乎所有法院都确立了法院一把手亲自抓阳光司法工作、相关部门整体联动的工作机制。各法院关注评估分数与排名，更关注自身存在的问题和兄弟法院的长处，注重取长补短、改进工作。因此，三年来，法院排名年年不同，没有常胜者，也没有常败者，各法院不断查找不足、找准努力方向。

3. 阳光司法与法院权力运行规范化紧密衔接

评估使各法院将阳光司法与审判权、执行权运行的规范化有机衔接在一起。阳光司法做得好不好不仅要看展示在外部的公开情况，关键还要看审判权、执行权的运行是否合法、规范。为此，浙江三级法院借助阳光司法指数评估的指挥棒，提高了内部管理规范化程度，不仅信息化水平有了质的提升，其审判执行流程管理、档案管理、文书制作等的水平也都有了明显提升。从立案庭审公开和执行信息公开两个板块的评估结果看，由于其中都对审判流程节点的告知、庭审过程的规范化程度、执行流程节点的告知情况等进行了评估，凡是审判和执行工作较为规范的法院，得分普遍较高。

4. 司法工作的理念正在发生显著变化

传统上，法院工作比较封闭，司法公开以及与当事人的沟通主要是以法院工作为本位。但经过几年评估，大多数法院已经接受了项目组提出的应以公众需求为本位的理念，无论是门户网站建设，还是流程管理，都更加注意如何满足公众的需求，公开质量与管理水平正在发生质的变化。目前，浙江大部分法院的门户网站都非常注重突出司法公开和服务当事人两大功能，新闻宣传在门户网站已经退居次要位置。

四　浙江阳光司法存在的问题

（一）2013 年评估发现的问题

1. 司法公开工作发展不均衡

首先，法院之间差异大。总分最高分为吴兴法院，70.44 分，最低分为越城法院，34.35 分。从得分分布上看，60 分以上的有 14 家法院，50—60 分（不含 60 分）的有 58 家法院，40—50 分（不含 50 分）的有 28 家法院，40 分以下的有 3 家法院，绝大多数法院得分集中于 40—60 分（不含 60 分）。

其次，各板块之间差异大。就单个法院来看，普遍存在 5 大板块评估结果之间差异较大的情况，不少法院在至少 1—2 个板块中存在短板。如有的法院裁判文书公开情况不理想，有的则是审务公开情况不理想，还有的是立案庭审公开情况不理想，少数总分较高的法院则各板块得分相对均衡。

2. 法院网站定位不准

做好司法公开工作，首先要建好、用好信息发布的第一平台——网站，必须对法院网站的功能有准确的定位。从 2013 年度对浙江法院的评估和调研情况看，网站建设水平相较于全国水平较高，但网站定位不准的问题仍普遍存在。一些法院在网站上用大量篇幅、在醒目位置发布院领导的行踪、文山会海；一些法院大秀法院文化、法官风采，如琴棋书画、诗歌朗诵等，但实际上法官高强度的工作却不为外人知，看上去好像法官不务正业。此外，一些法院虽在网站上发布了不少信息，但混乱无序，不便获取，看上去法院为了做好公开做了大量工作，但距离满足公众需求仍有相当距离。这归根结底与对网站的定位不准有密切的关系，特别是对网站公开的受众群体及其需求缺乏准确的把握。

3. **公开效果待提升**

（1）指南内容不够通俗

所有法院提供的纸质指南及网站公开的指南都是对法律条文的照搬和重述，专业性过强，看上去内容很丰富，但并不能让缺乏法律知识背景的公众简明扼要地了解自身的诉讼权利义务和面临的诉讼风险。

（2）公开的裁判文书获取困难

首先，文书缺乏分类。如果将各类文书混杂在一起，不做分类或者分类不规范将不利于公众查找文书，也不利于法院管理文书上网工作。其次，缺乏专门的文书检索功能。评估结果显示，全省有 39 家法院没有为裁判文书设置专门的检索功能，占 37.9%；有 8 家法院提供了针对裁判文书的简单检索且经验证检索功能有效，占 7.8%；56 家法院提供了综合检索功能（如可以按照关键词、案件类型、案件号、时间等进行组合检索），占 54.4%。最后，裁判文书的发布不够及时，时间要求不够科学。多数法院最新公开的都是上一年度甚至是更早的裁判文书，不少法院最新一批裁判文书的发布时间距离上一批已经长达半年之久，甚至还有的法院最新的裁判文书是 2011 年发布的。

（3）多平台发布信息，造成公开渠道混乱

有的法院只在专门的执行网站或者其他专门平台上发布信息，弃自身门户网站而不用，甚至未在门户网站上提供专门网站或者统一发布平台的信息链接，以至于公众难以找到相关信息。一些法院在发布执行信息时，在国家、省乃至市级层面的统一平台能做到发布规范、持续发布，并注重信息的及时更新，但在本院门户网站上或者不发布，或者不能持续发布，或者不能确保及时发布。各类统一平台与法院自身网站之间普遍存在信息内容不一致、信息发布时间不同步等问题，导致信息发布混乱，使公众查找信息时难寻规律，增加其查询信息的难度，影响公开效果。

4. **对外联络存在不畅通的情况**

联系方式是法院最基本的信息之一，看似平常，却是公众了解法院、利用司法资源的重要渠道。项目组对法院网站提供的一般联系电话及司法公开投诉电话进行了匿名验证。结果发现，联系电话的有效性不甚理想。首先，不少法院的联系电话由于号码无效、无法接通、系录音电话或者传真电话等而成为无效电话，影响公众与法院的联系与沟通。其次，不少法院工作人员的工作作风应引起关注。有的法院接通电话的工作人员将责任推脱给其他部门，或者是生硬地拒绝回答问题，或者是以不耐烦甚至训斥的语气对待电话咨询。这都说明法院工作人员尚未真正把公众的需求放在心上。不少急于咨询问题、希望获得帮助的公众往往由于个别工作人员在多一事不如少一事、事不关己高高挂起等心态的驱使下，被支使得在多个部门之间转来转去，既耽误时间、耗费精力，也影响其对法院的印象。联系电话不顺畅虽是个小问题，但这是门难进、脸难看、事难办的直接表现，损害的是公众对法院的信任。

5. 信息化保障还有提升空间

从项目组多年对全国法院的评估情况看，浙江法院的信息化水平在全国走在前列，但在信息化保障方面还有提升空间。比如，硬件保障还有提升空间。根据浙江省高级人民法院的要求，三级专网带宽应不低于50M。这是为了适应司法数据传输需要测算的标准，也是维持法院内网系统和外网门户网站稳定运行的基本要求。但统计发现，全省法院达标的仅有29家法院，其余法院的带宽普遍只有20M或者10M，有5家法院的带宽只有4M，柯城法院带宽仅有2.4M。项目组在评估法院网站时遇到的网页打开速度慢、网站无法正常登录等问题，都与此有一定的关系。司法公开工作的稳步推进，必须依托信息化的有力支撑，但信息化经费投入不足，信息化建设硬件保障不力，难免影响信息化水平，并对司法公开工作形成掣肘。

（二）2014年评估发现的问题

1. 司法公开的观念有待提升

首先，对于为什么要推进司法公开，有的法院、法官仍有不同认识。通过实地调取案卷、与部分法院工作人员进行交流以及接受部分法院的反馈信息，项目组发现，有人认为司法公开是上级法院硬压下来的任务，对于提升司法水平、提高法院地位并无帮助。这就可能导致个别人还没有认识到司法公开是法院工作的有机组成部分，是法定的责任与义务，没有将其与规范司法权力运行有机结合，遇到上级检查或者第三方评估时则更多是敷衍了事，且只注重表面工作。

其次，有人认为，有些事项的公开可有可无。评估发现，对于各类信息的公开，不少人存在不同看法，特别是在权利义务及重大事项的告知方面，不少法院反馈，权利义务等一般采取当庭告知的做法，没有必要单独发送。比如，有的法院就评估结果反馈说，承办人认为诉讼风险是相对于起诉人而言的，是指存在败诉的可能性，故仅需要向提起诉讼的原告发送，不需要向被告发送。但这个理由并不能成立，因为被告如果不能依法及时应诉或应诉准备不足，同样有败诉风险，法院没有理由不对其作出必要的提示。一些法官还对刑事案件中向被告人告知权利义务和重大事项表示了异议，认为法律没有明确要求在开庭前向其告知合议庭组成人员。有人明确提出，刑事诉讼法没有规定要送达告知文书，只规定在庭审时告知，不能以浙江省高级人民法院领导的讲话内容替代法律规定。有人提出，大量的二审案件被告人被羁押在基层看守所，履行告知权利义务既无必要，也浪费司法资源。有人提出，民商事案件中应诉通知书、举证通知书及诉讼须知在一审期间均有送达，二审中无须再送达，二审中向当事人送达的是受理案件通知书，再送达应诉通知书已无必要。

最后，对案卷的作用认识不到位。案卷是法院审判活动的最终记录载体，是回溯案件审理过程的重要线索，也是保护当事人和审判人员的重要依据。一旦当事人对案件审理过程和处理结果产生异议，要通过案卷来回溯审理过程，因此，案件从受理到判决的全部材料和主要节点信息都应当记录在案，以备查询。但评估时发现，不少人对此还有不同认识。如有人反馈，立案时立案人员已直接将受理通知书交给原告，原告在受理通知书存根（或副本）上签收就足矣，不用在案卷中保存相应的送达回证。但事实上，送达回证的目的是留存记录，一旦产生异议，可以核查有关文书是否按照规定的时间和方式送达给当事人，因此，在送达回证上做好记录，包括由当事人签字确认并非可有可无。

2. 司法公开的基层动力不足

浙江阳光司法工作起步早，在全国的影响大，不少当事人、法官基于地域的横向比较和时间的纵向比较，对法院工作给予了相当高的正面评价。但不可否认的是，浙江司法公开工作目前还主要依靠领导重视，并自上而下地推行，来自基层尤其是办案人员自发推进司法公开的动力不足。评估过程中通过与部分法院及办案人员的交流，项目组发现，对司法公开持质疑、消极态度的情况并非鲜见，不仅仅是个别人员应付检查和评估，有不少工作人员表露出反感、抵触的情绪。其根本原因在于，法官们本来就处于工作压力大、工作环境不佳、案件审理任务超负荷的状态下，司法公开工作又为其增加了额外的工作。依靠评比、排名、问责等手段可能会对法院领导工作有推动作用，但难以有效解决司法公开基层动力不足的问题。大量工作在一线的办案人员在维护法院的荣誉、维护社会公平正义方面作出了很大的努力，但他们也是普普通通的人，不能简单地用道德标杆去苛求他们，虽然推进司法公开是大势所趋，但也需要关注他们的实际工作状态，解决他们的实际困难，将其从繁重的事务性工作中解脱出来。只有这样，才能确保司法公开不仅有强大的外部助推力，更有持续的内部动力。

3. 公开平台建设关系仍待理顺

随着三大平台建设的深入推进，最高人民法院专门开发建设了多个专门的公开平台，涉及审判流程、庭审录像、裁判文书、执行信息等领域。此外，浙江各级法院也建有其他专门的平台。司法公开平台建设日趋专门化、专业化，但如何处理各平台之间的关系成了一个较大的问题。例如，浙江省高级人民法院建有浙江法院新闻网和浙江法院公开网，虽然两者功能定位不同，但一家法院同步运行两个网站，很容易让使用者产生混淆。再者，各类信息的公开平台逐步上收后，下级法院的公开平台如何运行，也是一个难题。上下级法院的公开平台各自为政，容易造成公开不同步、公开内容不一致。另外，完全依据上级法院的公开平台有可能制约下级法院推进公开的积极性和创造性，特别是当事人在习惯上还更倾向于使用案件受理法院网站查找信息。此外，下级法院依照规定向上级法院平台报送了信息后，上级法院平台因管理或者技术原因未能及时、全面地将信息上传到互联网的，是否能视作下级法院没有依法及时公开信息，也是一个问题。因此，如何处理好各平台之间的关系将是今后司法公开平台建设方面需要注意和认真解决的问题。

4. 司法公开能力建设还需提高

近年来，浙江三级法院在审判信息化方面投入了大量的财力与物力，硬件设施配备水平明显提升，但与之对应的管理水平、硬件使用水平还需要逐步提升。比如，目前各法院的同步录音录像设备比较先进，但从评查情况看，设备的维护、使用情况还不够理想。再如，在网站建设方面，有的法院提出，门户网站上只能加载上级法院公开平台的链接，本院技术人员还不知道如何做到直接链接到该平台的本院页面。这说明，司法公开的推进不仅仅要依靠硬件设备的更新换代，还需要逐步提升工作人员的管理水平和硬件使用水平。

当然，尽管存在上述问题，我们仍然需要客观全面地加以看待浙江法院的阳光司法工作，即浙江法院的司法公开工作总体是大踏步前进的，每次评估都能发现一些问题，这并不意味着浙江法院司法公开做得不好，而恰恰是浙江法院重视司法公开工作、司法公开工作不断深化、公开要求不断提升的结果。随着对司法公开的要求不断提升以及评估工作的不断深入，一些过去不视作问题或者未发现的问题逐步显现，找出这些问题并一一加以改进，才能确保司法公开不断迈向新的高度。

（三）2015年评估发现的问题

1. 司法公开各项工作发展不够均衡

评估结果显示，四大评估板块总体情况不太均衡。在审务公开板块，乐清法院分数最高，为74.56分，平均分为63.07分，铁路法院得分最低，为12.80分，排除该院因为没有门户网站而得分偏低外，倒数第二名的得分也才36.58分，60分以上的法院总计有78家；在立案庭审公开板块，江北法院分数最高，为75.33分，平均分为60.34分，最低分为铁路法院，得分为26.46分，60分及以上的法院总计59家；在裁判文书公开板块，最高分为湖州中院，得分为77.50分，最低分为云和法院和瑞安法院，得分均为60.00分，本板块各法院得分均在60分及以上；在执行信息公开板块，椒江法院和青田法院得分最高，均为94.00分，江东法院最低，为24.00分，平均分为60.15分，60分以上的法院数为55家（见表2-8）①。从四个评估板块的得分情况看，除裁判文书公开板块最高分与最低分差距不大外，其他三个板块法院之间的得分差距较为明显。影响审务公开、立案庭审公开和执行信息公开三个板块得分的，除了门户网站建设水平、在门户网站上发布信息是否规范且便于查找等因素外，更多的是审判流程、执行流程中权力运行是否规范等因素。例如，在执行信息板块中，有的法院所有被抽查的案卷中均未能发现法院向当事人送达采取查封、扣押、冻结措施的记录，其得分受到明显影响。

表2-8　**浙江法院阳光司法指数评估2015年四个板块得分分布情况**

项目	最高分（分）	最低分（分）	平均分（分）	60分以上法院数（家）
审务公开	74.56	12.80	63.07	78
立案庭审公开	75.33	26.46	60.34	59
裁判文书公开	77.05	60.00	69.21	105
执行信息公开	94.00	24.00	60.15	55

2. 各地区的司法公开工作发展不够均衡

评估结果显示，部分地区发展仍不均衡。分析排名进入前20名和后20名的基层法院可以发现，不同地区基层法院的发展也不够平衡。如表2-9所示，进入前20名的基层法院占本地区法院总数的比例由高到低依次为丽水（占55.56%）、宁波（占54.55%）、湖州（占40.00%）、台州（占

① 详见《浙江法院阳光司法指数报告（2015）》，《法治蓝皮书·中国法治发展报告No.14（2016）》，社会科学文献出版社2016年版，第278—293页。

33.33%)、嘉兴（占14.29%)、金华（占11.11%)、温州（占9.09%)、杭州（占6.67%)、绍兴（占比为0)、衢州（占比为0)、舟山（占比为0)。而后20名的基层法院占本地区法院总数的比例由低到高依次为丽水（占比为0)、湖州（占比为0)、台州（占比为0)、宁波（占18.18%)、舟山（占25.00%)、温州（占27.27%)、嘉兴（占28.57%)、金华（占33.33%)、杭州（占33.33%)、绍兴（占33.33%)、衢州（占33.33%)。这表明，浙江有的地区各基层法院在阳光司法方面总体发展平衡，但有的地区则发展不够均衡，需要加大工作力度。

表2-9　**浙江各地区基层法院2015年评估前20名和后20名的分布情况**

地区	进入前20名的法院数（家）	占比（%）	进入后20名的法院数（家）	占比（%）
杭州	1	6.67	5	33.33
宁波	6	54.55	2	18.18
温州	1	9.09	3	27.27
嘉兴	1	14.29	2	28.57
湖州	2	40.00	0	0
绍兴	0	0	2	33.33
金华	1	11.11	3	33.33
衢州	0	0	2	33.33
舟山	0	0	1	25.00
台州	3	33.33	0	0
丽水	5	55.56	0	0

小结　司法公开工作成绩斐然但仍存在多重困难

三年的浙江阳光司法评估结果显示，浙江法院在司法公开方法上勇于创新，在很多方面都走在全国的前列。但评估结果还显示，浙江司法公开尚存在一些问题，在充分认识、客观对待司法公开存在的问题的同时，还需要看到，目前的司法公开工作还面临一系列的困难，这些现实的困难不逐一加以解决，恐怕难以确保司法公开的持续性和稳定性。

（一）司法公开还存在法律上的模糊地带

三大诉讼法及最高人民法院的司法解释等都对司法审判各环节的信息公开作了规定，这些规定看上去已经比较严密。但在实际评估中，项目组发现，仍有不少模糊地带。例如，关于向刑事案件被告人告知合议庭组成人员，这本来是保障被告人合法权益，特别是保障其依法行使申请回避的权利的最重要内容，实践中，浙江多数法院能够做到开庭前向当事人或者其辩护人告知此事项，但一些法院表示，由于法律没有明确规定，一般只是开庭或者提押时口头告知。再如，诉讼法对适用简易程序案件的告知要求规定得比较灵活，这有其合理性，但依据案情需要将简易程序转换为普通程序后，是否应当按照普通程序履行相应的告知义务，法律并未明确规定，也就造成了实践中做法不规范、不统一的情况。

（二）司法公开面临案多人少的压力

司法公开的目的之一是倒逼法院和法官提升司法水平、规范司法权力运行，这就要求审判、执行流程的各个环节都做到依法、规范，这样必然要耗费大量的人力。但目前各级法院普遍面临案多人少的压力，尤其是在目前司法体制改革提出削减法官人数的形势下，人均办案数量只会增加不会减少。另外，十八届四中全会提出，改革法院案件受理制度，变立案审查制为立案登记制，对人民法院依法应该受理的案件，做到有案必立、有诉必理。这意味着法院案多人少的情况在短期内难以得到根本转变，必然会对法院司法公开工作造成一定的影响。特别是目前的案件信息管理系统需要录入大量的信息，在需要录入信息最多的情况下，每个案件有上千个信息节点需要录入，这无疑给办案人员造成巨大的工作负担。在这种情况下，如何协调好司法公开与高效、高质量办案的关系，值得关注和探讨。

（三）纷繁复杂的案件情况制约司法公开的发展

从三年的评估及部分法院的反馈来看，不少信息的告知和公开的确存在客观上的困难，甚至出现送达不能、告知不能的情况。比如，有的法院反馈，在合议庭组成人员的告知方面，如果被告人在押，看守所距离较远，来回需要数小时车程，所以仅在提押时口头告知；如果被告人取保候审，会将传票送达；对于有辩护人的，由于辩护人一般在外地，邮寄送达开庭通知书来不及，让辩护人专门来领又不方便，所以都是通过电话口头告知合议庭组成情况。人民陪审员参与庭审的案件中，一般都是在开庭前才能确定陪审员的参加时间，如果提前确定，开庭前人员变动需要重新安排开庭，也会影响告知。民事诉讼法规定“人民法院应当在立案之日起五日内将起诉状副本发送被告”，但这在实施中也有困难，一是送达难的问题难以解决，二是根据《诉讼费用缴纳办法》规定“原告自接到人民法院缴纳诉讼费用通知次日起 7 日内缴纳案件受理费”，法官一般会在原告缴纳诉讼费用后再将案件移交业务，这样也难以做到立案之日起五日内向被告发送相应文书。在民商事案件中，举证通知书和风险提示书一般随传票一起发放，但如有财产保全，须待保全后发送，以防被告提前得知消息后转移财产，故有可能存在不在规定时间内发送文书的情况。有的案件合议庭组成后即打电话告知原告，原告代理人答应第二天即来领取通知书，但结果未取，后经催促，来领取时已超过法定期限。若采取同送达被告一样的方式直接寄出通知书，对承办人来讲反而更省事也不会超期，原告更配合，送达更容易。但由于他们对诉讼中各个节点的时间规定并不了解，不一定总是能在规定时间内领取，全部采取邮寄的方式也是对司法资源的一种浪费。这些情况表明，司法公开面临的是十分复杂的情况，理论上要向公众和当事人最大限度地公开信息，法律规定要求向其告知各类信息，但实践中确实存在各种影响公开工作的情况。

第三章

立案庭审公开

一　评估指标和方法

立案庭审是法院审判活动的核心环节。对诉讼案件进行审理、做出裁判，是法院的重要职责。立案是诉讼的起点，庭审是当事人陈述主张、提出证据的重要环节，也是法院了解并查明案情的关键节点。在立案庭审过程中，案件当事人需要知道案件受理的条件、程序、举证要求、诉讼风险，以及案件进入法院审理环节后各个流程节点的情况。庭审的过程只要不涉及国家秘密、商业秘密、个人隐私，就应当向社会公开，且允许公众旁听。2013—2015 年，项目组围绕上述几个方面，对浙江三级 105 家法院在立案庭审环节公开信息的情况进行了评估。

2013 年对立案庭审公开主要评估以下内容：立案信访窗口设施齐全度、诉讼指南配备、诉讼权利义务和重大程序事项告知、案件信息查询系统配置、开庭公告公开、同步视频室设置、公开庭审率、定案证据质证度、庭审录像率。2014 年的评估集中于诉讼指南、案件信息查询、定案证据质证、庭审录像、权利义务及重大事项告知等环节。2015 年的评估指标则为 7 项内容，分别是诉讼指南配置、权利义务及重大事项告知情况、档案电子化程度、庭审旁听保障、同步录音录像率、庭审录像质量、庭审过程规范化程度。

本板块的重点内容是诉讼指南、案件信息查询系统和权利义务告知等。诉讼指南包括当事人的诉讼权利和义务、诉讼流程、法律文书样本、诉讼风险告知等内容。设定该项指标的目的是对各法院诉讼指南的公开情况和准确性作出评估。系统、全面、准确的诉讼指南有助于直接、高效地宣传司法审判的相关事项，方便案件当事人和普通公众了解案件办理流程以及自身权利义务和诉讼风险。评估诉讼指南的具体路径是，在各法院门户网站观察其诉讼指南栏目配置情况及全面公开诉讼指南的情况，并对各法院公开的诉讼指南是否存在错误进行核查。

案件信息查询系统是法院有关人员将案件办理各流程节点的信息录入网络，当事人凭借案号、密码等查询案件办理进度的一种机制，是流程节点信息公开的重要渠道。本指标主要是观察各法院的案件信息查询系统是否真实有效。由于2014年后浙江法院公开网集中提供全省法院的案件信息查询平台，因此，在2014年之后的评估中，项目组主要是对各法院门户网站是否提供案件信息查询平台链接及该链接是否准确、有效进行观察和验证。

2013年的评估还对案件流程节点信息的录入准确性进行了评估。2013年5月9—25日，借助浙江省高级人民法院为项目组提供的后台账号权限，项目组远程登录后台管理系统对案件节点信息录入情况进行了观察比对。同时，项目组随机抽查了每个法院已经审结的民事、商事、刑事和行政案件各5件，核对每个案件信息是否全面，是否包括案号、立案日期、案由、案件承办人和合议庭组成人员名单、开庭时间和地点、案件审理进度等信息。

定案证据质证度则依据此前调取的各法院电子案卷中所附的庭审笔录，对定案证据质证情况进行分析，了解法庭质证情况。

在立案庭审公开的评估中，权利义务及重大事项告知是评估的重点内容。诉讼中告知当事人权利义务是人权保障的集中体现，也是司法公开的重要内容。评估主要关注了以下几类案件的告知事项。

（1）民商事一审案件：向原告发送案件受理通知书、举证通知书、诉讼须知、诉讼风险提示、外网查询告知书的情况，立案之日起5日内向被告发送案件应诉通知书、举证通知书、诉讼须知、诉讼风险提示、外网查询告知书的情况，以及合议庭组成人员确定后3日内向原被告送达合议庭组成人员通知书的情况。

（2）刑事一审案件：开庭10日前向被告送达起诉书副本、告知诉讼须知（或权利义务须知）的情况，向被告人或者其辩护人送达合议庭组成人员的情况，以及开庭3日前向辩护人送达出庭通知书的情况。

（3）行政一审案件：向原告发送案件受理通知书、举证通知书、诉讼须知、诉讼风险提示、外网查询告知书的情况，以及合议庭组成人员确定后3日内向原告送达合议庭组成人员通知书的情况。

（4）民商事二审案件：向上诉人发送上诉受理通知书、举证通知书、诉讼须知、诉讼风险提示、外网查询告知书的情况，立案之日起5日内向被上诉人发送应诉通知书、举证通知书、诉讼须知、诉讼风险提示、外网查询告知书的情况，以及合议庭组成人员确定后3日内向上诉人、被上诉人送达合议庭组成人员通知书的情况。

（5）刑事二审案件：开庭10日前向作为上诉人、原审被告人的犯罪嫌疑人告知诉讼须知（或权利义务须知）的情况，向上述犯罪嫌疑人或者其辩护人送达合议庭组成人员的情况，以及开庭3日前向辩护人送达出庭通知书的情况。

（6）行政二审案件：向作为上诉人、被上诉人的行政相对人发送案件受理通知书（或应诉通知书）、举证通知书、诉讼须知、诉讼风险提示、外网查询告知书的情况，以及合议庭组成人员确定后3日内向前述当事人送达合议庭组成人员通知书的情况。

2014年、2015年的评估还对各类事项告知的时限作了要求。在三年的评估中，项目组均通过调取并查阅评估对象相关案卷的方式获取上述评估数据。2013年评估时，项目组采取的案卷调取方式是，提前一周指定案卷尾号，由各法院在此范围内自行选定并提供纸质案卷，并集中到各中级法院，由项目组现场看卷。2014年、2015年评估中，项目组全部采用调取法院电子案卷的方法，在现场收集好所有需要调取的电子案卷后带回北京集中阅卷。调取电子案卷时，项目组通过浙江省高级人民法院集控中心了解了全省3级法院过去半年左右以普通程序审理、判决结案的案件信息，包括所属法院、案件号、是否已有电子案卷，再从中随机抽取案卷。每个法院应调取的案卷数量如下：民商事案件、刑事案件分别不低于20件，行政案件不低于10件。实际评估中，调研组再从抽取的民商事、刑事案卷中各抽取10个案卷，从行政案卷中各抽取5个案卷，对案件审理过程中向当事人告知权利义务及重大事项的情况进行评估。因此，仅权利义务及重大事项告知一项的评估，项目组最低需要调取5250个案件的案卷，最终阅卷量为2625件。在2015年的评估中，项目组还增加调取了适用简易程序的民商事案件、适用简易程序的刑事案件的案卷，每类案件在每家法院调取不低于10件，评估时从中再抽取5个案卷，因此，2015年按照评估要求，应当评估的民商事、刑事一审二审案卷共3015个，其中民商事案卷1515个，刑事案卷1500个。

为了保证评估的客观性、真实性，2014年后，调研组在实际调取案卷时，最大限度压缩了各法院准备及提供案卷的时间。项目组的评估小组抵达各中院后，于上午10点前将事前确定的案卷号码提供给各中院研究室，由中院向辖区内的基层法院下发调卷通知，请各法院提供指定案卷。各法院被抽中的案卷中，如有电子案卷的，直接提供电子案卷，无电子案卷的，提供纸质案卷，并于当日下班前集中送达中院，由中院档案室及距离中院较近且有扫描设备与人员的基层法院协助进行扫描。协助扫描的基层法院有案卷需要扫描的，则交换给其他法院协助扫描。

同步录音录像也是法院适应信息化发展进行的新举措，是利用数字化法庭，对案件庭审过程进行全程录音录像，以数字化的方式保存并重现庭审过程。项目组几年的评估均对同步录音录像率进行评估。庭审录像率的评估依据的是浙江省高级人民法院集控中心提供的一定期限内的庭审录像比例。2014年、2015年则增加了庭审录像质量、庭审规范和法庭秩序的评估内容。庭审录像质量主要评查庭审录像的录制模式、图像取景、录像连续性、录像清晰度、声音全面与连续性、声音清晰度。

庭审过程规范化评估是通过庭审录像观察审判人员、法警遵守法庭纪律以及法庭秩序的情况。庭审是法院代表国家在个案中行使司法权的过程，是一个十分严肃的过程，需要遵循必要的规则和流程。在庭审过程中，审判人员、书记员、法警等是代表国家行使公权力的公职人员，其着装规范、行为严肃，可以让当事人和公众切实感受到法律的威严，有助于提升法院的公信力。为此，《人民法院法庭规则》《法官行为规范》《人民法院书记员管理办法》《人民法院司法警察暂行条例》等对审判人员、书记员、司法警察等在开庭过程中的行为规范有明确规定。据此，项目组对审判人员、书记员、司法警察等在庭审中的着装、行为举止等是否符合行为规范和法庭纪律进行了统计分析。

对庭审录像公开的评估主要观察各法院门户网站是否设置了庭审录像栏目，是否在评估前一个月内在网站公开过庭审录像，并对一个月前在网站公开庭审录像的情况以及录像发布的常态化情况进行分析和评估。

所有庭审录像均由项目组在调取电子案卷过程中同步要求各法院提供，其中民事案件和刑事案件各抽取5个案件的庭审录像，并在评查时再随机抽取5个录像进行评估。由于浙江有一家法院科技法庭建设滞后，未能做到同步录音录像，因此，2014年和2015年每年人工评查的庭审录像分别为520件。

档案电子化是法院审判活动适应信息化发展，规范和方便档案制作、保存、调取、查阅，而对传统纸质档案材料进行扫描加工，实现计算机机读和互联网远程调阅的重要活动。档案电子化是做好司法公开工作的重要前提。本指标主要考查各法院一定时期内的档案电子化情况。浙江法院在档案电子化方面起步较早，各地法院档案电子化比例也较高。目前，法院信息化的要求则已经从档案电子化发展到了电子卷宗同步随案生成。

庭审旁听制度是落实公开审判原则的具体制度，是保障公众旁听案件权利的重要环节，是实现“要努力让人民群众在每一个司法案件中都感受到公平正义”的重要路径。设定该指标的目的是考察各法院是否公示了公众参与旁听的规则以及是否为公众参与旁听提供了便利条件。评估仅对各法院门户网站公开旁听规则的情况以及是否提供电话或者网络预约旁听渠道进行分析。

2013 年首次评估时，项目组对立案信访窗口设施齐全度、同步视频室设置两项内容进行了评估，主要是考察各法院在硬件设施上的配备程度，采取的方法是各法院自报材料，项目组复核、抽查等方式。2014 年和 2015 年的评估不再包含这两项内容。此外，当年评估中还对开庭公告的发布情况作了分析，由于发布平台趋于统一，2014 年后未再将其作为评估的重点。

二　立案庭审公开的成效

（一）2013 年浙江法院阳光司法的亮点

2013 年对立案庭审公开的调研和评估显示，浙江各级法院对立案庭审公开的重视程度高，软硬件设施建设情况好。

1. 司法公开的硬件设施建设水平高

硬件设施建设是保障司法公开成效的重要基础。根据项目组的统计和现场抽查，浙江各级法院全部在立案接待大厅配有公告栏、信访接待室。有 96.1% 的法院在立案接待大厅配置了自助查询设备，其中有 91.7% 的中级法院配置了该类设备，有 96.7% 的基层法院配置了此类设备，仅 1 家中级法院、3 家基层法院未配置此设备。另外，一些法院在配置的自助查询机可扫描二代身份证信息，当事人凭二代身份证可查询与自己有关的案件信息。另外，一些法院在配置自助查询机的同时，还配置了专门的查询电脑，供在立案大厅办事的人员查询使用。有 98.1% 的法院配有判后答疑接待室，其中，中级法院全部配有该接待室，基层法院配有该设施的比例为 97.8%。有 96.7% 的基层法院配置有人民调解室，仅 2 家基层法院未配置。此外，同步视频室配置比例较高。有 81.6% 的法院配置了同步视频室，其中，中级法院的配置率达 91.7%，基层法院的配置率达 80%，1 家中级法院和 18 家基层法院未配置。

2. 诉讼指南公开情况普遍较好

诉讼指南可以帮助当事人参与诉讼活动，知晓诉讼权利、规避诉讼风险。根据法院自报材料和抽查结果，全省 103 家法院中，有 98.1% 的法院能够在立案接待大厅提供项目完整的纸质诉讼指南。根据对法院门户网站的观察统计，门户网站上提供的诉讼指南中，有 50.5% 的诉讼指南内容比较完整，包括当事人的诉讼权利和义务、诉讼流程、法律文书样本、诉讼风险告知等，有 89.3% 的诉讼指南可以按照一定的标准进行分类，方便公众查询。

3. 权利义务及重大事项的告知率较高

权利义务及重大事项告知涉及诉讼过程中当事人的基本诉讼权利义务或一些重大事项。从抽查的民商事案件和行政案件卷宗材料记载情况看，向原告送达受理通知书、向被告送达应诉通知书以及向双方当事人送达举证通知书、合议庭组成人员等的比例均高于 80%（见图 3-1）。在刑事案件中，向被告人送达起诉书副本及诉讼须知的工作做得较好，送达比例分别为 99.0% 和 98.1%（见图 3-2）。

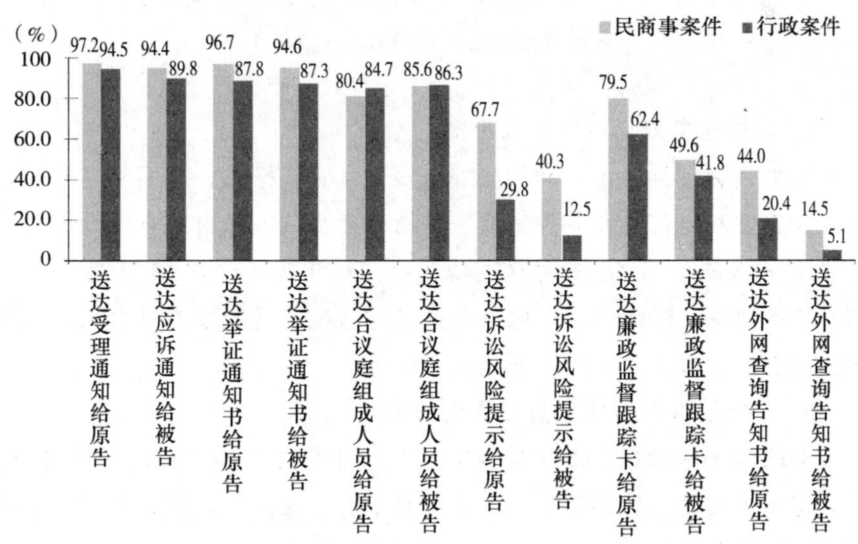

图 3-1　2013 年评估民商事案件与行政案件诉讼权利义务与重大事项告知情况（截至 2013 年 6 月 1 日）

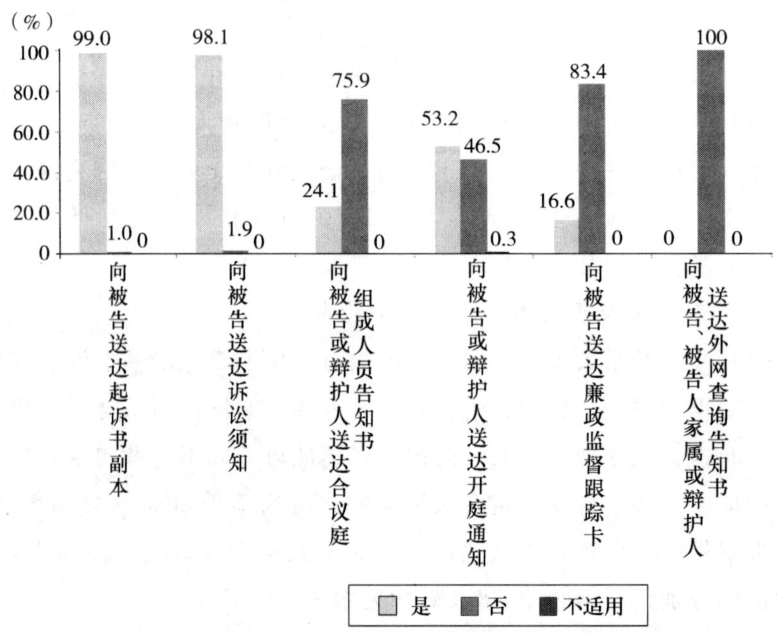

图 3－2　2013 年评估刑事案件诉讼权利义务与重大事项告知情况（截至 2013 年 6 月 1 日）

4. 案件信息查询系统普及率高

案件信息查询系统是利用法院内网信息管理平台，全面、完整录入和反映案件基本信息和办理进度，并通过互联网或者自助查询设备向案件当事人开放，供其查询自身案件信息的系统。评估发现，全省 97.1% 的法院已经通过门户网站开通了此系统，且经过项目组验证，系统运行有效，仅 3 家法院未开通该系统。

5. 开庭公告发布渠道呈多样化趋势

调研和评估发现，浙江各级法院发布开庭公告的渠道趋于多样化，充分运用了实体、网络等多种方式。对于通过法院公告栏或者电子显示屏公开开庭公告的，本次评估要求开庭当天能够在上述设备公开。结果显示，有 99% 的法院符合此项要求，仅 1 家法院不符合要求。另外，抽查发现，有的法院不仅在审判大厅中通过电子显示屏发布开庭公告，还在法院外部面向社会设置了电子显示屏，发布即将开庭的案件信息，这无疑有助于社会公众了解法院开庭信息并选择是否旁听。特别值得一提的是，浙江省高级人民法院开通了全省法院开庭公告查询平台，集中了全省法院的开庭公告信息，在发布开庭公告方面具有管理优势。此外，还有不少法院通过微博发布开庭公告。

6. 公开开庭与定案证据质证情况较好

从所抽取的案卷的庭审记录来看，除因法定事由（如撤诉、开庭前调解结案等）未开庭审理或者不公开开庭审理的案件外，项目组未发现应公开开庭的案件未开庭或者定案证据未经质证的情况。

7. 案件庭审的录像率较为普及

根据从浙江省高级人民法院集控中心提取的2012年度庭审录像数据，有4家法院的庭审录像率达到100%，11家法院的庭审录像率超过99%不足100%，45家法院的庭审录像率超过90%不足99%，仅1家法院庭审录像率不足60%，有4家法院的庭审录像率同比提升50%以上（见表3－1）。

表3－1　　　　**2012年度浙江全省法院的庭审录像率①**

法院	庭审录像率	同比	法院	庭审录像率	同比	法院	庭审录像率	同比
洞头	100	7.33	玉环	95.88	26.82	慈溪	86.15	－8.43
景宁	100	21.23	越城	95.63	3.51	萧山	85.86	－11.75
遂昌	100	37.50	浦江	95.34	49.12	永康	85.84	11.05
桐乡	100	31.56	西湖	95.31	3.67	长兴	85.45	35.26
青田	99.96	－0.04	宁波海事法院	95.10	5.85	宁海	85.29	－11.11
海曙	99.81	3.07	松阳	93.78	8.85	温州中院	85.07	6.90
莲都	99.78	51.22	上虞	93.62	5.18	鄞州	84.77	1.42
龙泉	99.63	32.35	上城	93.57	12.40	云和	84.03	17.61
湖州中院	99.56	11.45	江北	93.41	2.80	乐清	83.92	15.17

① 案件庭审录像率指某一时间段内庭审录像数占排期开庭数的比例，即庭审录像数除以排期开庭数所得的比例。本数据由浙江省高级人民法院集控中心提供。

续表

法院	庭审录像率	同比	法院	庭审录像率	同比	法院	庭审录像率	同比
东阳	99.43	14.88	庆元	93.32	1.81	滨江	83.54	-8.98
永嘉	99.39	17.30	衢江	93.32	-6.47	杭州中院	83.09	49.79
金华中院	99.38	8.15	南浔	93.13	10.78	瑞安	82.21	17.09
绍兴中院	99.31	10.86	金东	92.84	48.40	诸暨	82.14	-3.19
秀洲	99.31	17.94	衢州中院	92.82	9.30	桐庐	81.21	43.20
海宁	99.18	11.08	温岭	91.91	6.96	新昌	80.96	24.09
奉化	98.92	1.15	余姚	91.84	-1.52	仙居	80.35	-5.34
镇海	98.31	4.47	吴兴	91.74	15.38	苍南	80.03	-8.24
台州中院	98.27	20.74	龙游	91.34	17.58	浙江高院	79.60	-5.80
岱山	98.23	2.39	江山	91.10	17.94	磐安	79.36	4.10
丽水中院	98.21	6.37	绍兴县	91.00	12.08	临安	79.17	31.39
嵊州	97.98	12.60	常山	90.67	14.35	泰顺	78.97	58.07
椒江	97.89	21.91	舟山中院	90.37	12.62	瓯海	78.26	58.17
平湖	97.84	17.60	黄岩	90.36	-3.74	鹿城	77.66	28.81
南湖	97.73	12.38	兰溪	89.94	39.35	富阳	77.32	-4.13
普陀	97.69	8.14	缙云	89.43	7.50	象山	76.51	-15.81
文成	97.23	7.84	龙湾	89.43	22.86	余杭	73.62	55.26
嵊泗	97.21	3.10	平阳	89.05	24.76	德清	71.84	7.13
建德	96.97	27.66	婺城	88.61	13.53	淳安	68.33	44.88
定海	96.9	6.80	临海	88.60	2.08	江干	65.69	-4.64
安吉	96.62	48.98	嘉善	87.98	2.32	义乌	64.48	-13.69
三门	96.53	39.29	武义	87.85	-4.52	拱墅	61.23	-8.69
路桥	96.39	25.44	宁波中院	87.60	43.57	天台	60.08	21.32
海盐	96.28	10.53	柯城	86.71	4.84	下城	43.24	26.06
开化	96.1	21.73	嘉兴中院	86.32	-7.71	**全省**	87.13	8.91
江东	96.08	8.37	北仑	86.16	5.87	**基层**	86.85	8.36

8. 便民理念融入司法公开工作

不少法院设立了绿色办案通道，在立案接待大厅开辟绿色通道，优先处理残疾人、青少年、军属以及涉及赡养费、抚养费等的案件。针对青少年、军属、残疾人等的立案材料采用绿色的档案袋，其办案进程不仅比普通案件快，而且可减免部分诉讼费用。

（二）2014 年浙江法院阳光司法的亮点

从 2014 年的评估结果看，各法院在审务信息的公开方面有明显进步。

1. 诉讼指南公开情况较好

评估发现，105 家法院中，除 1 家法院无网站、1 家法院诉讼指南栏目无信息外，其他法院门户网站都设置了诉讼指南栏目，且在栏目中集中发布了诉讼指南方面的信息。有 89 家法院按照诉讼类型等对公开的诉讼指南进行了分类，约占 84.76%，极大地方便了公众获取信息的需求。

2. 普遍配置案件信息查询系统

2014 年，浙江省高级人民法院开通了浙江法院公开网，集中上线了全省三级 105 家法院的案件信息查询系统，该系统提供了全省各法院的案件信息。多数中级法院、基层法院也在自身门户网站提供了案件信息查询系统的链接，其中 73 家法院门户网站提供的案件信息查询系统入口链接有效，且直接可以链接到浙江法院公开网的查询页面。该系统在方便当事人了解案件进展程度，减少信息不对称带给当事人的困扰方面具有重要的作用。

3. 司法公开制度建设明显提升

自 2013 年评估结果通报后，各法院加强整改，注重领导、细化标准、明确责任，在诉讼权利义务及重大事项告知制度建设方面进步明显。如杭州中院制定了《诉讼权利义务和重大程序事项告知清单（附业务庭常用告知事项样本）》、萧山法院制定了《司法公开标准化操作细则》、南浔法院编制了《阳光司法工作操作规程表》。项目组在评估过程中也了解到，不少法院建立了内部评查机制，对本院案件进行评查，查找其在诉讼权利义务与重大事项告知等方面存在的问题，督促整改。

4. 重大事项告知情况明显改善

2013 年评估时，刑事案件中向当事人送达合议庭组成人员通知书的仅有 24.1%，2014 年评估时，这一比例上升为 29.9%。此外，在与部分法官的交流中，项目组了解到，有的法官认为案件二审时，中级法院无须送达案件受理通知书及应诉通知书，但实际评查的二审民商事案卷显示，不少中级法院向上诉人发送了上诉案件受理通知书、向被上诉人发送了上诉案件应诉通知书。如丽水中院、温州中院发送了“上诉案件受理通知书”，台州中院、衢州中院、宁波中院、嘉兴中院发送了“受理上诉案件通知书”和“应诉通知书”。

5. 同步录音录像情况较为理想

当前，法院司法公信力受到极大挑战，当事人和部分公众对法院的审判活动存有质疑。对庭审进行同步录音录像并通过网络公开，一方面可以消除当事人或公众的疑虑，另一方面可以保护司法人员的正当权利。因此，可以说，庭审同步录音录像是司法公开的重要举措，具有不可低估的意义。根据浙江省高级人民法院集控中心提供的 2013 年 6 月 23 日—2014 年 6 月 22 日的庭审录像率，2014 年，全省法院庭审录像率达到 100% 的法院有 23 家，而 2013 年统计的 2012 年的庭审录像率达 100% 的法院仅有 4 家；有庭审录像的 104 家法院中，庭审录像率最低的法院也已经达到 88%，而 2013 年统计的 2012 年的庭审录像率显示，不足 88% 的，有 39 家法院，比例最低的法院仅达 43.24%。尤其是浙江省高级人民法院在 2013 年统计中的比例为 79.6%，此次统计比例已经达到 100%（见表 3－2）。

就庭审录像的质量而言，所抽查的 104 家法院的 520 个庭审录像中，仅有 1 个案件的录像存在无图像的情况。

庭审录像上网发布情况改善明显。2013 年评估发现，全省仅有 13.6% 的法院能够通过自身门户网站公开至少一件 2012 年 12 月以来的开庭庭审录像，其中，中级法院中有 25% 能够在网站公开至少一件 2012 年 12 月以来的开庭庭审录像，基层法院中有 12.2%。而本次评估发现，66 家法院在门户网站设置了庭审录像的栏目，占 62.57%；41 家法院的门户网站在 2014 年年初到调研前一个月间上网公开过庭审录像，且链接有效可以观看，占 39.05%；14 家法院门户网站在调研前一个月内上网公开过庭审录像，且链接有效可以观看，占 13.33%。

不仅如此，浙江法院公开网还开通了“庭审直播”栏目，对各法院庭审进行直播，经项目组验证，庭审录像视频有效，对于集中、有效公开庭审录像起到了重要的作用。

（三）2015 年浙江法院阳光司法的亮点

2015 年度评估发现，浙江全省法院在立案庭审公开方面进步明显，不乏亮点。

1. 诉讼指南配置情况总体较好

从评估的结果来看，法院的诉讼指南栏目总体情况较好，大部分法院此栏目设置较为规范，位置醒目、便于查找。评估发现，106 家法院网站中（杭州铁路法院无网站，浙江省高级人民法院及泰顺法院分别有两个网站），除 1 家法院网站无栏目外，其他网站都设置了诉讼指南栏目，且在栏目中集中发布了诉讼指南方面的信息。有 103 家法院网站按照诉讼类型等对公开的诉讼指南进行了分类，占 97.16%，比 2014 年高了 12 个百分点，有助于满足公众获取信息的需求。有的法院根据诉讼活动的新情况及时发布相应的指南信息，如江北法院在网站上发布了新的立案登记提示，嘉兴中院发布了“16 个问答助你解读立案登记制”，南浔法院发布了“立案登记制须知”。

2. 权利重大事项告知趋于规范化

经过连续两年的评估，全省各级法院对此项内容告知的重视程度以及规范程度均有所提升。

首先，部分告知事项的发送情况提升幅度显著，如在刑事案件中向犯罪嫌疑人发送合议庭组成人员通知书的情况，2013 年评估时的发送比例仅有 24.1%，2014 年评估时这一比例上升为 29.9%，在 2015 年度评估中，该比例已上升至 39.9%。这一数据的显著变化，反映出各法院对犯罪嫌疑人权利保护的意识有所提高。而其他事项的告知方面也总体呈逐年向好态势。

其次，不少法院针对送达难等问题，采取了短信送达的方式，并详细记录在案。在本次评估中，项目组发现，有一些法院的部分案卷中记载采用短信形式告知当事人相关事项。以短信的形式告知或提醒当事人注意相关事项，是信息化时代的一种创新，但由于该种发送方式会出现因通信故障、手机终端故障等导致接收者未有效接收信息的情况，因此，相关文书的送达、相关事项的告知还是应当以书面送达为主，不能以短信或电子邮件等方式予以根本替代，但相关法院采取短信等送达方式并详细记录在案的做法仍值得肯定。

最后，部分法院的告知内容较为详细。2015 年度评估指标新增了裁判文书上网告知事项。评估中，项目组发现，大部分法院的裁判文书上网告知事项都附在案件受理和应诉通知书的正面或背面，部分法院有单独的文书附在外网查询通知书的正面或反面，其中，金华东阳法院的裁判文书上网告知事项附在诉讼须知中。另外，项目组在丽水龙泉法院民商事简易程序审理的案卷里发现了诉讼交流平台告知书，该告知书简单明了地向当事人说明了交流平台的用途与使用方法，可借鉴性较强；湖州吴兴区法院的民商事案卷中有《吴兴区人民法院阳光司法告知书》，其内容包括审判流程、裁判文书上网服务、执行信息公开平台（其中包括门户网站和官方微博的二维码）等信息，对司法公开的内容以及各开放平台的使用方法进行引导与介绍，较为细致。

3. 法院档案电子化比例明显提高

2015 年通过浙江省高级人民法院集控中心调取的数据显示，2014 年 8 月 24 日—2015 年 8 月 23 日归档案件扫描导入率有明显提升（见表 3-2）。其中，平均导入率为 81.01%，导入率低于 60% 的仅有 1 家中级法院、8 家基层法院。部分法院导入率接近 100%，如龙泉法院、景宁法院、丽水中院、温州中院、嵊州法院、上城法院、缙云法院、青田法院。项目组在现场调取案卷时也明显感受到了这种变化，相较于 2014 年，此次调取案卷耗时较短，各法院符合要求的案卷普遍已经电子化，现场扫描的工作量显著减少，尤其是丽水各级法院在项目组到达中院后 2 个小时内即完成了电子案卷交接手续，这与其重视法院电子化工作、案卷电子化比例较高、管理较为规范有直接关系。

表 3－2　　**浙江全省法院庭审录像率**

（2013 年 6 月 23 日—2014 年 6 月 22 日）　　单位：%

排序	法院	庭审录像率	同比	排序	法院	庭审录像率	同比	排序	法院	庭审录像率	同比
1	岱山	100	0	12	嘉兴中院	99.83	10.00	44	上城	98.27	11.75
1	洞头	100	0	13	江干	99.80	31.37	45	江山	98.26	7.40
1	奉化	100	1.23	13	鹿城	99.80	－0.09	46	宁海	98.23	1.50
1	浙江高院	100	0	14	嵊州	99.78	1.96	47	吴兴	98.07	5.45
1	宁波海事法院	100	2.85	14	余姚	99.78	3.88	48	安吉	98.06	0.14
1	海曙	100	0.17	15	定海	99.77	2.73	49	温岭	97.94	6.15
1	湖州中院	100	0	15	丽水中院	99.77	1.20	50	临安	97.92	2.59
1	江东	100	4.07	16	瑞安	99.76	7.00	51	三门	97.79	1.72
1	缙云	100	6.80	17	庆元	99.74	4.24	52	嵊泗	97.78	0.68
1	景宁	100	0	18	西湖	99.70	－0.30	53	衢江	97.57	3.46
1	莲都	100	0.20	19	泰顺	99.68	7.23	54	嘉善	97.41	7.18
1	龙泉	100	0.16	20	绍兴中院	99.67	0.41	55	淳安	97.36	19.49
1	平阳	100	7.64	21	金华中院	99.65	0.09	56	金东	97.05	3.25
1	浦江	100	0	22	镇海	99.62	0.64	57	下沙	97.02	－2.98
1	普陀	100	2.05	23	常山	99.59	3.71	58	黄岩	96.98	6.49
1	青田	100	0.04	24	玉环	99.58	3.72	59	桐庐	96.71	5.76
1	松阳	100	4.29	25	椒江	99.56	0.76	60	衢州中院	96.63	2.49
1	遂昌	100	0	26	南湖	99.55	1.45	61	萧山	95.94	10.85
1	桐乡	100	0	26	舟山中院	99.55	8.46	62	仙居	95.93	14.20
1	文成	100	0	27	宁波中院	99.50	－0.12	63	义乌	95.73	31.41
1	下城	100	46.56	28	兰溪	99.44	5.00	64	乐清	95.49	7.35
1	永嘉	100	0.16	29	温州中院	99.41	2.61	65	滨江	95.23	9.98
1	云和	100	14.22	30	龙湾	99.31	－0.49	66	慈溪	94.62	5.90
2	东阳	99.99	0.34	31	龙游	99.28	6.87	67	柯城	94.38	8.01
2	余杭	99.99	14.26	32	临海	99.19	11.12	68	婺城	94.21	6.55
3	富阳	99.97	20.03	33	平湖	99.07	1.30	69	诸暨	94.06	11.12
3	瓯海	99.97	5.53	34	拱墅	99.05	31.36	70	鄞州	93.89	7.88
3	象山	99.97	6.17	35	路桥	99.04	0.97	71	磐安	92.96	3.17
4	武义	99.96	－0.04	36	长兴	98.84	9.81	72	越城	92.38	－2.28
5	德清	99.95	20.08	37	新昌	98.81	4.02	73	永康	92.22	－5.41
6	建德	99.94	2.83	38	上虞	98.79	4.94	74	杭州中院	91.12	1.80
7	秀洲	99.93	0.84	39	南浔	98.70	－1.30	75	天台	88.03	23.26
8	江北	99.90	1.80	40	台州中院	98.64	0.77		**基层**	98.01	7.33
9	苍南	99.88	1.94	41	绍兴	98.59	8.18		**全省**	97.95	6.92
10	海盐	99.85	3.59	42	北仑	98.46	3.40				
11	海宁	99.84	0.44	43	开化	98.39	2.65				

4. 重视保障公众旁听案件的权利

总体来看，105 家评估对象的 106 家法院网站中（杭州铁路法院无网站，浙江省高级人民法院及泰顺法院分别有两个网站），有 68 家法院发布了旁听规则，占 62.26%，其中，49 家法院发布了针对本法院明确有效的旁听规则，比较好地满足了公众对旁听规则的需求。吴兴法院和龙泉法院还在网上提供了妨碍预约的举报电话，保障公众的旁听权利。

表 3－3　　2014.8.24－2015.8.23 **归档案件扫描导入率**　　单位：%

序号	法院	归档案件	扫描案件	导入率	序号	法院	归档案件	扫描案件	导入率
1	**浙江高院**	6009	4874	81.12	28	鄞州	14920	10761	72.12
2	**杭州中院**	13785	11744	85.19	29	**温州中院**	12654	12530	99.02
3	上城	7447	7297	97.99	30	鹿城	29438	27441	93.22
4	下城	9979	8120	81.37	31	龙湾	11665	10365	88.86
5	江干	11775	7615	64.67	32	瓯海	10067	8666	86.08
6	拱墅	9995	6106	61.09	33	瑞安	24571	19410	79.00
7	西湖	15940	14529	91.15	34	乐清	15879	7554	47.57
8	滨江	7471	7166	95.92	35	洞头	1461	1363	93.29
9	萧山	33920	30073	88.66	36	永嘉	9228	8046	87.19
10	富阳	17543	14910	84.99	37	平阳	11017	9778	88.75
11	余杭	24106	20346	84.40	38	苍南	16375	10735	65.56
12	建德	10855	8257	76.07	39	文成	2942	2553	86.78
13	桐庐	10291	7850	76.28	40	泰顺	4612	4174	90.50
14	临安	12809	9923	77.47	41	**嘉兴中院**	3791	3671	96.83
15	淳安	6576	5588	84.98	42	南湖	11693	8759	74.91
16	开发区	4346	4121	94.82	43	秀洲	7708	7042	91.36
17	**宁波中院**	8183	7234	88.40	44	海宁	14136	8941	63.25
18	海曙	7039	6309	89.63	45	平湖	10068	8609	85.51
19	江东	8742	7703	88.11	46	桐乡	13398	11386	84.98
20	江北	5934	5692	95.92	47	嘉善	8690	5973	68.73
21	北仑	10049	9500	94.54	48	海盐	9269	7110	76.71
22	镇海	7715	7443	96.47	49	**湖州中院**	2720	2377	87.39
23	余姚	18825	16347	86.84	50	吴兴	10651	10035	94.22
24	慈溪	23404	19393	82.86	51	南浔	7264	5416	74.56
25	奉化	12950	11900	91.89	52	德清	9367	7934	84.70
26	象山	13164	9012	68.46	53	长兴	11047	7409	67.07
27	宁海	13700	10409	75.98	54	安吉	11962	7811	65.30

续表

序号	法院	归档案件	扫描案件	导入率	序号	法院	归档案件	扫描案件	导入率
55	**绍兴中院**	8677	2690	31.00	80	椒江	14149	12973	91.69
56	越城	20257	4632	22.87	81	黄岩	12423	11433	92.03
57	诸暨	22928	22056	96.20	82	路桥	13468	8571	63.64
58	上虞	14482	12517	86.43	83	临海	19321	16822	87.07
59	嵊州	13774	13581	98.60	84	温岭	20120	17288	85.92
60	柯桥	21764	8822	40.53	85	仙居	7395	4676	63.23
61	新昌	12759	11301	88.57	86	天台	7417	6119	82.50
62	**金华中院**	8610	8339	96.85	87	三门	9068	6631	73.13
63	婺城	18091	14212	78.56	88	玉环	13312	12885	96.79
64	金东	7775	6908	88.85	89	**丽水中院**	2075	2055	99.04
65	兰溪	9675	3742	38.68	90	莲都	10453	8504	81.35
66	东阳	23534	20325	86.36	91	龙泉	3001	2993	99.73
67	义乌	25350	15133	59.70	92	青田	6764	6585	97.35
68	永康	19310	18108	93.78	93	云和	1462	1336	91.38
69	武义	6610	3481	52.66	94	庆元	2429	2047	84.27
70	浦江	9179	4200	45.76	95	缙云	6280	6114	97.36
71	磐安	2981	2543	85.31	96	遂昌	4165	2871	68.93
72	**衢州中院**	2189	2083	95.16	97	松阳	3444	3093	89.81
73	柯城	7956	7599	95.51	98	景宁	1944	1935	99.54
74	江山	8789	5869	66.78	99	**舟山中院**	1218	757	62.15
75	衢江	4681	3969	84.79	100	定海	8403	7222	85.95
76	常山	8386	7679	91.57	101	普陀	6553	2660	40.59
77	开化	5310	5041	94.93	102	岱山	2400	2083	86.79
78	龙游	5810	5139	88.45	103	嵊泗	775	619	79.87
79	**台州中院**	5956	4477	75.17	104	**宁波海事法院**	5365	3765	70.18
平均		81.01							

数据来源：浙江省高级人民法院集控中心，截取时间为2015年9月22日。

5. 庭审的同步录音录像质量提升

同步录音录像率又有进一步提升。根据浙江省高级人民法院集控中心提供的2014年8月24日—2015年8月23日全省各法院的同步录音录像比例，录像率达100%的法院有47家（见表3－4），2014年为23家，2013年仅有4家；有庭审录像的104家法院中，庭审录像率最低

表 3－4　　**全省法院同步录音录像比例**　　单位：%

排序	法院	庭审录像率	同比	排序	法院	庭审录像率	同比	排序	法院	庭审录像率	同比
1	安吉	100	1.29	1	泰顺	100	4.50	14	浙江高院	99.76	0.92
1	苍南	100	1.45	1	桐庐	100	0.76	15	拱墅	99.75	－0.10
1	岱山	100	0.61	1	桐乡	100	2.46	16	台州中院	99.72	12.71
1	德清	100	0.04	1	文成	100	0.12	17	常山	99.71	1.95
1	东阳	100	0.20	1	吴兴	100	0	18	龙游	99.70	－0.30
1	洞头	100	1.75	1	婺城	100	2.08	19	北仑	99.69	1.13
1	宁波海事法院	100	0	1	下城	100	0.75	20	三门	99.59	0.01
1	海盐	100	0	1	永嘉	100	0	20	江山	99.59	－0.41
1	湖州中院	100	0	1	余杭	100	0	21	临海	99.57	0.63
1	黄岩	100	0.16	1	余姚	100	0	22	金东	99.56	－0.44
1	建德	100	0.01	1	云和	100	0.11	22	路桥	99.56	3.45
1	江北	100	0	2	瑞安	99.98	0.81	23	南浔	99.36	－0.50
1	江东	100	0	2	宁海	99.98	0.36	23	下沙	99.36	－0.64
1	椒江	100	0.03	2	奉化	99.98	1.30	24	越城	99.19	1.04
1	缙云	100	0	3	海曙	99.97	0.88	25	玉环	99.16	1.74
1	景宁	100	0.34	3	定海	99.97	0.19	26	西湖	99.10	－0.88
1	开化	100	0.23	4	金华中院	99.96	－0.01	27	兰溪	98.75	1.46
1	乐清	100	0	4	海宁	99.96	7.09	28	滨江	98.60	0.35
1	丽水中院	100	0	4	上虞	99.96	0.72	29	仙居	98.59	－1.34
1	莲都	100	0.04	5	慈溪	99.95	－0.05	30	鄞州	98.47	1.48
1	龙泉	100	7.10	5	南湖	99.95	－0.05	31	临安	98.39	3.86
1	龙湾	100	0	6	江干	99.94	－0.06	32	萧山	98.35	－1.65
1	鹿城	100	1.15	6	平湖	99.94	－0.06	33	上城	98.30	2.12
1	宁波中院	100	0.17	6	武义	99.94	0.20	34	舟山中院	98.14	－1.85
1	瓯海	100	0.17	6	镇海	99.94	1.24	35	新昌	96.85	－3.13
1	平阳	100	0.05	7	淳安	99.93	2.41	36	永康	96.84	－2.31
1	浦江	100	0.10	7	秀洲	99.93	0.08	37	义乌	95.94	1.71
1	普陀	100	0	8	嘉善	99.91	1.35	38	嵊泗	95.89	－4.11
1	青田	100	0.15	9	富阳	99.89	0.89	39	磐安	93.23	－6.06
1	庆元	100	1.38	10	柯城	99.88	0.89	40	诸暨	92.88	－6.82
1	衢江	100	0.29	10	长兴	99.88	0.80	41	杭州中院	92.54	－6.50
1	衢州中院	100	1.84	11	嘉兴中院	99.85	0.21	42	天台	92.42	－3.50
1	绍兴	100	0.10	11	绍兴中院	99.85	2.29		**基层**	99.33	0.66
1	嵊州	100	0	12	温岭	99.83	－0.17		**全省**	99.23	0.57
1	松阳	100	0	13	温州中院	99.82	－0.18				
1	遂昌	100	1.02	14	象山	99.76	－0.24				

数据来源：浙江省高级人民法院集控中心。

的法院也已经达到92.46%，高于2014年的88%。2015年度评估发现，各法院庭审录像的质量普遍较好。520个庭审录像中，共有344个案件的庭审录像取景全面，录像连续且清晰，声音全面、连续且清晰。如奉化法院的录像影像清晰、声音清楚、庭审规范；台州地区庭审录像的质量普遍较好，尤其是台州中院的庭审录像普遍清晰度高；江山法院的庭审录像都是高清视频，全程声音较为清楚。

尤其值得一提的是，个别法院和个别法官保障庭审录像质量的意识增强。如，有的法院派专人现场负责庭审录像，书记员的位置上坐着两个人，一个负责法庭记录，另一个负责庭审录像，这有助于保障其质量。另外，个别法官也会因庭审录像出现问题而暂时中止庭审的进行，待问题解决后再继续庭审。

6. 法院庭审规范化程度明显提升

部分法院的庭审行为规范化程度高。从调取的庭审录像看，部分法院的庭审过程较为规范。有的法院庭审录像显示，审判人员很注意维护庭审秩序，如有的法院审判长维持法庭秩序，告诫旁听人员将手机静音，相较于其他法院审判人员存在把玩手机等情形，该法院的法官严格要求由自己负责的庭审，维持法院和法庭的权威，为其他法院做出表率。

三 立案庭审公开存在的问题

（一）2013年浙江法院阳光司法的问题

1. 发现的问题

（1）诉讼指南配置情况有待改善

一些法院立案接待大厅宣传栏中的信息凌乱、更新滞后。有的法院在立案接待大厅提供了各种各样的宣传栏，公示了各种信息，但信息随意性强，支离破碎，缺乏系统性，且有的栏目长期不更新，影响了公开效果。

诉讼指南包括当事人的诉讼权利和义务、诉讼流程、法律文书样本、诉讼风险告知等内容。系统、全面、准确的诉讼指南有助于直接、高效地宣传司法审判的相关事项，方便案件当事人和普通公众了解案件办理流程以及自身权利义务和诉讼风险。项目组通过现场抽查及核查法院网站发现，不少法院的诉讼指南信息存在疏漏。如在法院门户网站上提供的诉讼指南中，48.5%没有完整包括当事人的诉讼权利和义务、诉讼流程、法律文书样本、诉讼风险等内容。其中，中级法院诉讼指南信息不完整的达50%，基层法院达48.9%。

此外，指南信息更新滞后的情况较为突出。很多诉讼指南都没有根据修改后的《民事诉讼法》《刑事诉讼法》以及最高人民法院最新公布的司法解释进行及时修改。项目组经过核对，发现有82家法院存在类似问题，占全部法院的79.6%。其中包括浙江省高级人民法院和75%的中级法院、80%的基层法院。

最后，诉讼指南内容不够通俗。所有法院提供的纸质诉讼指南及网站公开的诉讼指南都是对法律条文的照搬和重述，专业性过强，看上去内容很丰富，但并不能让缺乏法律知识背景的公众清楚地了解自身的诉讼权利和面临的诉讼风险。

（2）案件信息录入存在疏漏缺失

案件信息录入是对各级法院案件信息进行及时有效管理的基础，也是通过案件信息查询系统向当事人及时准确地公开自身案件信息的基础。抽查结果显示，所有被抽查的案件均在不同程度上存在案件信息录入不全的问题。如缺少承办人信息；当事人信息使用代号或者未填住址；开庭信息缺少开庭时间、地点；有的开庭时间显示为0点；案由填写不规范，如有的行政案件用×××代替；有的用001、002等代号代表被送达人；有的没有案件查询密码。特别是，该系统没有承办人信息栏目。通过信息系统向当事人公开审判流程节点信息的前提是案件承办人员及时准确地将案件节点信息录入案件管理系统，但2013年评估显示，信息录入质量还不理想。

（3）案卷的编制顺序归档不规范

通过对全省法院的抽查，项目组发现，一些法院的案卷归档不够规范。首先，案件信息记载不准确。这既体现在案卷封皮上所记录的案件信息上，也体现在案卷各有关材料所记录的信息中。如有的案卷封皮记载为“××民初字第11号（2012）”，而卷内的材料均为“××民初字第10号（2012）”；有的案卷封皮记载的案件类型、当事人信息、裁判结果信息等与案卷内容不一致。

其次，案卷目录编制五花八门。案卷应当包含哪些材料、哪些文书应当体现在目录中，各法院之间没有固定的做法。各类文书的放置顺序也比较混乱，有的是按照案件流程放置，送达回证放在相关文书之后；有的则是按照文书类别放置，送达回证统一放在案卷最后部分。另外，目录页码所记载的内容与案卷内容不符的情况也偶有出现，如记载的为开庭笔录，实为调解笔录。

再次，有的案卷缺少材料。如调解结案的案件无调解笔录或有的案件的档案材料未归档或存在空白档现象。

最后，案卷记载内容不规范。如个别案件卷宗中盖有公章的送达回证或者公告送达的材料有人为涂改，或者打印好的送达回证、EMS快递详情单有人为涂改，但涂改处并没有当事人签字、指印或印章，亦没有法院加盖公章确认。

（4）诉讼权利义务告知仍待加强

根据三大诉讼法和最高人民法院的相关规定，法院在案件受理、审理过程中，应当告知当事人相关的诉讼权利义务。从2013年对103家法院的相关案卷进行调取抽查的情况看，一些法院在当事人权利义务及重大事项告知方面存在下列问题。

①权利义务告知缺乏统一标准

虽然浙江省高级人民法院制定了《浙江法院阳光司法实施标准》等文件，明确规定了权利义务和重大事项告知的内容、要求，但从评估和调研情况看，各法院在此方面做法不一，即使同一个中院下辖的各基层法院对于应当告知的内容也没有统一标准，且告知的内容不全面。

首先，不同法院之间的差异明显。不仅不同级别、不同地区的法院在告知率上存在不同，同一中院下辖的基层法院的告知率也存在较大差异。以全省的中级法院与基层法院为例，基层法院的绝大多数事项的告知率要高于中级法院，并且，从民商事案件和行政案件的情况看，除廉政监督跟踪卡、外网查询告知书外，其他法定应告知的事项，基层法院的告知率都高于中级法院。此外，同一地区中级法院与基层法院之间以及各基层法院之间差异也很明显。

评估发现，一些法院被抽查案卷的得失分都是相同的，这一方面说明，这些法院在告知事项范围的认识上可能存在偏差，但另一方面也说明这些法院的内部管理比较规范，一旦明确了告知事项范围，具备短时期内整体改善的潜力。

其次，同一法院的各个审判庭对上级法院文件要求的理解与贯彻执行存在差异。同一法院的同一审判庭，虽然往往表现出一定的类似性，但也因主审法官、书记员的不同而表现出一定差异。这表明，主审法官的重视与否，书记员的能力和专业性，以及法院立案庭、送达工作人员的观念、素质与训练，对权利义务告知具有举足轻重的影响。而且，从调研期间与一些法院工作人员的交流中也能发现，部分工作人员对于法定告知事项有不同的认识。

再次，不同类型案件的告知率也有差距。比如，有的法院在民商事案件中各项文书的发送都比较规范，但在刑事案件中，廉政监督跟踪卡、外网查询告知书使用比例极低，廉政监督跟踪卡发送给被告人的比例只有16.6%，所有法院案卷都未记载向被告或者其家属、辩护人送达了外网查询告知书。这一点在全省的统计数据上也有所反映。

最后，一审、二审案件的告知情况差异很大。本次评估中抽查到少量的二审案件案卷，发现刑事案件无上诉状副本、诉讼须知、合议庭组成人员、廉政监督跟踪卡、外网查询告知书的发送记录，民商事案件、行政案件无上诉受理通知书、举证通知书、诉讼风险提示、廉政监督跟踪卡、外网查询告知书发送记录的情况较为普遍。而这些法院一审中的发送情况则较为规范。虽然二审案件存在案件移送耗时、部分案件不开庭等因素，但这并不意味着二审程序就可以忽视对当事人知情权的保障和对相关程序的遵守。

②部分事项告知情况不太理想

从抽查案卷的流程信息的情况看，民商事案件、行政案件的诉讼风险，刑事案件的诉讼须知、合议庭组成人员等法定应告知事项的告知情况不理想。民商事案件向原被告发送诉讼风险提示的法院分别占67.7%和40.3%；行政案件向原被告告知诉讼风险提示的法院分别占29.8%和12.5%。刑事案件中向当事人发送合议庭组成人员告知书的法院仅占24.1%。刑事案件的诉讼须知方面，仅有少数法院制定有专门的诉讼须知告知文本，大多数法院只是在发送起诉书副本笔录中简单向当事人宣读有关的注意事项。对于在起诉书副本发送笔录中提及诉讼须知的，项目组在评估时视同其告知了诉讼须知的相关信息。而廉政监督跟踪卡、外网查询告知书的发送比例更低。

③案件当事人的告知率不均衡

从告知率的统计数据看，在民商事案件和行政案件中，对原告的告知率较高。在所抽查的案卷中，民商事诉讼案卷对原告的告知比较规范，但未向被告发送诉讼风险告知、外网查询告知书、廉政监督跟踪卡的情况比较多。这种做法的背后，表现出法院在民商事案件的处理中，欠缺当事人平等的理念，并未严格遵守法律、司法解释和上级法院的文件要求。有的行政诉讼案卷存在不向原告发送举证通知书的情况，这难免影响原告行使举证的权利。

而在刑事案件中，有的法院在对待有无辩护人参加的案件时的差异也很明显。有辩护人的案件的告知较为全面规范，该告知的基本都告知，没有辩护人的案件，告知则相对粗糙，告知情况也不够理想。此外，刑事案件也因适用程序不同而表现出一定的差异，适用普通程序审理的案件，告知较为全面；适用简易程序审理的案件，则告知不够全面，纰漏较多。

另外，在原告或者被告为多人的案件中，案卷并未表明法院向所有当事人发送了相关权利义务和重大事项告知书。

（5）存在文书发送记录缺失的情况

从抽查案卷的情况看，记载发送情况的记录缺失、不规范的问题比较普遍。

首先，案卷缺少送达回证。有的法院的案卷仅收录了应发送的文件，如举证通知书、廉政监督跟踪卡、外网查询告知书等，但并没有任何送达记录和送达回证，无法证明是否真实送达。有的案卷在填写EMS详情单时，快递送达的文书内容未详细勾选或填写，还有的文书内容在EMS详情单的格式样本中未列明，法院或者勾选了“其他”，或者不做任何记录，难以证明已经送出。另外，不少案件仅有送出记录，缺少当事人的签收记录。

其次，送达回证记载不规范。如有的送达回证上对所送达的文书名称使用简写，难以辨别文书的实际内容，例如起诉书副本写“起副”、诉讼风险写“诉险”、合议庭成员写“庭员”等；有的案件在送达回证中，仅写送达了“公告”或者“告知书”，且联系上下文看不出公告和告知书的内容为何。还有的送达回证书写潦草，字迹无法辨别。而且，有的案卷所收录的对外送达的公文没有加盖公章，而是盖案件承办人的人名章。有的法院发出的传票不加盖法院公章。

再次，发送内容错误。如有的法院案卷显示给原告发送了起诉书副本和应诉通知书，或者给被告人发送案件受理通知书，或者送达回证抬头是被告，但送达内容为应送达给原告的材料，且有原告签收记录。

最后，发送不符合法定期限。有的案卷显示发送案件受理通知书等给原告的日期晚于发送应诉通知书等给被告的日期，发送案件受理通知书给原告的日期晚于结案日期。

（6）开庭公告公开效果不甚理想

及时发布开庭公告是保护当事人诉权和社会公众行使参与旁听等权利的基本要求。《中华人民共和国民事诉讼法》第136条规定：“人民法院审理民事案件，应当在开庭三日前通知当事人和其他诉讼参与人。”评估显示，开庭公告的公开情况不够理想。

首先，部分法院门户网站不能及时发布开庭公告。项目组对103家法院通过门户网站发布的开庭公告进行了核对，仅有40.8%的法院在开庭前3天发布了开庭公告，44.7%的法院部分开庭公告未能在开庭前

3 天发布，4.9% 的法院全部开庭公告均晚于开庭前 3 天，9.7% 的法院没有通过门户网站发布开庭公告。在中级法院中，只有 25% 的法院在开庭前 3 天能发布开庭公告，有 75% 的法院的部分开庭公告没有做到在开庭前 3 天发布；在基层法院中，43.3% 的法院在开庭前 3 天发布了开庭公告，40% 的法院部分开庭公告未能在开庭前 3 天发布，有 5.6% 的法院的开庭公告均未能在开庭前 3 天发布，11.1% 的法院未提供开庭公告。个别法院的网站迄今为止仅发布过一次时间跨度为一周的开庭公告；有不少法院采取每隔一段时间发布一批案件的开庭公告的做法，但发布公告当天与最近要开庭的案件之间时间间隔短于 3 日，有的案件的开庭公告甚至是开庭当天发布的。

其次，开庭公告在公开方式上还有待改善。有的法院在审判大厅设置公告栏，公众在法院外部难以看到公告内容；有的法院设置的电子公告栏屏幕较小，但公告内容较多，公众要从有限的显示内容中一条条、一屏屏地查询自己需要的公告。在网站发布公告方面，有的开庭公告和一般性的通知放在一起；有的杂乱无序；有的则在开庭公告栏目之外，将一部分开庭公告放入新闻报道栏目中；还有的法院在公告中声称“开庭安排如有变更，不另行告知”，等等。这些做法给公众查阅近期开庭公告带来不便。

最后，开庭公告在发布渠道上顾此失彼。有的法院在本法院网站和浙江省高级人民法院的开庭公告栏目上都发布本院开庭公告，但没有给出浙江省高级人民法院开庭公告平台的链接，而有的虽然提供了链接，但自身法院的开庭公告栏目却未加维护，显示本法院开庭公告未有效发布，或者发布的公告的内容不一致，误导公众。

（7）庭审录像公开情况有待改进

在互联网公开庭审录像，是信息化时代提高庭审透明度的重要手段，有助于有针对性地普及法律知识、回应公众对参与旁听庭审的需求。从全国法院的情况看，已经有一些法院做到了通过互联网直播或者录播庭审。2013 年评估发现，浙江法院在门户网站设置庭审录像栏目的不多，能够经常发布最新的庭审录像的少之又少。全省仅有 13.6%

的法院能够通过自身门户网站公开至少一件2012年12月以来的开庭庭审录像，其中中级法院中有25%能够在网站公开至少一件2012年12月以来的开庭庭审录像，基层法院中这一比例为12.2%。

2. 原因分析

首先，司法公开的认识不到位。从权利义务和重大事项告知的情况可以发现，实践中对于司法公开还存在认识不清的情况。向当事人告知这些信息本来是保障当事人程序性权利和实体性权利必不可少的环节，但实践中往往未得到应有的重视，导致该告知的未告知、告知不规范。

其次，司法公开存在本位思想。从2013年评估的结果看，法院确实公开了很多信息，但公开的信息不准确、不便查找、专业性强导致公众难以理解的情况也较为普遍。这说明，司法公开目前还主要停留在单向公开的阶段，缺乏对公开对象，也就是公众和案件当事人获取司法信息的需求、实际能力方面的调研与把握，也缺乏对其信息需求的应有回应。

最后，司法公开的标准不够明确。虽然严格地说，三大诉讼法及司法解释对司法公开都有要求，但均过于原则化，具体到哪些信息要公开、如何公开，并没有明确的标准，因此，在实际公开的过程中，法院只能凭自己对司法公开的认识去落实，这就导致公开的信息类别、内容不统一，公开的方式方法不一致。

（二）2014年浙江法院阳光司法的问题

1. 发现的问题

（1）诉讼指南公开仍有提升空间

虽然诉讼指南公开的情况比2013年有明显改善，但仍存在值得关注的问题。

①栏目设置存在混乱不规范的情况

其一，栏目名称不规范。评估发现，一些法院在门户网站中设置的诉讼指南栏目的名称五花八门，对不熟悉法院业务的公众而言，很难了解其真实含义及其功能，在一定程度上影响了公开的效果。如，有的法院网站的诉讼指南栏目叫“立案公开”；有的法院诉讼指南栏目叫“便民服务”；有的法院诉讼指南的栏目名称为“审务公开”；有的法院诉讼指南的栏目名称为“诉讼导航”；有的法院诉讼指南的栏目名称为“服务指南”。

其二，栏目位置不规范。一些法院的诉讼指南栏目与其他栏目之间的关系不明晰。有的法院诉讼指南栏目叫“便民服务”，其下设子栏目叫“诉讼须知”，其下又设一个子栏目叫“诉讼指南”。有的法院的“诉讼指南”与“文书下载”为“诉讼服务”下的同级子栏目。有的法院的“诉讼指南”栏目与“文书样式”栏目、“诉讼流程”栏目并列，为“审务公开”栏目下的同级子栏目。有的法院的诉讼指南栏目被设置在“为您服务”的栏目项下。还有一家法院的网站首页没有诉讼指南栏目，只能从首页右侧“文书格式下载”链接转到“便民服务”信息导航栏目，它的子栏目中有“诉讼指南”，但“诉讼指南”与“审判诉讼流程”“申请执行流程”“文书格式下载”并列，同为“便民服务”的子栏目。

其三，栏目未作分类。诉讼指南包罗万象，不仅涉及三大诉讼，还涉及一审、二审、再审程序，更包括立案、举证、权利义务、诉讼风险等内容，因此需要对纷繁复杂的指南内容进行必要的分类，使公众能快速、便捷、清晰地查询到相关信息，不至于陷入迷宫。换言之，从便民的角度看，将诉讼指南按照内容进行分门别类，有助于真正发挥诉讼指南的作用。但评估发现，有 15 家法院网站没有对诉讼指南做出任何分类。

②诉讼指南缺失主要内容现象突出

诉讼指南涉及的内容十分庞杂，项目组重点对诉讼中最为重要的指南信息进行了评估分析。结果发现，有不少法院公开的诉讼指南没有涵盖主要的诉讼事项。而且，由于个别法院的网站网络状态不稳定，诉讼指南时而可以打开，时而打不开。

在民事诉讼立案条件方面，在门户网站公开民事诉讼立案条件的有

79 家法院，占 75.24%，22 家法院门户网站中未能发现有此信息或者链接无效，占 20.95%。

在行政诉讼立案条件方面，在门户网站公开行政诉讼立案条件的有 72 家法院，占 68.57%，30 家法院门户网站中未能发现有此信息或者链接无效，占 28.57%。

在上诉条件方面，在门户网站公开三类诉讼的上诉条件的有 36 家法院，占 34.29%；仅仅公开部分诉讼的上诉条件的有 24 家法院，占 22.86%；无此类信息或者链接无效的有 44 家法院，占 41.9%。

在再审条件方面，在门户网站公开申请再审条件的有 63 家法院，占 60%；无此类信息或者链接无效的有 31 家法院，占 29.52%。

在民事诉讼流程方面，在门户网站公开民事诉讼流程的有 53 家法院，占 50.48%；有 27 家法院无此信息或者链接无效、图片无法打开，占 25.71%。其公开方式有的是采用文字表述，有的则是用图表示意。

在刑事公诉流程方面，在门户网站公开刑事公诉流程的有 14 家法院，占 13.33%；有 72 家法院无此信息或者链接无效、图片无法打开，占 68.57%。

在刑事自诉流程方面，在门户网站公开刑事自诉流程的有 16 家法院，占 15.24%；有 68 家法院无此信息或者链接无效、图片无法打开，占 65.71%。

在行政诉讼流程方面，在门户网站公开行政诉讼流程的有 20 家法院，占 19.05%；有 63 家法院无此信息或者链接无效，占 60%。

在民事案件举证须知方面，在门户网站公开民事案件举证须知的有 57 家法院，占 54.29%；有 47 家法院无此信息或者链接无效，占 44.76%。

在行政案件举证须知方面，在门户网站公开行政案件举证须知的有 47 家法院，占 44.76%；有 55 家法院无此信息或者链接无效，占 52.38%。

在文书样式方面，在门户网站全面提供文书样式（2014 年度仅考察民事起诉、答辩、民事上诉、再审申请书四类文书）的有 18 家法院，占 17.14%；无此信息或者链接无效的法院有 14 家，占 13.33%；71 家法院提供的文书样式不全面，占 67.62%。

在诉讼风险提示方面，在门户网站公开诉讼风险提示的有 85 家法院，占 80.95%；有 18 家法院无此信息或者链接无效，占 17.14%。

2014 年度所评估的都是诉讼指南中较为常用、较为重要的指南性信息，但仍有不少法院难以做到全面提供有关信息，一些法院不是缺少这类指南信息，就是缺少那类指南信息，不能系统地满足公众查询指南的需求。

③个别法院诉讼指南存在明显错误

公开诉讼指南是为了方便公众了解诉讼流程和当事人参与诉讼，因此，在网络上提供准确无误的诉讼指南是司法公开的应有之义。在 2013 年评估中，项目组曾发现诉讼指南不准确的“指北”而不“指南”的现象，2014 年度评估发现仍有个别法院的诉讼指南存在错误或者不准确的情况。

有 3 家法院对民事立案条件表述有误或者不准确。如某法院民事案件立案条件中公开的是起诉需要提交的材料；某中级法院表述的是依据《民事诉讼法》第 108 条，实际应为《新民事诉讼法》第 119 条。行政案件立案条件表述有误或者不准确的有 2 家法院。民事案件流程有误或者不准确的有 24 家法院。行政案件流程有误或者不准确的有 21 家法院。刑事公诉案件流程有误或者不准确的有 18 家法院。刑事自诉案件流程有误或者不准确的有 19 家法院。再审条件的表述有误或者不准确的有 9 家法院，主要表现是再审期限错误。

此外，浙江法院公开网和浙江法院新闻网所公开的诉讼指南信息也存在不一致、公开不全面的现象。如浙江法院公开网发布的“立案条件”是对刑事案件立案条件的说明；有的指南信息有错误，如浙江法院公开网发布的“申请再审条件”采用的是修改前的《民事诉讼法》中的规定。

（2）案件信息查询系统链接有待改善

2014 年，浙江省高级人民法院为项目组提供了统一的案件信息查询平台，并在浙江法院公开网上提供了查询入口，方便当事人查询，各中级法院、基层法院网站只需要提供该查询入口的链接即可。但调研结果显示，一些中级法院、基层法院在本院门户网站未设置案件信息查询平台的链接或者设置的链接难以发现，有的甚至存在链接错误的情况。如，有的法院将链接设置在审判公开栏目中，在审判公开栏目中再设一个“诉讼案件信息查询”子栏目。有的法院将链接设置在“网上办事大厅—诉讼服务平台”中。有的法院网站提供了 2 个以上的链接，但链接不一致，如某法院有的链接无效，有的可以链接到浙江法院公开网；某法院有 3 个链接但各不一致。而且，有些法院直接链接到浙江法院公开网的诉讼案件信息查询页面，有些链接到浙江法院公开网的案件查询页面。

各法院配置查询入口链接的详细情况如下：有 2 家法院网站未提供查询入口链接；有 19 家法院网站提供了查询入口链接，但链接无效；有 2 家法院网站提供了查询入口链接，但链接打开无内容；有 2 家法院网站提供了查询入口链接，且链接到浙江法院案件信息查询系统（即浙江省高级人民法院旧网站）；有 3 家法院网站提供的查询入口却链接到本院。

（3）庭审录像录制质量仍然需要提高

庭审过程全程录音录像是法院司法公开工作的重要要求，是法院信息化的重要体现。庭审录像可以以音视频方式记载庭审过程，方便事后对庭审过程进行回查，为公开庭审过程、督察庭审行为规范等提供了依据。从此次评估中项目组抽取的 520 个案件的庭审录像看，其录制质量还有提高空间。

①同步录音录像未做到全覆盖

根据浙江省高级人民法院集控中心提供的统计数据，虽然同步录音录像比例已非常高，但仍有不少法院及不少案件难以达到要求。实地调取案卷和庭审录像过程中，项目组也从法院工作人员口中了解到，有的案件因为设备问题、人员操作中的业务不熟练或者疏忽而未能录制成功。

②同步录音录像的设备需更新

同步录音录像设备一般采取单镜头和多镜头两种方式。从庭审过程全方位信息的角度看，多镜头录像模式显然具有明显的优势，但2014年的评估显示，浙江各法院使用单镜头录像模式的情况还比较普遍。520个案件中，有312个案件采用此种单镜头录像模式，占60%。

③同步录音录像效果不甚理想

根据对520个案件的检查，不少案件的庭审录像效果不佳，存在图像不清晰不连贯、声音模糊难以辨识等问题。有30个案件录像不连贯，占5.77%；86个案件的庭审录像出现了水波纹、无法看清人员面部等的情况，占16.54%；74个案件的录像声音不连续、出现断续情况，占14.23%；11个案件的录像完全无声音，占2.12%；4个案件的录像有杂音难以辨别，占0.77%；91个案件的录像声音不清晰（包括所有人的声音不清晰、部分声音不清晰），占17.5%。

④录像未涵盖所有诉讼参与人

不少庭审录像未能录入所有诉讼参与人的图像或者声音。有53个案件存在审判人员、原被告、辩护人、证人等未录入镜头的现象，占10.19%；有18个案件存在庭审录像声音不包含所有诉讼参与人的现象，占3.46%。如有的案件庭审笔录显示有证人出庭和对证人的质证环节，但是庭审录像里没有证人，也听不到证人做证的声音或声音太小。

（4）部分案件的庭审行为待规范

根据统计，有100个案件的庭审录像显示，审判人员存在着装不规范、行为举止不规范等的问题，占19.23%；9个案件无法辨识内容，占1.73%；1个案件的录像无图像，占0.19%；其余410个案件未发现审判人员不遵守法庭秩序的情况，占78.85%。有43个案件存在法警行为不规范的问题，占8.27%；401个案件的庭审录像中没有法警，占77.12%；1个案件的录像无图像，占0.19%；其余75个案件未发现法警不遵守法庭秩序的情况，占14.42%。

审判人员行为的不规范主要表现为：着装不规范，审理案件时未按规定穿着法袍；审判人员审理过程中离席，且原因不明；审判人员在案件审理过程中把玩手机或者接听电话。法警行为不规范主要表现为：有的法警是坐姿不规范，跷二郎腿，交头接耳；有的庭审中，法警玩手机；有的庭审中，法警中途进入法庭或者中途离席；还有的庭审中，法警不能履行维持法庭秩序的职责，对于原告和旁听人的吵闹，无动于衷，未及时制止。

毫无疑问，庭审过程中，审判人员、书记员、法警等着装随意，行为不规范，有损法庭审理活动的严肃性，也难以让当事人和社会公众对法庭审理过程产生应有的敬畏，不但会损害法庭审理的正常秩序，还会让当事人和公众对法院审判工作产生不必要的猜疑和误解，最终会损害法院司法公信力。

（5）庭审录像上网发布仍有提升空间

庭审录像上网发布也是庭审公开的一种重要形式。从 2014 年的评估情况看，浙江三级法院在此方面还有改善空间。

①网站栏目设置情况仍不规范

26 家法院在门户网站设置了发布庭审录像的栏目，但栏目中无内容，占 25.00%；8 家法院门户网站没有设置类似栏目，占 7.69%；2 家法院设有栏目，但栏目链接无效；1 家网站链接无效。

此外，一些法院门户网站的庭审录像发布栏目链接到了浙江法院公开网的“庭审直播”栏目，但打开链接后还需要再查找该院的庭审录像，公开效果不够理想。

②庭审录像发布情况有待提升

项目组查询了各法院门户网站在调研之前一个月内发布的庭审录像，有发布且链接有效、录像可观看收听的有 15 家法院，占 14.42%；有发布但部分存在链接无效、录像不可观看收听、录像不全等情况的有 1 家法院；有发布但全部存在链接无效、录像不可观看收听、录像不全等情况的有 3 家法院，占 2.88%；48 家法院在该时间段未发布庭审录像，占 46.15%；36 家法院无庭审录像栏目或者栏目无效、无内容，占 34.62%；1 家法院网站链接无效，占 0.96%。

2014 年年初到调研前一个月即 5 月之间发布庭审录像的情况也不够理想。此时间段发布了庭审录像且链接有效可以正常观看收听的有 42 家法院，占 40.38%。发布了庭审录像但部分链接无效、录像不可观看收听、录像不全的有 1 家法院，占 0.96%。发布了庭审录像但所有链接无效、录像不可观看收听、录像不全的，有 9 家法院，占 8.65%。此时间段未发布庭审录像的有 15 家法院，占 14.42%。36 家法院无庭审录像栏目或者栏目无效、无内容，占 34.62%。1 家法院网站链接无效，占 0.96%。

③庭审录像发布未常态化

评估发现，不少法院发布庭审录像还没有常态化，往往是隔一段时间集中发布一批，这样的法院共有 17 家，占 16.35%。

（6）案卷管理问题依然有待规范

在此次立案庭审公开的评估过程中，项目组更加深入地接触到浙江法院案卷管理及档案电子化过程，从案卷调取过程到案卷评查，发现案卷管理有一些问题值得关注。

①档案电子化有先有后，不太均衡

此次调取案卷发现，各法院档案电子化程度存在一定差距。根据浙江省高级人民法院集控中心统计的全省 2014 年 1—4 月间以普通程序审理、判决结案的案件信息（不含铁路法院），此类案件共有 26548 件，而浙江省高级人民法院集控中心显示案卷已电子化的仅有 3943 件，占所有案卷的 14.9%。其中，案卷全部电子化的仅有丽水中院和松阳法院，占全部法院的 1.9%；电子化比例 50% 以上的（不含全部电子化的法院）有 13 家法院，占全部法院的 12.4%；案卷完全没有电子化的法院有 44 家，占全部法院的 41.9%。2013 年 12 月 23 日至 2014 年 5 月 20 日全省法院（不含铁路法院）审结的行政案件有 10156 件，档案电子化的有 997 件，占 9.8%。项目组还调取了全省法院（不含铁路法院）该时间段采取过查封扣押冻结等强制措施并已结案的执行案件信息，符合条件的执行案件共有 10835 件，浙江省高级人民法院集控中心显示案卷已电子化的仅有 232 件，占 2.1%。

由于此次调取的都是离实际评估时间较近结案的案件，不排除部分案件可能因送达回证尚未全部返回等因素而未进行扫描的情况。在实际调取案卷时，项目组也了解到，有的法院已经进行了案卷电子化，但尚未上传到系统，浙江省高级人民法院集控中心不掌握实际数字。但项目组也发现，不排除存在档案尚未电子化但上报为已电子化的情况。

此外，各法院档案扫描的保障水平参差不齐。如温州中院有 10 台扫描设备，但多数法院仅有 1 台，有的法院新购入的机器尚未开箱启用。扫描人员流动性大，扫描人员上岗时间短，熟练程度不高。

②档案电子化存在不规范现象

此次评估中，项目组通过分析 105 家法院的电子案卷，发现档案电子化的标准还有待统一。《人民法院电子诉讼档案管理暂行办法》（以下简称《暂行办法》）规定，经过数字化处理的纸质诉讼档案的电子版本是法院电子诉讼档案的重要组成部分（第 2 条），应实行统一软件平台、统一技术标准、统一操作规范的三统一管理（第 6 条）。电子化过程中产生的图像文件应采用未加密的 TIFF 或者 JPEG 格式（第 11 条）。对材料中有多色、红头、印章、插有照片图片、字迹清晰度较差、黑白扫描下无法辨识清晰的页面等应当采用彩色模式进行扫描（第 14 条）。同时，《暂行办法》还规定，电子档案应当分立正、副卷（第 8 条）。

分析 2014 年调取的电子案卷可以发现，各法院电子化标准并不统一。首先，不少案卷的图片无法用通用的图片读取软件识别读取。绝大多数法院的案卷都存在无法使用目前常用的软件正常读取的情况。档案电子化适应信息化时代的重要要求，对传统的纸质案卷进行数字化保存并方便档案开发利用，应采取成本低、兼容性高的数字化方式，避免因为软件系统更换或者升级造成已保存的电子化案卷无法读取或者再次转换格式产生资源浪费。现场调卷时项目组发现，有的法院所提供的电子案卷出现大量非正常的空白页，也就是不属于预留粘贴送达回证、快递单的空白页，而是无法正常读取相关图片内容的空白页，只能重新进行扫描。

其次，不少案卷未按照规定进行彩色扫描。经档案电子化产生的档案不同于传统意义上的复印件，在实践中可以起到替代原始纸质案卷的作用。实践中，电子案卷甚至已经成为有关机关调阅案卷的首选方式。为此，对重要内容应进行彩色扫描，确保电子档案的原始性以满足工作的需要。但调研发现，未按照《暂行办法》进行彩色扫描的情况极为普遍，这导致电子化档案的利用价值大打折扣。不仅如此，黑白扫描的案卷中的文书往往存在公章遮盖单位名称、时间的情况，导致无法辨识相关内容。

最后，不同外包服务企业使用的扫描标准不统一。有两家企业参与浙江法院档案电子化工作，虽可以避免过度依赖一家公司，通过有限的竞争提升服务质量，但两家企业使用不同的系统，扫描标准不一致，导致电子案卷的文件格式不同，难以通用。

③档案电子化管理存在安全隐患

法院的案卷档案信息即便不涉及国家秘密、商业秘密、个人隐私，也会涉及一些当事人的敏感信息，尤其是，某些个案虽不一定涉密，但一个地区一个时间段内的某些案件信息经过加工统计后则可能成为具有一定敏感性的信息。由此可见，对案卷档案信息加强安全管理并非多余，反而非常有必要。因此，《暂行办法》要求，电子诉讼档案的形成、传输、保存、利用、销毁等应实行全过程管理，确保电子诉讼档案始终处于受控状态，并要做好安全保障，采取有效技术手段和管理措施，确保电子诉讼档案信息安全（第 3 条）。

但项目组在调取案卷过程中发现，部分法院在档案电子化管理中存在一定的信息安全隐患。浙江各法院档案电子化普遍外包给企业，由其派驻人员到法院现场进行扫描，派驻人员一般为合同制或者劳务派遣人员，流动性大，这不但影响了档案电子化的进度，也存在安全隐患。各法院现场的扫描设备所连接的电脑终端一般都留有外接存储接口，可以外接 U 盘、移动硬盘。扫描质检后的文档一旦上传，法院工作人员不具备从系统下载电子档案的权限，但扫描人员却可以从其扫描用的终端电脑存储所需文件。另外，扫描现场缺少监控设备、法院人员也很少到现场监督，扫描人员的行为基本依靠自律。这意味着，一旦外包企业内部管理失控或者出现漏洞，很容易导致档案信息外泄。当然，泄密事件尚未发生，但不代表不会发生，特别是从信息安全规范化管理的角度看，隐患犹在，各级法院应予以重视。

（7）诉讼重大事项告知仍需改善

①中级以上法院与基层法院的告知存在差异

案卷记载的告知情况显示，中级以上法院与基层法院的告知情况有一定差异。

民商事案件的告知情况方面，基层法院的多项指标得分略高于中级以上法院的一审案件，具体情况如下：基层法院向原告送达案件受理通知书的比例为95.87%，中级以上法院一审案件的比例为95.40%；立案之日起5日内向被告发送应诉通知书的比例，基层法院为83.60%，中级以上法院为95.40%；向原告发送举证通知书的比例，基层法院为95.33%，中级以上法院为89.20%；立案之日起5日内向被告发送举证通知书的比例，基层法院为84.03%，中级以上法院为69.20%；向原告发送诉讼须知的比例，基层法院为47.07%，中级以上法院为16.90%；立案之日起5日内向被告发送诉讼须知的比例，基层法院为27.28%，中级以上法院为10.80%；向原告发送诉讼风险提示的比例，基层法院为80.98%，中级以上法院为67.60%；立案之日起5日内向被告发送诉讼风险提示的比例，基层法院为40.01%，中级以上法院为24.60%；向原告发送外网查询告知书的比例，基层法院为71.19%，中级以上法院为73.80%；立案之日起5日内向被告发送外网查询告知书的比例，基层法院为47.72%，中级以上法院为38.40%；合议庭组成人员确定后3日内向原告发送告知书的比例，基层法院为62.93%，中级以上法院为73.80%；合议庭组成人员确定后3日内向被告发送告知书的比例，基层法院为71.29%，中级以上法院为72.20%。

从民商事案件的告知情况看，外网查询告知书的告知比例有显著提升，2013年的总体比例为原告44%和被告14.5%。除合议庭组成人员外，民商事案件原告的告知情况基本与2013年持平。被告告知情况及合议庭组成人员告知情况从比例的绝对数上看低于2013年，这是因为

2015 年评估中项目组对发送时间做了更严格的要求。

刑事案件的告知方面，中级以上法院一审告知比例普遍高于基层法院，具体情况如下：开庭 10 日前向被告人送达起诉书副本的比例，基层法院和中级以上法院分别为 97.93% 和 100%；开庭 10 日前向被告人发送诉讼须知（或诉讼权利义务须知）文本的比例，基层法院和中级以上法院分别为 48.81% 和 48.20%；向被告或者辩护人送达合议庭组成人员通知书的比例，基层法院和中级以上法院分别为 32.50% 和 25%，此比例高于 2013 年 24.10% 的评估结果；开庭 3 日前向辩护人送达出庭通知书的比例，基层法院和中级以上法院分别为 45.22%（另有 39.20% 无辩护人）和 66.10%（另有 1.80% 无辩护人）。

总体来看，在诉讼须知（或诉讼权利义务须知）的送达方面，三级法院明显低于 2013 年 98.1% 的比例，这是因为 2014 年项目组对此采取了更为严格的标准，凡是仅仅在送达起诉书副本或者开庭审理中口头说明，均被视作不符合评估要求。合议庭组成人员告知情况则明显高于 2013 年 24.1% 的比例，这与 2013 年评估后，各级法院提高了对此项送达内容的重视程度有一定关系。对于是否需要专门送达合议庭组成人员通知书，法官们对此有不同看法，有人认为被告多数处于被羁押状态，且刑事诉讼法无明文要求，但在 2014 年 4 月召开的浙江省司法公开推进会上，浙江省高级人民法院领导已经明确表达了应提前送达当事人的意见，因此，对此加以评估是符合相关要求的。

行政案件的告知情况方面，除合议庭组成人员外，基层法院普遍好于中级以上法院，许多中级以上法院向原告告知诉讼权利义务和重大事项的情况较不理想。具体情况是：向原告送达案件受理通知书的比例（二审案件中则包括向行政相对人一方送达应诉通知书的情况），基层法院和中级以上法院分别为 88% 和 55.8%；向原告（或者二审案件中的行政相对人一方）发送举证通知书的比例，基层法院和中级以上法院分别为 87.5% 和 42.6%；向原告（或者二审案件中的行政相对人一方）发送诉讼须知的比例，基层法院和中级以上法院分别为 19.4% 和 1.6%；向原告（或者二审案件中的行政相对人一方）发送风险提示书的比例，基层法院和中级以上法院分别为50.3%和19.7%；向原告（或者二审案件中的行政相对人一方）发送外网查询告知书的比例，基层法院和中级以上法院分别为50%和39.3%；合议庭组成人员确定之日起3日内向原告（或者二审案件中的行政相对人一方）发送合议庭组成人员通知书的比例，基层法院和中级以上法院分别为5.1%和27.9%。

在发送举证通知、诉讼须知等方面，不少法院使用了民事案件的文本，许多内容与行政诉讼风马牛不相及。

②中级以上法院及二审和再审权利告知情况较差

民商事案件中，中级以上法院向上诉人（含再审申请人）发送上诉案件受理通知书、举证通知书、诉讼须知、诉讼风险告知书、外网查询告知书以及在法定期间向上诉人发送合议庭组成人员通知书的比例分别为46.7%、48%、22.7%、25.3%、33.3%和69.3%。中级以上法院向被上诉人（含再审被申请人）发送上诉案件应诉通知书、举证通知书、诉讼须知、诉讼风险告知书、外网查询告知书以及在法定期间向被上诉人发送合议庭组成人员通知书的比例分别为18.7%、41.3%、21.3%、19.9%、30.7%和69.9%。

刑事案件中，中级以上法院开庭10日前向上诉人或者再审申请人发送诉讼须知（或诉讼权利义务须知）的比例仅为1.6%；向上诉人或者再审申请人送达合议庭组成人员通知书的比例为18.7%；开庭3日前向辩护人送达出庭通知书的比例为46.9%（另有35.9%无辩护人）。

由此可见，中级以上法院二审程序中的诉讼权利义务及重大事项告知情况有较大的提升空间。

③诉讼权利义务及重大事项告知情况不均衡

权利义务及重大事项的告知情况不均衡的现象较为普遍。

首先，民商事案件中诉讼须知与诉讼风险的告知情况仍不理想。相对于其他告知事项，诉讼须知和诉讼风险提示无论是在民商事案件中，还是在刑事案件中，无论是在一审案件中，还是在二审或者再审案件中，送达比例均较低，甚至在各项告知事项中比例最低。这说明，法院对告知此类事项的重视程度还有待提升。另外，对此两类文书尤其是诉讼须知的内容存在认识的差异，有的法院以权利义务告知替代诉讼须知，有的以公民代理须知替代诉讼须知。

其次，民商事案件对原被告告知不均衡的情况依然存在。以外网查询告知书为例，一审案件中，基层法院对原被告的告知比例分别为71.2%和31.74%（含超期发送的情况），后者即便加上被告下落不明无法送达的情况也仅有53.59%；二审案件中，上述比例分别为73.8%和44.5%（含超期发送的情况）。

再次，刑事案件中向被告告知诉讼须知或者诉讼权利义务须知的效果有待提升。目前较为普遍的做法还是在送达起诉书副本或者开庭审理时当庭宣读主要的须知事项，但可以想见，对于大多数不懂法、文化程度不高的犯罪嫌疑人而言，短时间内很难理解被告知的内容。

④个别发送文书的内容不规范

评估发现，有的案卷中的送达内容有误或者不规范，以下简单列举几种现象：送达内容与案卷所附内容不一致，有的案卷显示，有诉讼须知但无风险提示，但送达回证显示送达了诉讼风险提示而没有送达诉讼须知；内容书写错误，如将合议庭组成人员通知书的落款时间写错；原被告送达内容有差别，如有的案卷显示，给原告送的是诉讼风险提示，给被告送的是诉讼须知；送达内容有误，有的法院的行政案件向原告送达的都是民商事案件的告知书，如向其送达民事案件诉讼风险提示，某案卷提供给原告的《人民法院行政诉讼风险提示书》中，竟然出现了“提出反诉”的相关内容；随意简化送达内容的名称，几乎所有法院都存在不注明送达文书的全称的情况，如使用“告知书”“通知书”等，但究竟送达了什么文书并不明确，此问题在2013年的评估报告中已经提出，但改善不大。

还有的送达回证等填写不规范。评估中发现，案卷中送达回证填写不规范的情况比较普遍，主要存在以下几种情形。

第一，对送达回证、EMS详情单记载的送达内容进行补写、修改。部分法院在原有打印好的送达回证中补写送达内容，如外网查询告知书、诉讼须知、风险提示、合议庭组成人员等内容，也有在已经手写的送达回证上用其他笔迹补写上述内容的。对此，有的法院给出的理由是，原来设计的送达回证、EMS 详情单项目有限，不能涵盖目前需要送达的内容，此外，项目组发现打印好的送达回证有漏项。毫无疑问，这些做法都不规范。

第二，送达回证中记载的送达内容字迹模糊或者字迹潦草，难以辨识。这主要发生在一些以加盖印章的方式填写回证内容或者一些手写的送达回证上。如某案卷送达回证中使用固定的印章印制了送达内容，但印制内容不清晰；有的案卷部分送达回证字迹潦草。

第三，送达内容不详。有些法院的送达回证及 EMS 详情单中普遍使用送达文书的简称，如“通知书”“告知书”等，具体内容不详。还有的送达回证不注明送达内容。EMS 详情单填写的问题主要是因为详情单印制的项目过少，无法涵盖审判流程中的大部分常用文书，难以满足送达需求。关于送达回证的印制问题，项目组与部分法院经过沟通了解得知，送达回证主要是使用信息系统打印的，系统中设定的送达内容难以涵盖送达需求。

第四，送达回证不标注时间。不少案卷的送达回证、EMS 详情单不标注发送时间，遇到无当事人签字、EMS 印章的情况，难以判定发送时间。

第五，送达时间有待规范。评估发现，按照法定期限发送法律文书的情况还有待改善。以民商事一审案件为例，基层法院目前不能按时发送应诉通知书的案卷比例为 11.9%，中级法院不能按时发送的比例为 16.9%；基层法院不能按时向原告发送合议庭组成人员通知书的比例为 15.2%，中级法院为 9.2%；基层法院不能按时向被告发送合议庭组成人员通知书的比例为 7%，中级法院为 6.2%。

2. 原因分析

从 2014 年测评情况看，浙江三级法院立案庭审环节的诉讼指南、庭审同步录音录像、庭审录像上网发布情况、诉讼权利义务及重大事项告知工作，在领导重视、工作机制、标准化及送达告知效果方面，均有明显进展。此次测评发现的问题，主要可以从如下几个方面查找原因。

第一，重视程度不够。以诉讼指南为例，诉讼指南的内容并不复杂，工作难度也不大。但在实际中，诉讼指南公开不全面、不准确的现象比比皆是，这与有关法院对此信息的公开缺乏必要的重视有直接的关系。再以法庭秩序为例，法律对法官等的行为规范有明确的规定，个别法官行为有失规范也与有关法院领导强调不够、法官不太重视有关。

第二，缺少必要的换位思考。诉讼指南的公开，其目的是让当事人和公众知悉如何参与诉讼、如何依法行使诉讼权利以保障自身合法权益，因此，公开得好不好的关键在于是否能够满足公众的需求。目前，不少法院的诉讼指南在设定项目时，未设身处地地为公众着想，或是公开不全面，或是照搬法条，对当事人和公众是否理解或清楚这些内容、诉讼指南是否能对其了解或参与诉讼发挥作用并不关心。

第三，硬件设备保障水平需要提升。同步录音录像设备是做好庭审录像的基础，但评估发现，录像质量不理想，部分人员无法录入镜头，录像录音的质量较差等，在一定程度上与硬件设备不够先进有关系。

第四，硬件设备的操作和维护保养还需规范。再好的硬件设备，如果没有必要的操作技能和操作水平，没有固定的维护保养，都难以发挥应有的作用。事实上，从520个案件的庭审录像看，不少法院配备的同步录音录像设备虽不是最好，但也不是很落后，关键在于日常的操作是否规范。操作不规范便会出现下列现象：有的案件庭审中忘记打开话筒或者某个镜头，有的庭审中打开录音录像设备后没有实时观察设备运行情况，不能及时发现庭审录音录像设备的异常并及时加以排除，有的案件则是相关诉讼参与者忽视话筒的存在。因此，操作人员在日常工作时应增强责任心，同时，平时还应对设备进行必要的检查保养，遇到故障及时排除。

第五，信息公开的常态化工作机制还没有形成。以庭审录像的公开为例，对案件的庭审录像的公开范围、时间和方式，缺乏明确统一的要求，实践中，有的法院想起来就公开一批，想不起来就不公开。

第六，上级法院统一平台与下级法院自身网站公开的关系仍有待研究。目前，浙江省高级人民法院开通了很多集中发布信息的平台，使得下级法院信息发布面临两难境地，一是信息通过集中平台发布后，自身网站再公开就会存在重复劳动或者信息不一致的情况，但公众的查询习惯还普遍是首先到直接相关的法院网站去查找信息；二是虽然下级法院可以通过转链接方式，将有关栏目转到浙江省高级人民法院开通的统一平台，但又会存在信息统一推送给浙江省高级人民法院后，浙江省高级人民法院平台发布滞后，或者信息变更后需要再通过浙江省高级人民法院系统进行更正的问题，一旦浙江省高级人民法院与下级法院之间衔接不顺畅，就会影响下级法院信息发布的效果。

第七，权利义务及重大事项告知还没有完全融入一些法院的日常工作之中。评估到2014年，不少法院都已经对诉讼权利义务及重大事项告知给予了空前重视，对案卷定期不定期的自我评查也日益成为工作常态。但此项工作多数停留在审判流程之外，是对审判流程规范化的事后监督，与审判流程脱节，没有成为办案人员的日常功课，所以才会出现一些法院后期补写送达回证内容，甚至应付测评的情况，也使广大法官疲于应付测评和考核，甚至引发了一些基层法官的反感与抵触心理。

第八，对于是否告知、如何告知存在不同认识。不少法官仍然对诉讼权利义务及重大事项的告知存在认识误区，认为很多事项是程式化的、形式化的，反反复复进行告知不但多余，而且浪费时间，甚至认为一些事项通过电话简单告知当事人即可，法院工作的关键还在于能否把案子办结。这导致一些承办人不愿意花精力去做好告知与送达工作。

第九，各法院普遍面临案多人少的压力。一线法官面临日益复杂的司法环境和风险，既要处理繁重的案件，也要应对各种各样的考核，不堪重负。受到编制等的限制，书记员等辅助人员的人数也极为有限，审判人员只能把更多的精力放在庭审和裁判上，难免出现忽略其他环节的情况。

第十，一些技术性制约亟待破解。现有的信息系统、信息标准不统一、系统不兼容，导致大量的司法数据难以有效整合、共享，影响告知效率和告知效果，因此，在方便审判人员办案方面还需要进一步优化升级。

第十一，对档案管理尚需提升到信息安全的高度加以认识。信息化在方便管理的同时，也会带来信息安全的问题。但法院长期关注的是庭审、文书公开中对当事人信息、案件信息的保密工作，对司法审判流程中产生的各类信息的安全性缺乏应有的关注，认为案卷只是一个个孤立案件的记录，忽视了数据挖掘所可能产生的价值及负面效果。

（三）2015年浙江法院阳光司法的问题

1. 发现的问题

（1）诉讼指南公开质量仍然需要提高

虽然诉讼指南公开的情况比上一年有改善，但也还有一些不够规范的问题。

首先，发布形式不规范。通过对全省法院门户网站公开的诉讼指南的检索、比对，项目组发现，不少法院诉讼指南发布形式仍不规范。

其一，诉讼指南栏目的功能定位不准确。诉讼指南栏目是门户网站集中发布诉讼指南的平台，设置该栏目是为了方便公众快捷查找诉讼指南方面的信息，但有的法院由于定位不准，在栏目中发布了一些无关信息。如某法院的诉讼指南栏目发布了典型案例、诉讼文书样式等内容，栏目的作用没有有效发挥。

其二，发布的图片上的内容难以辨识。评估发现，有的法院以图片的格式上传了部分诉讼指南的内容，但是图片上的字难以辨识，如某法院的一审案件审判程序，字迹不清，无法辨识具体的内容；又如有的法院的立案审理流程图，部分背景颜色与字体颜色没有协调好，导致部分文字无法识别，通过下载高清图片才能看清；再如，某法院的民事诉讼流程图字迹不清，难以识别。

其三，有的法院在发布诉讼指南时存在重复发布内容、序号错乱、格式不统一的现象。比如，有的法院就同样的内容连续发布两次，如某法院发布了两次题为《起诉——走好第一步》的信息，关于“再审”发布了题为《申诉再审指南》和题为《申请再审》两篇文章，两篇文章的内容基本一致；某法院的“诉讼指南”子栏目诉讼常识下发布的内容序号混乱；某法院的“民事答辩状”除了有下载链接还可直接在页面上看到，但“民事起诉状（个人）”则需要下载才能看到；某法院诉讼文书下载标题点击后没有内容，但是在“诉讼指南”栏目下面的子栏目“常用诉讼文本格式”里面却有内容，说明两个信息链接不一致，相关栏目连通性不佳。

其四，不同平台的公开内容不统一。有的法院有两个网站，如浙江省高级人民法院同时运行浙江法院公开网和浙江法院新闻网，两网所发布的诉讼指南内容不一致，这一点在 2014 年度评估中已经指出过。某中院的诉讼指南栏目中，仅子栏目“诉讼常识”链接到浙江法院公开网，自身的诉讼指南栏目下面却还有很多关于诉讼常识的内容，内容重复。

其次，内容有误、不全面的情况仍然存在。首先，部分法院的诉讼指南存在内容矛盾、错误的情况。有的法院发布的诉讼指南内容不一致、表述矛盾。如某法院申请再审指南中，正文部分前面写的是“申请再审，应当在判决、裁定和调解书生效后两年内提出”，正文最后部分写的是“您一般应当在判决、裁定发生法律效力后六个月内提出再审申请”。再如某法院的再审申请期限，在“申请再审”里面写的是两年，在“申请再审须知”里面是写的是六个月。有的法院子栏目标题和内容不符，某法院有一个栏目标题是刑事自诉诉讼流程图，点击打开后里面显示的是申请国家赔偿案件的流程。有的法院完全照抄其他法院的内容，有的基层法院的上诉条件完全复制中级法院的上诉条件，其中，“如果您对本市基层人民法院的一审裁判结果不服，可以向上级法院提出上诉，请求上级法院再次审理您的案件。对我院的一审案件不服，可以向浙江省高级人民法院提出上诉”这段文字只适用于中级人民法院一审的案件，并不符合基层法院一审案件的上诉条件。有的法院的诉讼指南栏目中出现“行政自诉”字样。有的法院诉讼指南漏字，导致关键内容无法理解，某法院在再审条件中写道“这里要特别提醒您，如果您要申请再审，应当在判决、裁定和调解书生效后六个内提出”，“六个内”中间显然漏了“月”字。

再次，不少法院的诉讼指南依旧存在更新滞后的情况。诉讼指南更新不及时的问题自2013年项目组开始评估时就存在，但时至今日，仍然在部分法院发现了类似问题。如2013年1月1日起施行的新民事诉讼法规定，申请再审，应当在判决、裁定发生法律效力后六个月内提出，之前的“两年”改为了“六个月”，但评估发现，很多法院所发布的诉讼指南对再审申请期限的描述仍是“两年”，没有参照新法进行更新。如某法院2005年发布的再审条件至今还留存在网站上，内容未更新。2015年，部分法院更新了网站，网页内容显示当年重新上传了诉讼指南信息，但其发布的再审期限仍为“两年”。还有的法院发布了两个诉讼指南，一个是正确的，另一个是错误的。

最后，不少法院网站发布的诉讼指南内容五花八门，不统一，诉讼活动的一些基本内容发布不全面。

在民事诉讼立案条件方面，在门户网站公开此信息的有69家法院，占65.10%；26家法院门户网站公开了此信息，但内容有错误，占24.53%；10家法院网站未发现有此信息或者链接无效，占9.43%；1家法院无相关栏目。

2015年5月1日，《最高人民法院关于人民法院登记立案若干问题的规定》施行，人民法院对依法应该受理的一审民事起诉、行政起诉和刑事自诉案件，实行立案登记制。但评估发现，有26家法院网站没有根据新民事诉讼法把立案审查更新为立案登记，占24.53%。

在行政诉讼立案条件方面，在门户网站公开此信息的有76家法院，占71.70%；24家法院网站公开了此信息但有错误，占22.64%；5家法院网站未能发现有此信息，占4.72%。

在上诉条件方面，在门户网站公开三类诉讼的上诉条件的有59家法院，占55.66%；仅仅公开部分诉讼的上诉条件的有28家法院，占26.42%；公开上诉条件，但是有错误的有3家法院，占2.83%；无此类信息或者链接无效的有15家法院，占14.15%；1家法院无相应栏目。

在民事诉讼流程方面，在门户网站公开此信息的有13家法院，占

12.26%；有错误的有71家法院网站，占66.98%；有21家法院网站无此信息或者链接无效、图片无法打开，占19.81%；1家法院无相应栏目。

在刑事公诉流程方面，在门户网站公开此信息的有63家法院，占59.43%；有错误或不全的有3家法院网站，占2.83%；有39家法院网站无此信息或者链接无效、图片无法打开，占36.79%；1家法院无相应栏目。

在刑事自诉流程方面，在门户网站公开此信息的有9家法院，占8.49%；有64家法院网站有错误或者信息不全，占60.38%；有32家法院网站无此信息或者链接无效、图片无法打开，占30.19%；1家法院无相应栏目。

在行政诉讼流程方面，在门户网站公开此信息的有12家法院，占11.32%；信息不全或者有错误的有70家法院网站，占66.04%；有23家法院网站无此信息或者链接无效，占21.70%；1家法院无相应栏目。

在民事案件举证须知方面，在门户网站公开此信息的有88家法院，占83.02%；有17家法院网站无此信息或者链接无效，占16.04%；1家法院无相应栏目。

在行政案件举证须知方面，在门户网站公开此信息的有82家法院，占77.36%；公开举证须知，但是内容不全的有1家法院网站，占0.94%；无举证须知或者链接无效的有22家法院网站，占20.75%；1家法院无相应栏目。

在文书样式方面，在门户网站全面提供文书样式（2015年仅考察民事起诉、答辩、民事上诉、再审申请书四类文书）的有37家法院网站，占34.91%；公开文书样式，但是不全的有65家法院网站，占61.32%；无文书样式或者链接无效的有3家法院网站，占2.83%；有1家法院无相应栏目。

在再审条件方面，在门户网站公开申请再审条件的有70家法院，占66.04%；公开再审条件，但是有错误的有25家法院网站，占23.58%；无此类信息或者链接无效的有10家法院网站，占9.43%；1家法院无相应栏目。

在诉讼风险提示方面，在门户网站公开此信息的有 98 家法院，占 92.46%；有 7 家法院网站无此信息或者链接无效，占 6.6%；1 家法院无相应栏目。

（2）权利义务及重大事项告知仍有改善空间

通过对全省法院民商事、刑事案件普通程序及简易程序案卷的抽查，项目组发现，权利义务及重大事项的告知情况相较于前两年有明显改善，但还是存在告知情况不均衡等问题。

首先，基层法院和中级以上法院一审案件的告知情况存在差异。简易程序审理和普通程序审理的案件发送时间要求不同，简易程序审理的案件只要在开庭前发送就算符合条件，普通程序审理的案件须在法定的时间内发送才算符合要求。按照此标准统计显示，除审判人员告知事项外，简易程序审理的案件告知事项的发送情况普遍高于普通程序审理的案件。

以民商事案件为例，其简易程序中的权利义务及重大事项告知普遍较好：向原告发送案件受理通知书的比例为 97.4%；向被告发送应诉通知书的比例为 94.4%；向原告发送举证通知书的比例为 96.3%；向被告发送举证通知书的比例为 95%；向原告发送诉讼须知的比例为 68.4%；向被告发送诉讼须知的比例为 64.1%；向原告发送诉讼风险提示的比例为 88.4%；向被告发送诉讼风险提示的比例为 68.9%；向原告发送外网查询告知书的比例为 86.5%；向被告发送外网查询告知书的比例为 59.4%；向原告发送裁判文书上网告知书的比例为 66.2%；向被告发送裁判文书上网告知书的比例为 53.3%；向原告发送审判人员告知书的比例为 8.4%；向被告发送审判人员告知书的比例为 8.8%。

在基层法院和中级以上法院审理的一审民商事案件，呈现向原告告知较好、向被告告知较差的现象。具体情况如下：向原告发送案件受理通知书的比例分别为基层法院占 97.2%，中级以上法院占 88.5%；立案之日起 5 日内向被告发送应诉通知书的比例分别为基层法院占 44.5%，中级以上法院占 34.3%；向原告发送举证通知书的比例分别为基层法院占 96.9%，中级以上法院占 92.3%；立案之日起 5 日内向被告发送举证通知书的比例分别为基层法院占 46.6%，中级以上法院占 32.6%；向原告发送诉讼须知的比例分别为基层法院占 65.3%，中级以上法院占 55.8%；立案之日起 5 日内向被告发送诉讼须知的比例分别为基层法院占 31.5%，中级以上法院占 23.1%；向原告发送诉讼风险提示的比例分别为基层法院占 88.9%，中级以上法院占 71.2%；立案之日起 5 日内向被告发送诉讼风险提示的比例分别为基层法院占 31.9%，中级以上法院占 21.2%；向原告发送外网查询告知书的比例分别为基层法院占 84.4%，中级以上法院占 67.3%；立案之日起 5 日内向被告发送外网查询告知书的比例分别为基层法院占 26.7%，中级以上法院占 19.2%；向原告发送裁判文书上网告知书的比例分别为基层法院占 61.5%，中级以上法院占 53.8%；立案之日起 5 日内向被告发送裁判文书上网告知书的比例分别为基层法院占 21.5%，中级以上法院占 21.2%；合议庭组成人员确定后 3 日内向原告发送告知书的比例分别为基层法院占 70.5%，中级以上法院占 63.4%；合议庭组成人员确定后 3 日内向被告发送告知书的比例分别为基层法院占 59.5%，中级以上法院占 36.5%。

从民商事案件告知事项的发送情况看，简易程序审理的案件中，除审判人员告知事项发送情况的比例偏低以外，其他事项的发送情况都要好于适用普通程序审理的案件。对比 2014 年度普通程序审理案件告知事项的发送情况发现，2015 年度多项告知书的发送情况都有稳步的提升，其中诉讼须知事项的发送比例增幅明显，2014 年基层法院和中级法院发送的比例为原告 45.9%、16.9% 和被告 26.3%、10.8%，2015 年分别提升至原告 65.3%、55.8% 和被告 31.5%、23.1%。但向被告告知诉讼风险和外网查询通知书的情况明显低于 2014 年度，这一比例的降低与 2015 年度对向被告发送事项的时间限制更为严格有一定关系。

再以刑事案件为例，在刑事案件的告知方面，简易程序中审判人员信息及出庭通知书的发送情况较差，中级以上法院一审告知比例普遍高于基层法院。

其中，在简易程序方面，向被告人发送起诉书副本的比例为

100%；向被告人发送诉讼须知（或权利义务须知）的比例为64.1%；向被告或者辩护人发送审判人员通知书的比例为15.4%；向辩护人发送出庭通知书的比例为8.9%（另有84.8%的案件无辩护人）。

而在普通程序方面，开庭10日前向被告人发送起诉书副本的比例，基层法院和中级以上法院分别为99.8%和100%；开庭10日前向被告人发送诉讼须知（或权利义务须知）文本的比例，基层法院和中级以上法院分别为57.7%和71.9%；向被告或者辩护人发送合议庭组成人员通知书的比例，基层法院和中级以上法院分别为49.9%和66.7%；开庭3日前向辩护人发送出庭通知书的比例，基层法院和中级以上法院分别为46.3%（另有32.6%无辩护人）和75.4%。

通过数据分析可知，简易程序审理的案件，向被告发送审判人员组成通知书的事项的比例远远低于普通程序审理案件的发送比例。普通程序案件在各项文书发送比例上都有提升，在诉讼须知（或权利义务须知）的发送方面，2015年度较2014年度的告知情况有了明显的提升。合议庭组成人员告知情况提升幅度近50%。可见，各法院对此项的重视程度有了明显的提升。

其次，中级以上法院的二审或者再审程序中的告知情况相对较差。以民商事案件为例，中级以上法院向上诉人（含再审申请人）发送上诉案件受理通知书、举证通知书、诉讼须知及在法定期间向上诉人发送合议庭组成人员通知书的比例分别为32.4%（2014年为46.7%）、42.7%（2014年为48%）、25%（2014年为22.7%）和73.5%（2014年为69.3%）。中级以上法院在法定时间内向被上诉人（含再审被申请人）发送上诉案件应诉通知书、举证通知书、诉讼须知以及合议庭组成人员通知书的比例分别为23.5%（2014年为18.7%）、25%（2014年为41.3%）、36.8%（2014年为21.3%）和61.8%（2014年为69.9%）。其中，个别项目较2014年有所下降。

在刑事抗诉案件方面，在开庭10日前向被抗诉人发送抗诉书副本的比例为77.7%，向被抗诉人或其辩护人发送诉讼须知（或权利义务须知）的比例为11.1%，向被抗诉人或其辩护人发送合议庭组成人员的比例为 33.3%，开庭 3 日前向辩护人发送出庭通知书的比例为 44.4%（另有 44.4% 的案件无辩护人）。

在刑事上诉案件方面，在开庭 10 日前向被上诉人或其辩护人告知诉讼须知（或权利义务须知）的比例为 20.4%，向被上诉人或其辩护人发送合议庭组成人员的比例为 44.5%，开庭 3 日前向辩护人发送出庭通知书的比例为 31.5%（另有 25.9% 的案件无辩护人，25.9% 的案件有辩护人但未开庭，1.9% 的案件既无辩护人也未开庭）。

综上可知，中级以上人民法院向诉讼当事人发送诉讼权利义务及重大事项告知文书的比例普遍偏低。虽然合议庭组成人员告知书的发送比例较 2014 年的 18.7% 有了很大的提高，另外，开庭 10 日前向被抗诉人、上诉人、被上诉人或者再审当事人及其辩护人发送诉讼须知（或权利义务须知）文书的比例较 2014 年度的 1.8% 有了质的飞跃，但该比例依然偏低，尤其是二审程序的告知工作有待加强。

最后，各项权利义务及重大事项的告知情况依然不均衡。根据数据统计分析，全省三级法院对权利义务及重大事项的告知情况比 2014 年度总体上有了一定的提高，但是依然表现出不均衡性。

总体来看，民商事案件的告知情况好于刑事案件，简易程序审理案件的告知情况好于普通程序案件，一审程序案件的告知情况好于二审程序案件。如，民商事简易程序审理的案件告知情况相对较好，各告知事项发送比例显示较高，但审判人员组成情况告知比例较低，只有 8.4%—8.8%。而民事二审程序案件，除合议庭组成人员发送比例高于 60% 之外，其他事项告知比例均明显偏低。

2015 年度评估显示，诉讼须知（权利义务告知书）和审判人员组成通知书的发送情况较 2014 年度有了很大的进步，但是发送比例依然偏低。2015 年度将裁判文书上网告知事项纳入民商事一审案件评估，评估发现，该项指标的发送情况居于偏后水平。综合所有法院的所有类型案件的告知事项发送情况，各事项的发送比例从 8.4% 到 100% 不等，严重失衡，各法院还须对照发送情况，加强各种文书的发送，保证对诉讼当事人权利的保护。

民商事案件中，各级法院对原告、被告发送各告知事项不均衡的情况虽有明显好转，但问题依然普遍存在。以外网查询告知书为例，2014年度评估结果显示，一审案件中，基层法院对原告、被告的告知比例分别为70.8%和31%（含超期发送的情况）；2015年度一审普通程序案件的告知比例分别为84.4%和51.4%（含超期发送的情况）。

（4）公民旁听权利保障存在一定问题

首先，对于“旁听规则”的称谓不规范。关于如何旁听，各个法院所发布的信息名称五花八门，一般有以下几个名称：“法庭规则”“庭审权利义务指南”“旁听事项”“庭审注意事项”“庭审旁听人员要注意哪些规定”“诉讼参与人与旁听人员注意事项”“庭审旁听须知”。“旁听规则”公开的位置也不一致，有的法院将其放置到“诉讼权利义务须知”中，作为“诉讼问答”的一部分内容。

其次，关于旁听的规则不明确。106家法院网站中，只有49家网站发布了明确的旁听规则，可以有效指引公众参与旁听。但有19家法院网站发布的旁听规则并非是针对来本院旁听的，而是对旁听的泛泛描述，不能指引公众有效参与旁听。还有的法院网站发布的旁听事项中没有说明是否需要出示身份证。有的法院的法庭规则中的有效证件指代不明确，当事人并不清楚有效证件都包括什么。另有38家法院网站没有发布旁听规则。

旁听规则应写清楚公众如何参加旁听，是否需要带证件，带什么证件，以及是否需要提前预约，如何预约。每个法院应根据自己的情况详细、明确地说明旁听规则，而不是简单地将《中华人民共和国人民法院法庭规则》中的几条内容直接复制粘贴到网站上，因为这样，公众仍然不清楚如何申请旁听。

（5）庭审同步录音录像质量顽疾仍存

同步录音录像是法院庭审行为电子化、信息化的重要方式，但本次调研发现，个别法院由于自身硬件设备、人员操作等问题致使庭审行为没能有效电子化或电子化后的信息没能有效存储。另外，也有的录像质量不佳，影响庭审过程的回溯。

不少法院存在设备故障、错误操作导致录制不成功的问题。部分法院由于庭审录像设备故障，导致所调取的部分案件庭审未进行有效录像或录像未有效存储，以致最终未提供相应案件的庭审录像。有的法院由于存储庭审录像的硬盘不可修复性损坏而未提供庭审录像。个别法院由于法院庭审录像系统调试或系统故障，致使部分指定的案件未能有效录像或录像未能有效存储。此次评估的现场调卷过程中，项目组还发现部分指定的案件由于法院书记员等工作人员的工作失误，部分案件未能有效录像或未有效存储。此外，还有一些其他原因导致的庭审录像不成功，如有的案件由于是在大年初七开庭，负责设备运行的人员在忙其他事情，未能有效录像。这说明在庭审同步录音录像的管理上还有需要规范和加强的地方。

（6）庭审行为的规范化程度有待提升

庭审是由法院代表国家在个案中行使司法权的过程，审判人员、书记员和法警是代表国家行使公权力的公职人员，其着装和举止都将影响法庭的威严。因此，《人民法院法庭规则》《法官行为规范》《人民法院书记员管理办法》《人民法院司法警察暂行条例》等对上述人员在庭审过程中的行为规范有明确的规定。但本次评估发现，有 180 个庭审录像中的审判人员存在未能遵守法庭纪律的情形，57 个庭审录像中的法警存在违反法庭纪律的情形，主要表现为：审判人员着装不规范，未按规定穿着法袍；部分审判人员因不明原因擅自离席；审判人员把玩手机或平板电脑；审判人员举止不规范，有玩手指、趴在桌子上睡觉等小动作，影响庭审的庄重与威严；法警擅自离席，法警举止不规范，如跷二郎腿、交头接耳、抖腿、抠指甲等。

2. 原因分析

首先，对司法公开的具体工作重视程度不够。虽然各法院普遍都较为重视阳光司法工作，甚至不少法院将其作为一把手工程，或者作为年度性重点工作，重视程度不可谓不高。但从评估结果看，仍存在对一些具体工作重视程度不高的问题。如诉讼指南板块已经连续评估了 3 年，很多问题都已经连续指出了多次，不少法院虽然也对网站做了优化、改版，但诉讼指南的问题依旧存在，一些老问题还没有整改，这说明类似的具体问题可能正成为阳光司法的“死角”，应当引起重视。

其次，在司法公开工作中仍缺少换位思考。无论是诉讼指南、旁听规则，还是权利义务及重大事项的告知，都是法院一厢情愿地公开、告知，就公众或者案件当事人的感受及获得感而言，未必达到了预期的公开效果。各类事项的公开或者告知上，普遍存在重告知形式、轻告知内容的问题，不少公开的事项难以达到引导公众正确参与诉讼活动的效果。这说明，不少法院的司法公开工作还没有摆脱自身工作的局限、没有跳出自身工作的思维定式，还没有真正站在一个普通公众甚至一名案件当事人的角度考虑其获取司法信息的真实需求的立场上思考问题。

最后，司法公开制度和社会环境还不理想。目前，法院审判工作普遍面临案多人少的压力，且由于人员流动性大、社会诚信环境差、司法公信力和权威不足等因素，导致案件办理的复杂程度超乎想象，不少案件耗费的司法成本较高。在这种情况下，一些法院尤其是案件量多的法院考虑更多的还只能是如何在审限内把案件裁判好、把纠纷解决好。因此，在权利义务及重大事项告知方面，难以做到尽善尽美，甚至无法达到法律和司法解释的最低要求。

（4）软硬件设备保障不力及操作不规范

虽然近年来法院信息化水平明显提升，信息化投入不断加大，但高清摄录设备的普及率还不理想，不少法院面临设备的升级换代。合格的录音录像设备是法院做好庭审同步录音录像的前提条件。但部分法院的庭审录音录像设备仍不合格，致使庭审录像出现无图像、无声音的情况；或录像设备的清晰度不高，致使呈现的庭审录像不清晰。法院信息化的保障不到位，低质量的录音录像设备难以保障庭审录像的效果。而且，由于信息化技术的应用还不能较为理想地辅助审判人员减轻工作负担，案件信息录入等方面还需要投入大量的人力。此外，不少法院虽然配置了较为先进的硬件设备，但操作人员的熟练程度、责任心、管理规范化程度等都还不理想，影响了设备效能的发挥。比如，由于部分法院录像设备放置在不合理的位置，致使庭审录像不清晰或取景不全，甚至有些法院的庭审录像的画面被遮住了一部分。部分法院对录音录像设备操作不规范，致使录音录像出现断续不连贯、无图像无声音的情况，或多镜头的图像切换过快。这都说明，硬件的操作规范化程度还有待提升。

小结　立案庭审公开的努力方向

2013—2015 年三年时间对浙江三级法院立案庭审公开情况进行评估，评估内容逐步细化和严格，更从主要评估形式性工作向主要评估实质性工作转变，不仅评估了法院的公开工作，还评估了法院审判过程的规范化程度。通过评估，项目组发现了全省法院在立案庭审公开方面取得的成效，找出了存在的问题，也分析了其中的原因。浙江阳光司法实践是一个缩影，从浙江的实践看，对于全国而言，做好立案庭审公开还需要从如下方面入手。

（一）注重诉讼指南的编制与公开工作

各级法院应进一步规范诉讼指南栏目的设置，明确诉讼指南的基本要素，并尝试编制诉讼指南模板，提高诉讼指南的公开质量。各法院应当建立专门部门分工负责的机制，对于诉讼指南等信息所依据的法律、司法解释发生立改废的，及时更正网站公开的信息。提高诉讼指南、旁听规则等基本信息的公开质量，避免照搬法律条文，用更加通俗易懂的文字对相关信息做好描述和说明，并达到符合法律条文规定、明确办事依据及办事流程的标准。建议由浙江省高级人民法院或者各地中级人民法院统一组织诉讼指南的编写工作。编写过程中最好广泛征求律师和社会公众的意见建议，了解其希望通过诉讼指南获取哪些方面的信息，评估如何编写更有助于方便公众了解诉讼条件、流程与自身权利义务及可能面临的法律风险。编写中注意使用尽可能通俗化的语言，将生硬、死板的法条阐述为生动、直观的道理，让不懂法律的公众一目了然。

（二）加强案卷的管理规范化和标准化

案卷是案件审理流程的记录，也是实现阳光司法的重要载体。建议针对评估发现的案卷管理不规范的问题，进一步制定明确、细化的案卷管理规范，对案卷归档、案卷内容的要求、案卷材料的书写等进行更具体的要求，并不定期检查制度落实情况，加强考核。

法院应注意案卷电子化过程的信息安全问题。无论多少家技术公司参与法院信息化工作，应要求其统一技术标准，实现信息兼容，防止个别企业借助技术标准左右法院信息化。此外，任何企业参与法院信息服务外包，必须遵循国家信息外包服务安全标准，确保包括案卷信息在内的所有法院信息的安全、可控。

（三）提高诉讼权利义务和重大事项告知的实效

司法审判是实现公平正义的最后一道防线，是维护社会公正的有力手段，也是最为神圣庄严的一项工作。其权威性、严肃性决定了法院保障诉讼当事人在审判流程中及时、准确、全面地获知自己的诉讼权利义务、面临的法律风险，同时，法官在审判过程中的一举一动必须以要式行为完成，做到规矩方圆。当事人权利义务和重大事项告知是阳光司法的重要内容，也是立案庭审公开的核心要素，是当前审判流程节点信息公开的关键，及时、全面、准确、有效地向当事人告知权利义务和重大事项，有助于消除当事人对案件审理进度的不解、猜疑，对于服判息诉、提升司法公信力均有重要的作用。不告知、不依规告知，不仅侵害了当事人的权利，还可能导致程序不当和违法，不利于审判工作规范化和公信力的提升。

诉讼权利义务及重大事项告知在立案庭审过程中的重要地位意味着此工作不是可有可无和纯粹形式化的。只有从这个意义上看待此工作，才有可能给予其应有的重视，将诉讼权利义务及重大事项告知融入案件审判流程中，而不视其为额外负担。诉讼权利义务及重大事项告知的对象是当事人，目的是让其了解自身的法律处境，建议各法院在推进阳光司法工作中将其作为各业务庭及承办人的日常工作进行要求与考核，使其切实做到依法告知与送达，而不只是将其作为审判管理或者档案管理的日常工作。

各法院进一步明确告知要求和标准，实现告知内容、方式等的规范化。各法院建议统一各类告知文书的内容、格式，使告知事项能让案件当事人明晰诉讼权利义务和诉讼风险，避免告知的形式化。另外，应为不同案件准备不同类型的告知书文本，如行政案件的告知书文本显然应当与民商事案件的内容有所区别。

为做好诉讼权利义务及重大事项告知提供应有的辅助保障。针对实践中发现的送达回证格式样本及 EMS 详情单记载的项目不能适应目前权利义务及重大事项告知的问题，应及时修改相关的格式文件。尤其是可以考虑针对不同的诉讼类型设计不同的样式的 EMS 详情单，而不是将一个样式套用在所有的案件中，尽可能减少类似“其他”这种模糊的选项，这样，也可以减轻承办人及书记员补充内容的负担。

此外，还应创新诉讼参与人权利义务及重大事项的告知方式。应鼓励法院积极探索权利义务及重大事项告知的工作机制，提升公开效果。各地法院开通了诉讼服务平台，可以推送一部分节点信息，但仅限于此还不够。各法院还应积极参考并借鉴其他法院的先进工作方式、方法和经验，根据自身情况修订文书事项，制定统一的告知文书（包括告知文书的内容与格式）以及发送要求。这在保证诉讼当事人权利的同时，也便利了自身的工作。面对案多人少、事项繁杂等情况，法院应当研究增加司法辅助人员的可能性，设置专门岗位配合案件办案人员来整理与完善告知内容与程序。尤其是文书电子化以后，工作量的加大，给办案人员带来了极大的困扰，有专人保管与录入数据库并修订数据库就可以避免一些不规范及错误的情况。

（四）重视庭审同步录音录像工作

第一，应加强对庭审录像的硬件设备和软件系统的定期检查和维护，保障其正常运行。法院应指派专门的技术人员负责该事项，这不仅可以排除庭审录像硬件和软件设备的既有问题，也能预防未来的设备和系统风险，保障庭审录音录像的顺利进行。第二，应加大科技法庭的建设力度，按照标准配置设备。对于个别硬件设备落后于目前需要或者有严重故障的情况，应当一步到位地升级为最先进的设备，避免短期内再次重复投入。第三，应当加强对庭审同步录音录像的管理，如注意录音录像设备的放置位置，注意使庭审录像能够将所有的诉讼参与人录入镜头，并保持录像清晰。必要时需升级录音录像设备。第四，注意提高录音录像设备操作的规范化程度，定期对法院书记员进行操作庭审录音录像硬件设备和软件系统培训。在条件允许的情况下，派专门人员负责庭审的录音录像工作。第五，注重提高审判人员对庭审录音录像的重视程度，庭审过程中，当庭审同步录音录像设备出现问题时，审判人员可以暂时中止庭审的进行，待问题解决后继续庭审活动。如果诉讼参与人没有打开庭审录音设备或者未正确使用录音设备，审判人员可给予适当的提示。

第四章

裁判文书公开

裁判文书是法院行使审判权、认定案件事实、阐释法律适用裁断各类纠纷的最终载体和集中表现形式，是当事人法律关系认定、权利义务确定的重要文书，也是整个审判活动的集中反映和最终结晶。公开裁判文书是司法公开的重要内容，有助于让诉讼参加人、社会公众信服裁判结果，也是展示法院公正断案，引导和规范公众行为，倒逼司法水平提升和司法公正的重要手段。另外，公开裁判文书对于法制宣传、法学研究、案例指导、统一裁判标准等也具有重要意义。按照法律规定，裁判文书要送达给当事人才生效，因此，裁判文书公开的重点在于向社会公众公开，具体是指司法机关将裁判文书通过网络等途径向社会公众公开。

一　评估指标和方法

（一）2013 年裁判文书指标设计

为了准确把握法院在推进裁判文书上网过程中取得的成效和存在的问题，项目组在连续三年对浙江 105 家法院（2013 年是 103 家）进行阳光司法指数评估的过程中，始终将裁判文书公开作为重要的评估指标。

2013 年评估时，全国法院还停留在主要通过其自身网站平台公开裁判文书的阶段，因此，当年的评估指标包括 6 项二级指标，即裁判文书的上网公开率、裁判文书栏目内容的及时更新、上网裁判文书的技术处理、网站的裁判文书检索功能、公众对裁判文书的意见反映渠道、公众申请查询裁判文书的渠道。裁判文书评估自 2013 年 4 月 15 日启动，至 6 月 19 日全部结束。评估采取观察法院门户网站公开裁判文书情况、提取浙江省高级人民法院集控中心的相关统计数据、法院自报信息和项目组验证相结合的方法。

项目组从浙江省高级人民法院集控中心提取了 2012 年 12 月 23 日至 2013 年 3 月 22 日间各法院结案数量（不含调解结案和撤诉案件），统计了各法院在其门户网站公开上述文书的数量。为了确保裁判文书统计的准确性和效率，项目组运用计算机技术提取全省各法院在自身门户网站公开裁判文书的数据，并由项目组成员进行核对统计，统计截止日期为 2013 年 6 月 11 日。

为了评估和调研各法院落实公众查询裁判文书的情况，项目组要求各法院自报是否允许与案件无关的公众查询裁判文书，以及是否有专门机构和人员负责处理查询业务的情况，并在 2013 年 6 月 13—18 日以匿名方式，通过电话咨询进行验证。

（二）2014 年裁判文书公开指标

2014 年评估中，项目组根据 2013 年出台的《最高人民法院关于人民法院在互联网公布裁判文书的规定》《浙江省高级人民法院关于打造司法公开三大平台全面深化阳光司法的工作要点及分工方案》《浙江省高级人民法院关于在互联网公布裁判文书的实施细则》《浙江省高级人民法院关于规范全省法院门户网站栏目设置和运营管理的意见》等文件，对裁判文书公开板块的评估指标进行了优化。

无论是案件当事人，还是社会公众，其所关心的不仅仅是案件的审判流程，还关心案件的审判结果，特别是法院得出某一审判结论的事实根据、法律依据。因此，裁判文书说理充分，是让人民群众在每一个司法案件中感受到公平正义的必然要求，也是确保当事人服判息诉，维护并提升司法权威的必然要求。随着裁判文书上网发布制度化，大批的裁判文书发布在互联网上，裁判文书的公开问题得到了初步解决，但公开不是最终目的，通过公开向公众展示法官认定案件事实、适用法律、得出裁判结论的推理过程，才能真正实现文书公开对于提升司法水平、规范司法权力运行的倒逼作用。

为此，2014 年的评估对裁判文书公开平台、裁判文书不上网审批及裁判文书说理情况进行了评估。

裁判文书公开平台是公众获取裁判文书的主要路径，也是阳光司法评估的主要内容。项目组主要考察全省 3 级 105 家法院利用本院网站以及中国裁判文书网、浙江法院法律文书检索中心、浙江法院公开网等平台公开裁判文书的情况。随着《最高人民法院关于人民法院在互联网公布裁判文书的规定》的实施，中国裁判文书网正在成为统一集中发布裁判文书的平台，最高人民法院、浙江省高级人民法院对此均有明确要求。通过统一平台发布裁判文书具有标准统一、检索方便、减少重复建设等优点。在评估中，项目组主要对各法院门户网站是否建有裁判文书栏目，是否对裁判文书应在中国裁判文书网统一发布做出提示，裁判文书栏目是否可以直接链接到中国裁判文书网、浙江法院法律文书检索中心或浙江法院公开网进行公开等情况进行了观察、验证。

根据《最高人民法院关于人民法院在互联网公布裁判文书的规定》，裁判文书不宜上网的，法院应履行审批手续。《浙江省高级人民法院关于在互联网公布裁判文书的实施细则》明确要求，独任法官或者合议庭认为裁判文书不宜在互联网上公布的，应当提出书面意见及理由，由所在部门负责人审核后报主管院领导审定。为此，根据上述规定，项目组对各法院自《浙江省高级人民法院关于在互联网公布裁判文书的实施细则》实施以来到 2014 年 5 月下旬实际评估时，履行不上网公布审批手续的情况进行了统计分析，评估其审批手续履行的实际状况。

项目组 2014 年在指数评估中增加了裁判文书说理情况的评估内容。评估内容包括：①裁判文书是否全面归纳了诉辩主张；②对当事人的诉求是否均做出了回应；③对双方当事人提供的证据经质证意见不一的，裁判文书是否说明应否采信及其理由；④裁判文书是否阐述了针对案件事实适用某法律规定的理由，即是否说明了适用的法律条文以及为什么适用该法律条文；⑤裁判文书是否附有所适用的法律条文依据。

对裁判文书公开平台运行状况的评估时间为 2014 年 6 月 26 日—7 月 8 日。在此期间，项目组对全省法院门户网站裁判文书栏目设置情况等进行了数据采集、统计分析。

此外，项目组在 2014 年 5 月 25—30 日到各法院现场调取电子案卷时，还要求各法院在报送电子案卷的同时提供本法院 2014 年 1 月 1 日至调取案卷当天的不上网公布审批表，并进行集中扫描。之后，项目组对不上网公布审批表中的案件号、所属法院、所属地区、承办人提交审批时间、主管院领导审批时间、使用审批表样式、是否单独审批、不上网公布文书类型、不上网公布理由、4 月 17 日前使用浙江省高级人民法院审批表的格式进行审批的情况[①]等信息点进行了录入和统计分析。同时，项目组还通过浙江省高级人民法院集控中心调取了全省法院 2014 年 5 月 4—23 日上网裁判文书、不上网裁判文书的统计数据。

项目组从 2014 年 5 月调取的案件中抽取裁判文书评测裁判文书说理情况，每家法院只抽取一个裁判文书，以民事案件为主，且此次暂不涉及缺席审判的案件，因此，如果个别法院无可选的民事案件（如全部为缺席判决），则以刑事案件的裁判文书替补。

（三）2015 年裁判文书公开指标

2015 年度的评估中，项目组在 2014 年度评估指标体系的基础上，依据现行法律、司法解释、《最高人民法院关于推进司法公开三大平台建设的若干意见》《最高人民法院关于人民法院在互联网公布裁判文书的规定》，以及浙江省高级人民法院最新出台的《关于打造司法公开三大平台全面深化阳光司法的工作要点及分工方案》《关于在互联网公布

① 《浙江省高级人民法院关于在互联网公布裁判文书的实施细则》于 2014 年 4 月 17 日发布，并提供了“不上网公布审批表”（样表）。

裁判文书的实施细则》等规定，结合2014年度评估情况，对2015年度浙江法院阳光司法指数指标体系进行了修改与完善。

该年度文书公开板块的评估内容集中在裁判文书的说理情况上。随着最高人民法院开通中国裁判文书网以及浙江省高级人民法院开通浙江法院公开网，浙江全省各级法院的裁判文书已经通过这两个平台集中对外发布。但由于上网时间节点的设定不尽合理，各法院普遍难以核算应上网裁判文书的数量，裁判文书上网率计算方法不够科学，难以真实反映各法院公开裁判文书的实际情况。因此，2015年度不以裁判文书上网率及各法院的上网绝对数量作为裁判文书公开的评价标准。此外，由于2014年不少法院反馈法院信息系统统计的不上网数据不准确，2015年度也不对不上网审批手续进行评估。

裁判文书板块的具体评估内容与2014年度相同，不再赘述。

所评查的裁判文书均由项目组从2015年5月在浙江各法院调取的案件中抽取，每家法院抽取5个非缺席审判、以普通程序审结且未采用简式裁判文书的案件。一般情况下，抽取3件民商事案件裁判文书、2件刑事案件裁判文书，如个别法院无可选的民商事案件裁判文书（如全部为缺席判决），则以刑事案件的裁判文书替补。

二 裁判文书公开的成效

（一）2013年浙江法院阳光司法的亮点

1. 以信息化手段保障裁判文书公开广度

从对本板块的评估和调研情况看，全省103家法院均在网站上公开了裁判文书，所有网站都设置了裁判文书栏目，并通过该栏目集中发布裁判文书。浙江省高级人民法院所开通的浙江法院法律文书检索中心，作为裁判文书统一发布平台，也为各法院通过网站发布裁判文书提供了重要的渠道。

2013年度评估以裁判文书确定时间，即落款时间为节点，随机抽验每个法院通过网站公开的10件裁判文书，检查其上网公开时间。结果显示，有4.9%的法院的被抽查裁判文书全部能够在落款时间后的30

日内上网公开[①]，有6.8%的法院的被抽查裁判文书一半以上能够在落款时间后的30日内上网公开。

2. 注意保护裁判文书中当事人的个人信息

在公开裁判文书时对案件当事人的个人信息进行必要的处理，是防止案件当事人因为裁判文书公开遭受骚扰或者引发人身、财产损失的必然要求，也是最高人民法院及浙江省高级人民法院公开裁判文书的明确规定。对裁判文书中的个人信息进行必要处理，也有助于降低当事人对裁判文书上网公布的抵触情绪。本次评估中，项目组在每个法院的门户网站随机抽取10件文书，检查了对当事人个人信息进行技术处理的情况。结果发现，所有被抽查案件均对当事人个人信息进行了技术处理的法院占64.1%，有5—9件文书进行了技术处理的法院占18.4%。其中，基层法院对裁判文书中的个人信息作技术处理的比例高于中级法院，达68.9%，中级法院为33.3%（见图4－1）。

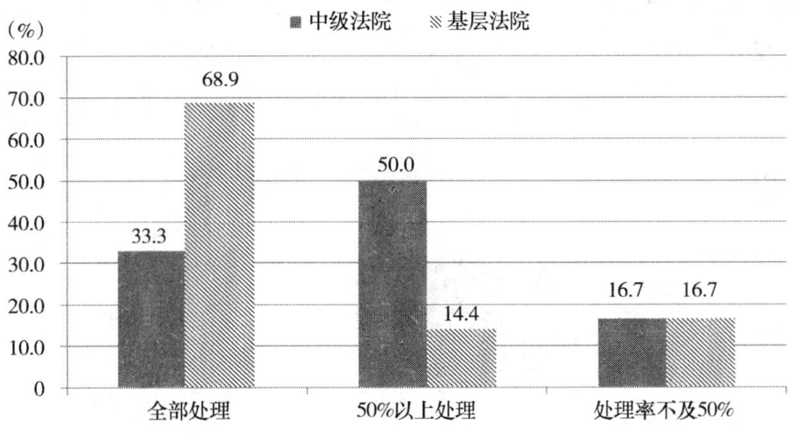

图4－1　被抽查裁判文书对当事人个人信息进行技术处理的情况

（截至2013年6月30日）

① 为了便于统一评查，2013年评估指标体系确定上网时间应在落款后30日内上网公开。2014年浙江省高级人民法院出台的《关于在互联网公布裁判文书的实施细则》明确规定，一审裁判文书无论生效与否，应在归档报结一个月内完成隐名等技术处理工作，并确认提交手续。浙江省高级人民法院的这种做法还是很超前的。因为2016年出台的《最高人民法院关于人民法院在互联网公布裁判文书的规定》第七条仍将生效裁判文书上网作为前提条件。

3. 法院网站为裁判文书提供了检索功能

对裁判文书提供专门的检索功能，是为了使公众通过网站获取裁判文书时更为便捷。有 54.4% 的法院提供了专门针对裁判文书的综合检索功能，有 7.8% 的法院虽没有提供综合检索功能，但提供了简单检索功能。另外，浙江省高级人民法院所提供的裁判文书集中公开平台也提供了比较全面的综合检索功能，可以使用法院、案件类型、文号、关键词等搜索词进行文书检索。

4. 为公众提供裁判文书的意见反馈渠道

在做好公开工作的同时，注重加强与公众的互动，既可以提升公众对司法活动的关注度，又有助于了解公众意见和诉求，查找法院工作的不足，推动完善法院工作。在裁判文书公开方面，有多家法院通过门户网站配置了专门针对裁判文书的意见反馈渠道，发布公众就裁判文书的公开形式、内容等提出的意见建议。103 家法院中有 6 家法院（含 1 家中级法院、5 家基层法院）配置了裁判文书的公众意见反馈渠道。这些反馈渠道，有的是联系电话（见图 4－2），有的是在线意见反馈平台（见图 4－3），还有的直接设立了“文书纠错有酬”栏目（见图 4－4），鼓励公众挑错。

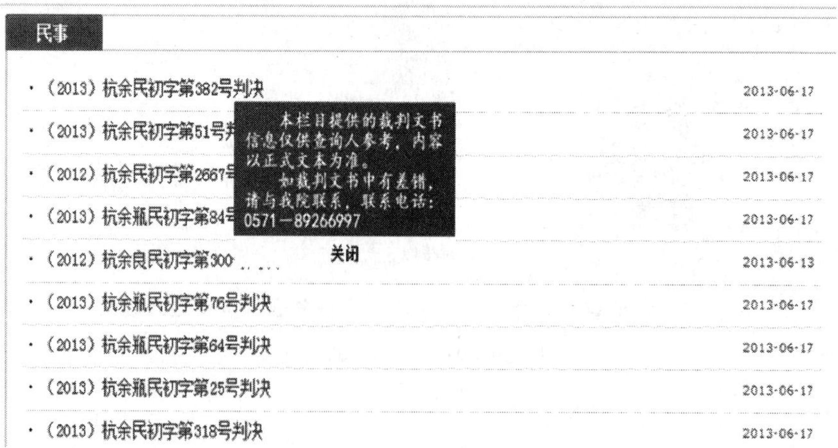

图 4－2　裁判文书的公众意见反馈渠道（电话）

（截至 2013 年 6 月 30 日）

评论规则：

允许网友发表匿名或署名评论。评论仅限于裁判文书的格式、逻辑说理、文字表述等与裁判文书相关的内容，禁止发表与裁判文书无关的评论，禁止发表违反法律、法规或带有侮辱、诽谤、人身攻击性质的评论。

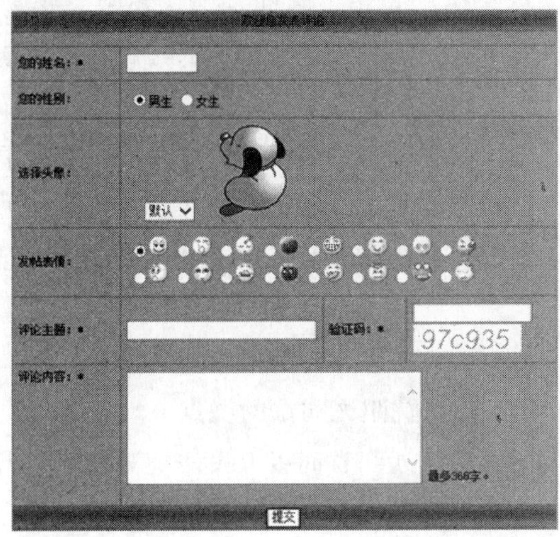

图 4－3　裁判文书的公众意见反馈渠道（网络）

（截至 2013 年 6 月 30 日）

裁判文书纠错及处理意见表

<table>
<tr><td>裁判文书案号</td><td colspan="3"></td></tr>
<tr><td>指错内容</td><td colspan="3"></td></tr>
<tr><td>您的姓名</td><td></td><td>联系电话</td><td></td></tr>
<tr><td>您的邮箱</td><td colspan="3"></td></tr>
<tr><td colspan="4">以上网民填写（请您填写真实有效的联系信息，以便我们寄付稿酬）</td></tr>
<tr><td>错误认定</td><td colspan="3"></td></tr>
<tr><td></td><td colspan="3"></td></tr>
</table>

图 4－4　征集公众对裁判文书意见的表格

（截至 2013 年 6 月 30 日）

5. **为公众查询生效的裁判文书提供便利**

现行《民事诉讼法》规定，除涉及国家秘密、商业秘密和个人隐私的内容外，公众可以查阅发生法律效力的判决书、裁定书。公众享有申请公开生效裁判文书的权利，是保障公众对司法活动知情权的重要规定，这意味着裁判文书不能再作为秘密深藏于法院档案中。根据各法院自行填报的信息和项目组电话验证的结果，共有 16 家法院表示允许与案件无关的公众查询生效的裁判文书，但需要提供身份证明、介绍信、用途等材料。

（二）2014 年浙江法院阳光司法的亮点

随着最高人民法院、浙江省高级人民法院对裁判文书公开的要求不断细化，浙江全省各级法院裁判文书公开情况明显改善。

1. **司法公开制度建设趋于完善**

制度建设是明确努力方向、保障实施效果的基础。尽管最高人民法院公布了新的裁判文书上网规定（即 2013 年发布的《最高人民法院关于人民法院在互联网公布裁判文书的规定》），但在公开范围、公开的例外、公开方式、公开时间节点等方面仍存在一些不够明确之处。对此，浙江省高级人民法院先后下发了多个文件，尤其是《浙江省高级人民法院关于在互联网公布裁判文书的实施细则》结合司法实践，进一步明确了公开的节点、不公开的范围、不公开的审批等内容，使裁判文书上网发布的标准更加明晰、操作性更强；《浙江省高级人民法院关于规范全省法院门户网站栏目设置和运营管理的意见》则对门户网站裁判文书栏目设置、功能等做了具体的要求，以使各法院参照这些要求进行网站改版，增强文书上网公开的效果。

2. **裁判文书栏目建设成效显著**

评估中发现，21% 的法院在门户网站的裁判文书栏目或者网站首页的醒目位置，刊登了裁判文书上网发布和查询的提示。在对案卷进行评查时，项目组也发现，一些法院在原有的外网查询告知书的基础上，新增了裁判文书上网公布及查询告知内容。另外，42.9% 的法院裁判文书栏目提供了中国裁判文书网的链接，其中有 28.6% 的法院提供的链接可以直接转至中国裁判文书网中公布该院裁判文书的页面，有 1 家法院提供的文书直接链接到了中国裁判文书网上公布的文书。有 21% 的法院在裁判文书栏目中提供了转向浙江法院法律文书检索中心或浙江法院公开网的链接。

3. 完善裁判文书上网配套机制

项目组在现场调取数据时了解到，为了提高裁判文书上网公布的规范化程度，缓解业务庭的工作压力，有的法院进行了一系列的配套机制探索。如杭州中院将裁判文书的上网公布集中到研究室，由研究室安排专人进行审核和数据上传。再如，丽水中院安排专人负责将本院已上网文书和在中国裁判文书网上的发布情况进行即时比对，以确定裁判文书网的上网时间及内容是否出错，对于未上网的裁判文书，及时查明原因。

4. 裁判文书说理呈现不少亮点

首先，所抽查的裁判文书在形式上普遍较为规范。抽查发现，裁判文书在主体内容上普遍具备原被告主张、庭审过程描述、证据质证与认定、法院认定的案件事实、法律适用及结论等部分。

其次，所抽取的案件中绝大多数判决书都全面归纳了当事人双方的主张。对照起诉书、答辩状、庭审笔录，大部分判决书都对当事人双方的主张做了归纳和总结。

（三）2015 年浙江法院阳光司法的亮点

2015 年度通过对全省法院裁判文书的抽查，项目组发现，浙江各级法院多数裁判文书形式规范，在归纳当事人主张、就证据采信及法律适用的说理部分都较为充分。

1. 绝大多数裁判文书形式规范、内容完整

一份完整的裁判文书需要具备首部、事实、理由、主文以及尾部五个部分。抽查发现，各法院的裁判文书普遍具备以上要素，形式上大都遵循了最高人民法院对裁判文书的基本要求。且经对照起诉书、答辩状、庭审笔录等，项目组发现，绝大部分判决书都对当事人双方的主张做了归纳和总结。

2. 部分裁判文书对证据认证表述较为规范

在证据认证环节，无论当事人对证据是否有异议，裁判文书中都要对证据的真实性、合法性及关联性进行认定。其中，对双方当事人有异议的证据，更应加强说理，以便让当事人明白自己提出的证据被采纳或者不被采纳的依据，进而对判决结果真正信服。

在本次评估的525件裁判文书所涉及的案件中，有216个案件的当事人在质证过程中没有对证据提出异议，即有309个案件存在经双方当事人质证对定案证据持有不同意见的情况。评估发现，上述309个案件的裁判文书中，有243个案件的裁判文书对双方当事人质证后意见不一的证据全面做出了说明并明确了是否采信及其理由，占78.64%。

评估发现，部分裁判文书在证据认证部分做得较好，对当事人提出异议的证据总结完整、说理充分。

3. 部分文书对规范性法律文件适用的说明较为规范

法官对案件的裁判过程实际上就是根据证据、判断事实并适用法律得出结果的过程。因此，事实认定和法律适用是裁判文书最关键的内容，这两部分的说理也显得尤为重要。其中，适用哪些法律规定、为什么适用，决定了案件的定性和判决结果，因此，必须对此作出必要的说明。在规范性法律文件的适用方面，部分裁判文书完整引用了所需的规范性法律文件并结合案情进行了说理。如有的案件的裁判文书将所需要的规范性法律文件全部完整引用并结合案情进行了分析。

此外，部分裁判文书还在最后部分附上了所适用的法规条文。裁判文书后附加法条主要有两个作用，一是可以对法官起到约束作用，防止法官滥用、乱用法律；二是便于当事人清晰地看出法官是依据哪些法律规定作出的判决。评估发现，大部分刑事案件中，裁判文书对规范性法律文件的引用都不完整，很多只是罗列法条名称，这样不便于当事人理解裁判文书，因此，裁判文书后附加上作出裁判时依据的法律条文是很有必要的。

4. 部分裁判文书说理充分、推理逻辑严谨

裁判文书旨在对当事人之间的争议进行公平、公正地裁判，因此，要求办案人员在裁判文书中不仅要依据事实和证据对案情进行客观的梳理，更要结合案情，对法律的外在内容及内在精神作出解释。因此，说理充分是制作裁判文书的必然要求，也是评判法律文书水准的重要标准。本次评估发现，不少裁判文书在说理方面能够做到论证充分、逻辑严谨。如有的案件的裁判文书不仅客观认定了案件事实，还从主旨、立法精神等方面对所适用的《继承法》的相关条文进行阐述。

此外，在说理充分的基础上，裁判文书还要求有严密的逻辑性，逻辑严谨的裁判文书不仅便于当事人理解裁判文书中对案件事实的认定和法律适用的依据，更重要的是可以展示审判人员的法律功底和业务水平。本次评估发现，部分法院的裁判文书逻辑性较好，例如：新昌法院某裁判文书列出了一方当事人提出的证据后还写明了该份证据的证明目的，紧接着对另一方当事人的质证以及法院的认证进行了描述分析，这样的做法有助于当事人对证据的质证和采信情况一目了然。长兴法院某裁判文书中分别列出了原被告提出的证据后，单独将每一份证据提出来，并紧接着列明了当事人对证据的质证及法院的认证的情况。

三 裁判文书公开存在的问题

（一）2013 年浙江法院阳光司法的问题

1. 发现的问题

（1）裁判文书未做到以公开为原则

由于当时的裁判文书公开规定没有真正树立以公开为原则的理念，一部分裁判文书未能及时公开。根据最高人民法院及浙江省高级人民法院的规定，裁判文书涉及国家秘密、商业秘密、个人隐私、未成年人犯罪、死（缓）刑等的，不予公开，且公开的裁判文书，如果当事人明确请求不在互联网上公布的，应当及时撤换并备案。这意味着大量的裁判文书可以以各种理由不予公开，特别是，法院难免为了息事宁人，迁就当事人的要求，而对裁判文书作出不予公开的决定。

评估时，有不少法院称应公开的裁判文书做到了100%的公开，但这个统计并不科学，因为，计算百分比的分母应为法院作出的全部文书，而不应是无法确定数量的“应公开”的裁判文书。

项目组发现，不少法院公开裁判文书的时间没有规律，随机性强，往往是几个月集中发布一批，有的则是在最近一两个月集中发布了大批裁判文书，裁判文书发布不均衡、不及时的现象较为普遍。为了鼓励法院及时全面发布裁判文书，项目组对法院特定时间段的裁判文书上网率进行了统计分析。具体方法是，选取所有法院2012年12月23日—2013年3月22日结案的案件数（不含执行案件和减刑假释案件），计算法院2012年12月24日—2013年6月11日通过网站公开裁判文书的数量，其中包含2012年12月23日—2013年3月22日作出的裁判文书的数量。

从统计情况看，各法院的裁判文书上网率参差不齐，在指定期限内上网公布的裁判文书的情况差别较大，有的法院裁判文书的上网率高达78.9%，有的则为0。

（2）对裁判文书公开存在不同认识

通过与部分法院工作人员的交流，项目组注意到，对于裁判文书公开应全面铺开还是逐步推动，人们存在不同认识。有的观点认为，受审判人员素质、案多人少等因素制约，裁判文书公开应以审判人员素质切实提升为前提，不宜立即全面铺开。即裁判文书的公开面对3种选择，即先公开再提升素质、边公开边提升素质、先提升素质再公开。实际上，任何一项工作都不应在其尽善尽美时才予以推进，广大的公众和整个社会所关心的，首先是裁判的结果是否公正，其次才是文字是否优美。当前尽快提升司法公信力的需求也迫切要求提升裁判文书的公开率。显然，应当作出何种选择，是不言自明的，应边公开、边提升素质、边解决阻碍公开的各种客观难题。当然，提高裁判文书公开率的同时，对上网裁判文书应做到专人处理、专人管理，尽量减少所公开裁判文书的错漏、缺失，并注意减轻法官的工作压力。

（3）存在诸多不利于公众获取的障碍

裁判文书具有数量庞大、种类复杂等特点，通过互联网公开，可以方便公众查询、获取，提升公开效果，这也是近年来各级法院力推裁判文书上网公开的关键所在。评估发现，有的法院网站在公开裁判文书方面还存在很多需要完善的地方。

①网站建设水平待提升

一些法院网站建设情况不理想、水平不高，存在网站无法打开，多网站平台同步运行，裁判文书的栏目链接或裁判文书自身链接无效，裁判文书栏目虚设内容缺失的问题。如某法院的裁判文书栏目，无论点击“民商事文书”“刑事文书”“行政文书”“执行文书”，还是“更多”栏目，均显示要下载“commonlist. jsp”文件，页面无法打开。有的法院网站将裁判文书栏目的名称误写为“本院认为”。还有的法院网站在评估期间进行改版，改版后网站公开的裁判文书数量不增反减。如某法院2012年12月24日—2013年5月22日在原网站发布了1081个案件的裁判文书（未统计执行案件、减刑假释案件），但在此之后发现其新网站2012年12月24日—2013年6月21日发布的裁判文书仅有157件（未统计执行案件、减刑假释案件）。

此外，有的法院网站的裁判文书栏目虚置，从裁判文书栏目及其下级栏目无法链接到裁判文书页面，只能通过网站的检索功能进入。

②文书缺乏分类管理

按照现有的裁判文书公开数量，有的法院少则几十件，多则上千件。未来随着裁判文书公开数量的不断增加，如果将各类文书混杂在一起，缺乏分类或者分类不规范将不利于公众查找裁判文书，也不利于法院管理裁判文书上网工作。

评估发现，一些法院对裁判文书不加分类，将所有种类的裁判文书都堆放在“裁判文书”一个栏目之下的情况十分突出，不方便公众查询。

有的法院对文书进行了分类，但存在文书分类标准不统一的问题。如有的按照案件类型来分类，如民事、商事、行政、刑事、执行等，有的则把民事案件和商事案件合并为民商事案件，有的另分出知识产权类别；有的则按照审判机构名称进行分类，如分为刑庭、民一庭、民二庭、行政庭、立案庭、审监庭、执行局和派出法庭，有的则不包括立案庭和审监庭类别。对裁判文书分类方法的不统一，一方面会造成案件归类上网的不规范，另一方面也会因不方便公众查询带来不必要的麻烦。

此外，有的法院在归类上网时随意放置裁判文书的情况也较多。一种表现为在某一分类中放入其他类别的裁判文书。如在民事裁判文书分类中夹杂刑事裁判文书，在刑事裁判文书的分类中夹杂民事裁判文书，有的则将商事的裁判文书全部放在了行政裁判文书的栏目中。还有一种表现为存在分类虚设的问题，即未将裁判文书归入应属的分类，而是直接上传到裁判文书总栏目中。如有的法院按照民商事、刑事和行政三种案件分类，所公开的裁判文书共有100条，但实际其公开的裁判文书整体数据有1095条，也就是说，有900多条裁判文书没有放入对应的分类中，而放在了裁判文书的总栏目中。

③缺乏专门的检索功能

为裁判文书配置专门的检索功能是通过互联网公开裁判文书的基本需求。配置搜索功能可以方便公众在浩如烟海的裁判文书中，准确、高效地查找所需要的裁判文书。评估结果显示，全省有39家法院没有为所公开的裁判文书设置专门的检索功能，占37.9%；有8家法院提供了针对裁判文书的简单检索且经验证检索功能有效，占7.8%；56家法院提供了综合检索功能（如可以按照关键词、案件类型、案件号、时间等进行组合检索），占54.4%。但实际上，这56家法院基本上是将检索功能链接到了浙江省高级人民法院的裁判文书查询平台的检索界面，而没有针对本法院门户网站的裁判文书栏目设置检索功能。

④裁判文书重复发布

经不完全统计，至少有30家法院（含中级法院）存在重复公开裁判文书的情况，同一份裁判文书在同一网站、同一栏目上公布多次，这反映出裁判文书公开的管理还不够规范。

⑤多平台发布现象普遍

多平台发布裁判文书是此次调研发现的普遍性问题。在浙江，发布裁判文书主要有两个平台，一个平台是浙江省高级人民法院建设的浙江法院法律文书检索中心，该平台收录了所有法院公开的裁判文书；另一个则是各法院自身门户网站上设置的裁判文书栏目。许多法院在自身裁判文书栏目之外，还设置了裁判文书检索栏目，直接链接到浙江法院法律文书检索中心进行检索。

由于各法院自身公开平台与浙江法院文书检索中心平台之间普遍没有联通，所发布的裁判文书也不一致，为此，有的法院只能同时运行两个系统，分别在两个平台上发布裁判文书。多平台发布裁判文书很容易影响公开效果。

⑥文书发布形式不统一

全省法院裁判文书上网发布的形式不统一，大体包括两种，一种是采用网页格式（HTML 格式），可直接阅读全文，另一种是采用 WORD 格式，需要一一下载后方可阅读。而且，有个别法院的裁判文书不允许对内容进行复制粘贴。此外，发布的名称格式也不统一，多数法院在发布的裁判文书列表中使用的是案件编号，便于识别，但有的则采用“××当事人诉××当事人××案由一案”的格式，通过文书列表无法对裁判文书进行有效识别。

（4）对发布时间的要求不科学

及时发布裁判文书，让司法公正以公众看得见的方式实现，是提升司法公信力的保障。迟到的公开非但不能保护当事人的合法权益，也不能满足当事人和社会公众的知情权，甚至不利于其掌握话语权。评估发现，多数法院最新公开的都是上一年度甚至是更早的裁判文书，不少法院最新一批裁判文书的发布时间距离上一批已经长达半年之久，甚至还有法院最新的裁判文书是 2011 年发布的。

此外，项目组在每个法院的门户网站随机抽查了 10 个案件，检查其是否在裁判文书落款时间后 30 日内上网公开，结果显示，所有被抽查的裁判文书均能在落款时间后 30 日内发布的，有 5 家法院，占

4.9%；被抽查的5—9件裁判文书能够在落款后30日内上网公开的，有7家法院，占6.8%；被抽查的10件裁判文书均不能按时公开的，有91家法院，占88.3%。中级法院中，全部被抽查裁判文书在落款时间后的30日内上网公开的，有16.7%的法院；被抽查的5—9件裁判文书能够在落款后30日内上网公开的，有8.3%的法院。基层法院中，全部被抽查裁判文书在落款时间后的30日内上网公开的，有3.3%的法院；被抽查的5—9件裁判文书能够在落款后30日内上网公开的，有6.7%的法院。

评估发现，确定裁判文书上网公开的时间节点是影响公开的主要因素。按照现行规定，裁判文书只有生效后才能公开，但生效时间的确定十分复杂，需要进一步研究。二审案件裁判文书需要对所有当事人送达后生效，一审案件裁判文书则要在上诉期届满且无人上诉或者二审裁判文书生效后才能确定生效时间，这导致众多案件的生效时间拖延过长，且确定应公开的时间节点较为困难。另外，有观点认为，如果一审裁判文书被二审法院撤销、改判，就没有必要公开。这显然缺乏合理性，因为对于上诉或者再审的案件，除了公开二审法院或者再审法院作出的裁判文书外，同时公开一审法院或者原审法院作出的裁判文书，有助于对二审法院、再审法院的事实认定、法律适用等形成一定的监督。当然，这必然会对二审法院、再审法院的裁判文书说理提出较高的要求，但这无疑是有助于维护司法公正、规范司法权运行、提升司法公信力的。

（5）裁判文书的内容欠规范

①标题与正文不符

有的裁判文书标题与正文不符。如标题为民事判决书，内容实为民事裁定书；标题为民事判决书，内容实为行政判决书。

②案件编号不一致

有的法院公开的裁判文书中没有案件编号；有的在裁判文书列表中显示的案号与文书正文案号不一致；有的则是不同案件使用同一个案件编号。

③文书正文有疏漏

项目组发现不少法院公开的裁判文书正文中存在疏漏，有的可能是因为上传文书过程中出现了技术问题。

首先，内容缺失。如裁判文书正文内容不全，部分内容未上传或者缺失。有的裁判文书缺少落款信息，无落款时间或落款日期不完整，无落款署名或署名不明确，如落款仅有“院长”二字、无审判员姓名。

其次，裁判文书正文夹杂其他文书内容。有的裁判文书正文页面和其他文书页面混在一起，同一页面公开了2个案件的裁判文书。

最后，内容书写错误。如将落款的“月”字写成“日”字、将“二〇一三”写成“一〇一三”、“审判员”漏掉“审判”二字。

（6）当事人信息处理不规范

评估发现，对裁判文书当事人个人信息进行技术处理的情况不统一，上网的裁判文书中既有对当事人信息处理不到位的情况，也有矫枉过正的现象。

项目组对每个法院网站随机抽查10个案件，观察其是否对上网裁判文书中的当事人信息全部进行了技术处理。结果有66家法院的10个被抽查案件全部对当事人个人信息做了技术处理，占64.1%；处理率在50%以上的法院有19家，占18.4%；处理率不及50%的法院有18家，占17.5%。在中级法院中，有4家法院全部进行了处理，占33.3%；有6家法院的处理率在50%以上，占50%；有2家法院的处理率不及50%，占16.7%。基层法院中，上述比例依次为62家（占68.9%）、13家（占14.4%）、15家（占16.7%）。不少法院在裁判文书中没有隐去当事人的身份证号码、家庭住址等信息。还有的裁判文书中未将所涉及的企业法定代表人等的姓名、身份证号码、家庭住址等个人信息隐去。

与此同时，不少法院在对当事人个人信息做技术处理时，扩大了对象范围，将可以不必处理的内容也隐去了。根据《最高人民法院关于人民法院在互联网公布裁判文书的规定》，人民法院在互联网公布裁判文书，对涉及当事人的家庭住址、通讯方式、身份证号码、银行账号等个人信息，以及证人等诉讼参与人或者当事人近亲属的个人信息的，应当进行相应的技术处理；对涉及商业秘密及其他不宜在互联网公开的内容，应当进行相应的技术处理。由此可以理解，法院公开裁判文书主要是以处理当事人个人信息为原则，在不涉及企业等商业秘密的前提下，并不必对企业名称等的信息进行隐名。但评估发现，很多法院不但隐去了当事人的个人信息，也隐去了企业等组织机构名称的信息，还有的隐去了行政诉讼被告（即行政机关）、代理律师的信息。

2. 原因分析

之所以存在上述问题，与下列因素有着密切的联系。

首先，司法公开认识不到位。如前所述，司法公开首先需要领导重视，但对于公开的宗旨、要不要公开、怎么公开、公开什么，不少具体工作人员的认识并不清楚，甚至存在抵触情绪。从测评结果看，不少法院司法信息的公开效果并不理想，公众难以获得所需要的信息，与阳光司法的要求还有一定距离。重要原因之一就是不少工作人员将公开作为上级压下来的任务，认为公开了就可以了，没有将认识提升到促进司法公正、维护司法公信力的高度。而且，公开往往以法院为本位，只考虑自身方便，较少考虑受众即当事人和广大社会公众的需求及获取信息的习惯。因此，如何变要我公开为我要公开，并以最大限度方便公众获取信息、满足公众需求为出发点和落脚点，应是今后工作的重点。

其次，裁判文书公开标准缺失。虽然最高人民法院及浙江省高级人民法院已经就在互联网公开裁判文书发布了规定，但标准缺失仍是导致各地法院公开水平不均衡的重要因素。特别是，在互联网公开裁判文书的过程中应遵循什么样的标准，各法院没有统一的依据和要求，导致公开的效果参差不齐。

再次，信息化建设水平不高的问题突出。法院信息化和办公自动化程度不高，未覆盖法院工作流程的各个环节，导致裁判文书的制作、发布存在大量的重复劳动和资源浪费的现象，从而影响司法公开效果。

最后，案多人少的压力影响着裁判文书的公开。审判人员面对不断激增的案件，本来就疲于应对，还要兼顾裁判文书的公开等事务性工作，更是力不从心，甚至产生很大的抵触情绪，因此，如何向技术和管理要“生产力”是推进阳光司法所要着力解决的问题。

（二）2014 年浙江法院阳光司法的问题

1. 发现的问题

（1）裁判文书公开方面的问题

①文书栏目设置不科学

裁判文书栏目是门户网站集中发布裁判文书的重要平台，对方便公众查询裁判文书发挥着重要的提示作用，调研发现，裁判文书栏目设置存在问题。

首先，裁判文书集中到中国裁判文书网发布后，各法院在裁判文书栏目的设置上出现了一定的认识偏差。项目组发现，4.8% 的法院没有在本院门户网站上设置裁判文书栏目，会导致公众在该法院查询裁判文书时找不到入口。如有的法院首页撤销了裁判文书栏目，这就容易给公众以该法院已经不再公开裁判文书的印象，也容易让不了解情况的公众搞不清该去哪里查找裁判文书。统计发现，46.7% 的法院没有在裁判文书栏目提供中国裁判文书网的链接，4.8% 的法院提供的链接无效；68.6% 的法院没有在裁判文书栏目提供转向“浙江法院法律文书检索中心”或浙江法院公开网的链接，4.8% 的法院提供的上述链接无效。此外，还有一些法院只是保留了 2013 年年底前上传的裁判文书。对于不了解裁判文书发布机制的公众而言，这很容易令其误认为法院长期未对文书进行更新。还有一些法院只是在首页提供了中国裁判文书网或者浙江法院法律文书检索中心的友情链接，但从方便公众查找的角度评判，这显然不如那些直接通过裁判文书栏目转接到相关网站的效果好。

其次，有的法院存在设置多个裁判文书栏目的情况。如有的法院门户网站导航栏有裁判文书栏目，首页中部还有配备中国裁判文书网链接的裁判文书栏目。又如，某中院门户网站设置了 3 个裁判文书栏目，且各栏目内容有差异。这样设置也会误导公众。

再次，将裁判文书栏目作为二级栏目且放置随意。如某地区大部分法院均将裁判文书作为审务公开栏目的二级栏目。某法院的裁判文书栏目则隐藏在诉讼指南栏目中。某法院的网站按照正常的查询流程找不到裁判文书栏目，但是在站内检索中键入“民初”二字，可以找到裁判文书，借此反推发现裁判文书栏目为首页下的审务公开栏目的下级栏目。

最后，个别法院裁判文书栏目的名称使用不当。如某法院2013年度评估时就以“本院认为”作为裁判文书栏目的名称，2014年评估时仍未做修改。

②文书上网统计待优化

项目组发现，浙江各法院裁判文书应上网情况、实际上网情况、不上网情况的统计与浙江省高级人民法院集控中心的统计数据存在较大偏差。不少法院反映，项目组从浙江省高级人民法院集控中心调取的数据与其实际不上网文书数据差距极大。初步排查发现，13家法院提供的2014年5月4—23日的不上网公布审批表数量大于浙江省高级人民法院集控中心统计数据显示的不上网公布审批表数量。

③裁判文书上传不顺畅

按照现行规定，全省各法院应将需上网公布的裁判文书集中上传至浙江省高级人民法院的系统，由浙江省高级人民法院导入中国裁判文书网。但项目组发现，2014年这种上传机制还不顺畅。首先，向浙江省高级人民法院系统上传不稳定。有不少法院向项目组反映，在向浙江省高级人民法院系统上传文书时存在系统反应迟缓、不响应等情况，导致本来瞬时即可上传的文书经常需要耗费几十分钟甚至几个小时来反复操作，影响工作效率，有时只能等到下班后尝试上传。某次调取的不上网公布审批表中就有20个案件标示的理由是因上传失败而改为不上网审批。其次，导入中国裁判文书网的时间有一定的滞后性。不少法院反映，上传到浙江省高级人民法院系统的裁判文书导入中国裁判文书网的时间较长，还有法院反映说，有些文书迟迟未被导入中国裁判文书网，虽经多次催促浙江省高级人民法院仍未能导入，且原因不明。

④不上网审批参差不齐

统计发现，不上网发布审批制度的贯彻情况不理想，浙江省高级人民法院文件的执行力待提升。本次评估收集了全省法院 2014 年 1 月 1 日至现场调取案卷期间的不上网公布审批表，总计涉及 5968 个案件，有 23 家法院无审批表；而在《浙江省高级人民法院关于在互联网公布裁判文书的实施细则》实施 2 周后，即 2014 年 5 月 4 日—23 日存在不公开公布裁判文书，但无审批表的情况的，则多达 46 家法院。由于存在后文所指出的补办审批手续的情况，所以，实际未履行审批手续的法院可能更多。此外，还有 778 个案件的承办人或审批人均未在审批表中标注时间，无法对此做出分类统计。

⑤不上网范围相对模糊

首先，对于不上网文书类型和不上网理由，工作人员不勾选内容或者勾选“其他”而不注明详情的情况十分普遍。其中，不勾选文书类型的有 1363 件，勾选“其他”不注明详情的有 1703 件；不勾选不上网理由的有 972 件，勾选“其他”不注明详情的有 1833 件。

其次，不上网理由五花八门。从统计的数据看，不上网的理由除涉及国家秘密、个人隐私等法定事由外，还有一些牵强附会的理由，如：案件敏感、当事人强烈要求不公开、发回重审、被改判、不公开开庭、判决结果与调解出入大、破产案件、文书无法上传、文书有瑕疵、系统操作失误导致无法观看，等等。

最后，对浙江省高级人民法院确定的不公开审批范围存在误解。如有的法院认为，调解案件的不公开也需要办理审批。此次调取的不上网审批表中就有 395 个案件属于调解结案的案件，涉及 15 家中级法院。

（2）文书说理有待加强

主要在裁判文书说理方面，本次抽查的裁判文书的共性问题是逻辑性较差。表现为多数文书先列出证据清单，然后总结双方质证意见，对于质证存疑的证据，或在总结质证意见时说明采信与否的理由，或在判决书最后做出采信与否的简要说明。然而，对于采信与否的理由，往往只是概括性表述，多为“与本案无关”“质证意见有理”“来源合法，内容真实”等。诸如此类的叙述无针对性，放之四海而皆准，对个案当事人的说服力不是很强。总的来说，裁判文书在归纳并全面回应辩诉主张、证据认定、法律适用方面的说理还有一些不足。

①未归纳当事人主张

准确全面归纳当事人的主张是明确当事人争议焦点，准确进行事实认定和法律适用的前提。本次抽查的案件中，虽然绝大多数都全面归纳了辩诉主张，但也有个别裁判文书存在问题，如有的涉及欠款案件的裁判文书对庭审过程中被告提出的其已向原告支付了 15500 元一事并未提及。

②对诉求未全面回应

原告的诉求是法院审理案件的重要部分，法官应通过裁判，在判决书中对其诉求做出全面回应，而不应避重就轻，或避而不谈。裁判文书应详细说明和分析其诉求是否有法律依据、是否应当得到法院认可，这有助于让双方当事人清楚原告诉求被法院认可与否的理由，从而使其对法院判决心服口服。但调研显示，部分裁判文书未对当事人诉求作出全面回应。如：某案件的庭审笔录显示，被告对支付占用费及其违约金均有异议，但判决书没有对此做出正面回应。某案件的庭审中，被告提出已经支付了部分款项，但判决书并未对此做出回应。某案件中，原被告对工程是否延期交付、工程质量存在争议，但法院在判决中只是确认了交付时间，未正面回应延期交付或者工程质量的问题。

③证据采信说理不充分

证据质证是庭审的重要环节，在判决书中对证据质证环节的说明则是连接辩诉双方主张与法院认定事实、适用法律的中间环节。在此环节上，判决书应当详细罗列原被告提供的证据及其质证意见，并应从合法性、真实性、关联性等角度，对有争议的证据如何认定、认定理由做出说明。未作上述说明直接得出结论并对案件事实做出判断的做法都让人感觉突兀和牵强。

另外，部分判决书对于质证过程中出现异议的证据如何认定没有做出明确的说明，对于是否采信某些证据，说理不够充分，为何采信不甚了了。如某判决书显示，在质证环节，原告对被告提交的证据 7 提出异议，“对被告主张的证明对象保留意见”，但判决书中对为何采信该证据未做出回应；原告对被告提交的证据 13 提出异议，“认为该组证据与本案无关”，但判决书对为何采信也没做出回应。某判决书中，原告对法院依职权调取的讯问笔录提出质证意见，认为与该案无关，但判决书未做出回应。某判决书显示，对原告提交的证据1，被告在质证中提出异议，但判决书仅表示“本院结合原、被告陈述以及其他证据，对该组证据证明对象予以确认”。某判决书对于原告对被告提出质证异议的证据，判决理由是“没关联性，不予认定”，没进一步说明缺失关联性的判断理由。某判决书不采信辩护人部分辩护意见的理由是“供述、证言、书证及其他证据相互印证”。某判决书中提到，被告对部分证据与该案的关联性有异议，但法院对不采信并没有说明理由。某判决书显示，被告对证据8的真实性和所证明的案件事实均有异议，但判决书并未做出明确回应。某判决书对于部分证据只是简单说明不具有关联性不予采信，并没有交代理由。某判决书对大部分证据都写明了采信理由，但有一个证据只是简单描述不具有关联性、不予采信。

④法条适用未说明理由

适用法律是法院裁判案件的核心，适用法律准确与否决定了判决结果，只有详细说明为何针对某一案件实施选择适用某法律法规才能让当事人服判息诉。为让当事人能够清晰地明白法官的判案标准，法院应当将案件事实与法条逐条进行解释，且如果多部法律都对同一事实有规定，还要说明为何适用此法而不是彼法。但评查裁判文书发现，多数法院判决书中没有对裁判法律依据的适用说明理由。绝大部分判决书都是先阐述理由再罗列法条，甚至未能做到将法条与案件内容相结合，也就是说，判决书所引用的法律条文固然不一定有错，但在认定案件事实与确定适用某法律法规规定之间缺少必要的说理，容易令人无法知道为什么在该案中要适用某法律法规的规定。如不少判决书都是在对案件事实做出了认定之后，直接转向表述判决的法律依据，项目组认为，还可以更详细地说明适用法律的理由。

2. 原因分析

首先，重视程度不够。有的法院对裁判文书上网公布缺乏足够的重视，对浙江省高级人民法院发布的文件不认真对待，平时没有形成有序科学、权责明晰的工作机制和工作流程，只是为了应付评估才临时抱佛脚。这也说明，政策、制度的落实不触及有关部门、有关人员的根本利益，仅仅靠发文件、开大会是不够的。

其次，信息化水平还有待提升。第一，部分法院对如何维护好网站安全、信息安全，缺少相应的技术保障，对如何建好网站，使其方便公众和当事人查询信息，有效公开和展示自身工作认识不到位，这才出现了网站建不好、建了不好用的情况。第二，信息技术和信息系统的开发、升级还没有做到与审判流程的无缝衔接，因此才出现了对裁判文书的生效节点、案件结案节点难以把握，对文书是否涉及不公开内容缺乏技术管控的情况，也必然使得统计出的数据难以有效辅助审判管理工作。第三，信息系统的负载能力还有扩容空间，裁判文书上传困难大多是系统自身运行中存在问题或者带宽不够造成的，特别是当所有法院都在调用数据进行工作时，很可能会造成网络塞车。

再次，裁判文书不上网公布的自由裁量权有待挤压。目前，无论是最高人民法院的规定，还是浙江省高级人民法院的规定，对不上网公布的范围都留有巨大的余地，法院可以在“其他”上做太多文章。

最后，法官的观念和认识问题不容忽视。从补办审批表的情况看，很多法官对于这种行为见怪不怪，甚至认为天经地义。补填表格虽无关案件审理的实体问题，但反映的却是法官们的一种态度，司法要树立公信力，首先应从法官自身行为一点一滴做起，认真对待工作中的每项任务，而不是以应对检查的心态。阳光司法指数评估的最终目的是检验法官的日常工作是否到位，是否严格依照法律规定办案，是推动法院工作，而不是单纯地排名次、比先后。只有将依法办事落实到工作的每一个环节中，才能提升司法公信力、树立起司法权威。

（三）2015 年浙江法院阳光司法的问题

1. 发现的问题

（1）未归纳诉辩主张及回应诉求

本次评估的 105 家法院 525 个裁判文书中，有 523 个文书均对双方当事人的主张做了归纳，占99.62%。也就是说，按照项目组采取的形式审查的方式来判断，仍有极少数裁判文书未归纳辩诉主张或者未回应当事人的诉求。

（2）未回应当事人对证据的异议

裁判文书中对证据质证过程的描述要完整、详细。当事人对证据的异议很大程度上影响着案件的事实认定及裁判尺度，而对当事人就证据提出的异议做出回应则是法官判断案件事实的基础，也是文书说理的关键。本次评估发现，309个存在双方当事人质证后对定案证据意见不一情形的案件中，有35个案件的裁判文书只是对当事人质证后意见不一的部分证据做了是否采信及其理由的说明，在309个案件中占比为11.33%；有31个案件的裁判文书未对当事人质证后意见不一的证据说明是否采信及理由，在309个案件中占比为10.03%。

评估发现，民事案件中，虽然部分法院对证据采用理由解释不够详细，但基本上都会有解释；而刑事案卷中，对证据的质证普遍在庭审笔录里（公诉机关阐述的部分）写得比较详细，但是在裁判文书里法院普遍描述为"……关于指控的事实，有……为证，且能相互印证，足以认定"。这样既没有体现质证过程，也没有体现控辩平等的刑事诉讼法原则。例如某案件的裁判文书显示，从审判笔录中可以看出检察机关对证据的说明，但裁判文书的质证部分却完全没有提及当事人及辩护人对证据的意见，对于检察机关提供的证据是否符合证据采用的"三性"原则①，文书中也未说明。如此一来，裁判文书中就没有体现出司法机关对被告人权利义务的保障。

在309个案件中，有35个案件，法院对当事人质证后意见不一的部分证据做了是否采信及其理由的说明，这其中最常见的问题是当事人对证据的"三性"均有异议，但法院仅仅在裁判文书中分析了该证据的真实性，对关联性及合法性未做具体说明；或者当事人对数个证据均有异议，但法院的解释却详略不同，选择性地忽略了当事人对某些证据

① "三性"原则是指证据的真实性、合法性和关联性。

的异议，尤其是对证据关联性的异议。例如某案件的裁判文书中显示，被告对原告证据1、证据2、证据3、证据4等均有异议，但质证部分对其他证据均有认定，对于证据2却只认定了其真实性。

在31个对异议证据全部没有说明是否采信及理由的案件中，常见的情况有以下四种。

第一，裁判文书中没有对质证过程作出归纳，无法看出法院是如何对当事人有异议的证据进行认定及采信的。裁判文书作为法院对当事人诉求的回应，必须结构严谨、内容完整。最高人民法院对裁判文书的制作要求中明确规定，民事判决书的事实构成部分应当包括当事人各方的诉辩主张、当事人争议的焦点、诉辩各方的主要证据、人民法院审查认定的事实。质证环节是法院是否采用当事人证据最重要的环节，在裁判文书中应当有所体现。一般情况下，对于当事人在质证环节提出异议的证据，法院均会在认证部分予以解释说明，但对于当事人没有提出异议的证据，部分法院会有所疏忽。但无论当事人是否对证据提出异议，法院都应当在裁判文书中有所描述，这样既可以让裁判文书更为充实完整，也能够让当事人明白之所以该证据被采用，是因为当事人双方在质证环节已经认可了彼此的证据。本次评估发现，绝大多数裁判文书中都有对质证环节的描述，但有一些裁判文书忽略了此部分内容，例如：某案件的裁判文书显示，虽然被告对证据无异议，但裁判文书中未提及证据问题；某案件的庭审笔录中显示当事人对证据有异议，但是，裁判文书中并无对质证过程的描述，只简单描述“上述事实由……所证实”。

第二，有的裁判文书中完全未提及双方当事人有异议的证据。评估发现，对照相关案件的庭审笔录，部分裁判文书存在此类问题。

第三，庭审笔录显示当事人对证据有异议，但裁判文书中却写明双方当事人对证据无异议，或者裁判文书在总结双方当事人证据时写明了双方对证据的异议，但在对质证环节的描述时却写为双方当事人对证据无异议，导致裁判文书和庭审笔录产生矛盾，甚至裁判文书本身内容自相矛盾。如某案件的裁判文书显示，原告代理人对被告提出的证据1的

“三性”、证据 2 的关联性和合法性、证据 3 的“三性”、证据 4 的“三性”均不认可，但裁判文书中却写原告对被告的证据的真实性均无异议，予以认可。又如某案件显示，在第一次庭审笔录中，第三被告的代理人对证据 2 的真实性和关联性均有异议，在第二次庭审笔录中，三位被告的代理人对补强证据的“三性”均有异议。但该案裁判文书却说当事人对证据没有异议。

第四，裁判文书中对是否采用某证据没有说理，仅简单下结论说“符合证据三性”“证据真实、来源合法、与本案有关联性”“有证明力，法院予以确认”等，对证据的说理极为简化，甚至没有说理。如某案件中，被告对原告证据有异议，但裁判文书中只写“符合三性，予以认定”。

（3）适用规范性法律文件无论证

在裁判文书中，引用规范性法律文件以及为何引用是作出判决的重要依据，也是关系到双方当事人成败的关键。因此，裁判文书的说理部分不仅需要法院完整写明引用的规范性法律文件的名称，而且还要结合案件本身，详细阐述引用此种规范性法律文件的理由。如此一来，判决理由及依据就一目了然，不仅方便法院自己审判管理，也方便当事人理解判决。本次评估的 105 家法院 525 个案件的裁判文书中，只有 1 个裁判文书对所适用的规范性法律文件全部阐述了适用理由，占所有案件的 0.19%；26 个文书对部分所适用的规范性法律文件阐述了适用理由，占所有案件的 4.95%；498 个文书完全没有阐述适用法律的理由，比例高达 94.86%。此外，对规范性法律文件做过解释的均为民事案件的裁判文书，刑事案件的裁判文书既没有具体引用规范性法律文件，也没有结合案件进行说明。而在所有民事案件的裁判文书中，也只有 26 个案件的裁判文书对所适用的部分规范性法律文件的条文进行了全文引用，并结合案情进行了分析。

（4）部分裁判文书说理不充分

①部分裁判文书逻辑不严谨

裁判文书作为认定事实、适用法律的最终法律文件，必须逻辑严谨。若裁判文书逻辑松散、内容混乱，不仅容易给当事人造成困扰，也有损司法机关的权威形象。本次评估发现，部分法院在文书说理方面还存在此类问题，如某案件的裁判文书显示，在描述了当事人诉求之后，该文书紧接着描述了法院审理查明内容，然后是对证据及质证结果的描述，最后则是法院认为及判决部分。如此安排显得内容略为混乱，诉求和证据没衔接，且由于法院没有总结当事人的争议焦点，“法院查明”和“法院认为”被割裂，通篇阅读不连贯。此外，原告和被告提交证据较多，但法院没有对证据标号，令人无法确定法院是否对当事人有异议的证据都进行了认证。此外，某案件的裁判文书显示，法院将双方对证据内容的异议融合进了“本院认为”部分，并且未在证据认证环节做出说明，这很容易导致当事人的证据被遗漏。

②部分裁判文书说理不充分

本次评估发现，部分裁判文书说理部分写得十分含糊，使人无法明白到底是依据什么得出的结论。例如，某案件的裁判文书显示，原告和被告对宅基地转让协议的有效性有争议，原告认为该协议真实有效，法院应确认其效力；被告代理人则认为该协议签订之时国家并没有关于宅基地不能买卖的法律及政策规定。但是，法院在判决理由部分只说明了根据国家政策，当事人不得购买该宅基地房屋，并没有说具体的依据到底是什么，没有回应当事人在庭前辩论时的争议点。

（5）部分裁判文书存在形式错误

裁判文书是严肃的法律文书，应当避免出现形式上的错误。但评估发现，部分裁判文书在形式上存在错误。这主要表现为裁判文书中有严重笔误及缺字、多字、错字等情况。裁判文书中出现严重的笔误现象不仅会让当事人产生不解，也会有损司法机关的形象，甚至会令人质疑审判人员的专业水平。本次评估发现，部分法院的裁判文书存在严重的笔误问题，例如：某案件的裁判文书显示，在对认证过程的描述中将“原告质证”写为“被告质证”；某案件的裁判文书显示，法院将被告人所犯的“合同诈骗罪”写为“合同强奸罪”。

此外，除了严重笔误之外，有些裁判文书中的错字、缺字、多字现象也比较普遍。如某裁判文书将“工程款”写为“功臣款”；某案件的裁判文书将“交通肇事后逃逸”写为“交通运输肇事后逃逸”；某案件的裁判文书将原告起诉部分第三项写为“……原告变更第二项诉讼请求为婚生女王某某随应该共同生活……”，表意不明，使人无法理解。

2. 原因分析

第一，法院案多人少矛盾突出。人员少而案件繁多是各级法院普遍面临的问题，导致办案人员工作量多压力大，法官没有精力在不间断地开庭之余心平气和地钻研裁判文书的写作。这种状况难免影响裁判文书的说理，导致法官没有精力细致撰写裁判文书，把文书说理做得更好，以至于不少裁判文书说理不足，遗漏或者部分遗漏主要内容。此外，案多人少也使工作人员没有时间对作出的笔录、文书等进行复查，更没有时间对已经归档的案卷进行整理和核对。

第二，相关人员工作疏忽、不认真是导致案卷乃至裁判文书出现形式问题的主要原因。部分案卷电子化过程中出现的缺页、顺序混乱等问题以及案卷中有错别字、多字少字等问题，反映出的问题还是相关工作人员对工作的认真程度不够。

第三，相关人员的专业水平是影响裁判文书说理性和逻辑性的重要因素。正因为司法活动具有高度的专业性和排他性，所以，审判活动对相关人员，尤其是审判人员的专业水平要求很高。审判人员专业水平不高将会导致对裁判文书说理认识不足，简化说理甚至不说理，此外，专业水平也影响裁判文书的逻辑性，裁判文书的内容安排、语句是否通顺等问题都是对审判人员综合水平的考验。

第四，裁判文书上网公开会令审判人员对是否充分说理有所顾虑。司法公开是为了让司法活动在阳光下进行，让司法活动接受社会公众的检验。裁判文书作为对案件的总结，呈现的是法院审理的流程以及审判人员裁判事实、适用法律的推理过程，相对于客观的流程方面，裁判文书更多体现的是审判人员的自由裁量权。裁判文书公开后，难免有不少审判人员担心自己制作的裁判文书公开后会因为说理较多而挂一漏万反倒引发负面评价。因此，不可否认，裁判文书的公开在一定程度上可能会影响审判人员进行裁判文书说理的积极性，以至于会出现多说怕错、有话不说的现象。当然，这绝不是选择不公开裁判文书的托词，而只是要考虑如何在最大限度公开裁判文书的同时，进一步激发广大审判人员加强裁判文书说理的积极性，以最终实现从形式上公开裁判文书到实质上倒逼司法水平提升的目标。

小结　裁判文书公开的努力方向

对浙江法院阳光司法指数中裁判文书公开情况的评估恰巧呼应了国家和最高人民法院推动裁判文书公开的大形势。2013 年，《中共中央关于全面深化改革若干重大问题的决定》明确提出，增强法律文书说理性，推动公开法院生效裁判文书。2013 年，最高人民法院发布了《最高人民法院关于人民法院在互联网公布裁判文书的规定》，中国裁判文书网也于当年年底上线运行。因此，评估的重点从主要评价法院是否最大限度公开了裁判文书，向公开的裁判文书是否注重说理方向演进。2016 年 8 月发布的《最高人民法院关于人民法院在互联网公布裁判文书的规定》对公开范围作出了更高的要求，这就要求各级法院在推动裁判文书公开过程中继续做好以下几方面工作。

（一）贯彻以公开为常态、不公开为例外的原则

以公开为常态、不公开为例外是公权力机关信息公开的基本要求，司法公开也不例外。这是保护当事人和公众知情权，加强对司法权力监督，提升司法公信力的基础。循此原则，所有司法信息，包括裁判文书都应处于公开范围之内，除非经过利益衡量，不公开所保护的利益大于公开所保护的利益。而且，即便因涉及国家秘密、商业秘密、个人隐私未公开开庭审理的案件，如果对裁判文书采取技术手段可以隐去涉密事项，不会对公共利益、当事人权益造成损害的，同样也没有保密的必要。鉴于此，应从改革裁判文书公开制度入手，改变裁判文书公开的传统思维和逻辑，真正贯彻以公开为常态、不公开为

例外的原则。

（二）正确认识裁判文书公开的意义

裁判文书公开做得好不好、推行得顺利不顺利，关键在于从事审判工作的法院领导和其他法官是否正确认识到裁判文书公开的重要性。当前，固然存在审判人员业务素质参差不齐、审判人员业务量过大等矛盾，但这些都不是不公开或者少公开裁判文书的理由。确实有一些裁判文书说理性不强，甚至存在低级的语病和格式错误，但对此捂着盖着只能导致审判人员缺乏改进工作的压力和动力。马马虎虎、得过且过，非但不能解决问题，反倒会使法官形成惰性思维，甚至引发公众对司法不公的不满。只有接受公众的监督和评议，才有可能真正对提升司法水平形成倒逼机制。自揭家丑、自曝问题，短期内可能引发公众的质疑，但只要坚持有错必改的态度，最终会赢得公众的认可，提升司法公信力。在推动裁判文书公开工作中，有必要通过加强宣传教育、强化考核，转变个别工作人员的意识，克服其消极、抵触情绪。

（三）科学界定裁判文书公开的节点

裁判文书公开应以作出时间，而不是生效时间作为确定公开期限的起点。裁判文书是司法机关代表国家行使司法权，对外作出的正式的裁判结论，一经作出就代表国家意志，非经法定程序不得更改，不应因是否对当事人发生法律效力而有差异。从监督司法活动、提升司法公信力的角度看，裁判文书一经作出，无论是否会在将来的程序中被撤销、改判，都应当允许公众了解和监督。因此，判断裁判文书应何时公开，不应以是否生效为依据，而应以是否正式作出为依据。

此外，如果按照个别观点，二审判决未确定的，一审裁判文书不应当公开，那么所有案件都可能进入审判监督程序，并在再审中被撤销或者改判，所有裁判文书也都不必公开了，这显然是不合理的。

因此，项目组一直建议，将裁判文书的作出时间（即裁判文书落款时间）作为判定其是否应公开的时间节点。判决、裁定在二审或者再审中被撤销或者改判的，原审裁判文书同样应保持公开，只需在公开的文本上标记被哪一个裁判文书撤销或者改判即可。只有这样，才能实现裁判文书公开的最大化，并真正实现对司法活动的有效监督和制约。目前，这个建议已经部分被最高人民法院采纳。

（四）重视并保障裁判文书说理

裁判文书是案件审判的最终结晶，是当事人法律关系认定、权利义务确定的重要文书。无论是案件当事人，还是社会公众，其所关心的不仅仅是案件的审理过程和裁判结果，更重要的是法院得出某一审判结论的事实根据、法律依据，这就涉及裁判文书的说理问题。因此，裁判文书是否说理，说理是否充分，是让人民群众在每一个司法案件中感受到公平正义的必然要求，也是确保当事人服判息诉，维护并逐步提升司法权威的必然要求。如今，随着裁判文书上网发布的制度化，裁判文书的公开问题已经得到了初步解决，但下一步司法公开面临的问题则是如何切实提升裁判文书公开的质量，尤其是逐步从形式上的公开过渡到实质性公开，实现以公开促公正，以公正提公信的目标。推进裁判文书公开的实质性目的是要通过公开向公众展示法官认定案件事实、适用法律、得出裁判结论的推理过程，让司法活动在阳光下进行，并通过公开促进公信，真正实现文书公开对提升司法水平、规范司法权力运行的倒逼作用，形成公众与法院之间的良性互动，使裁判者从中体会到裁判的可改善之处，这才是推进司法公开的核心要义。但是，公开的裁判文书若是普遍说理不足、说理格式化，则会缺乏可读性和分析视角，公众不能从中体会到法律的公正无私、威严庄重、严密逻辑。其结果是裁判文书虽然公开了，却并不能切实推进提升审判人员的司法水平，也无法实际增强司法公信力。因此，在裁判文书公开日渐常态化的大背景下，提高裁判文书的质量是文书公开的首要任务。这是司法改革的题中之义，也是司法权威逐步提升的必由之路，所有审判人员只有身体力行地去参与加强裁判文书说理工作，才能在提升自身水平的同时，让法官群体从中受益。

建议探索法院内外结合的评查机制，在原有法院内部优秀裁判文书遴选工作的基础上，由法院主动吸纳外部力量定期对裁判文书进行说理情况的评查。可以邀请律师、学者、人大代表等对部分重点、典型案件的裁判文书进行评查，也可以鼓励社会力量自发对裁判文书说理情况进行评查。还可以考虑定期选择一些案情重大、复杂的案件，在公开裁判文书的同时，同步公开起诉书、答辩状、庭审笔录、庭审录像等（对一些不宜公开的内容可做必要处理），形成立体性公开，鼓励社会各界对裁判文书说理性进行评判，也可以在网络上与法官及学者定期互动，讨论相关问题，以此推进裁判文书公开工作，带动审判人员文书写作水平和能力的提升，最终实现司法公信力的提升。

此外，还需要多管齐下，为法官制作文书减负。案多人少、司法资源日趋稀缺已经成为基层法院面临的最大难题之一，面对如此困境，加强裁判文书说理应从切实为审判人员减负入手。首先，应当继续做好案件审理和裁判文书制作的繁简分流。对于只是对程序性事项作出认定的裁定等裁判文书、当事人对案件事实和法律适用没有争议案件的实体判决书，无须要求法官千篇一律地进行烦琐的说理，而是可以开发格式化的文书样本，直接填写案情、结论即可。但对于案情复杂、重大，当事人对主要事实和依据有争议的案件，则应当对当事人诉求、证据质证与认定、法律适用理由等做出明确、详细的说理。只有这样，才能让法官从日益繁重的案件审理中解脱出来，有精力和时间去研究案情，精雕细琢，把裁判文书做成精品。浙江法院已经在开展此方面的试点工作，期待未来逐步显示其成效。其次，应逐步加大司法辅助人员的配置。尤其是在未来员额制改革推进过程中，应当逐步让司法辅助人员协助审判人员做好审判工作的基础工作，让审判人员有更多精力去认真研究案情、专心进行裁判文书的写作和说理。

（五）发挥下级法院的主动性

随着裁判文书的集中公开，各中级法院和基层法院在裁判文书公开方面除了按照规定上传文书外，似乎没有什么其他的工作任务。但这显然是一种误解。做好裁判文书公开工作既要发挥集中统一公开的优势，也要调动各下级法院的积极性和主动性。应当允许各中级法院和基层法院甚至高级法院选择一些重大疑难、社会关注度高、对于普法或者引导公众守法较为典型的案件，在公开裁判文书的同时，公开其庭审录像、庭审笔录甚至起诉书和答辩状等，并安排法官对案件审理过程中的重要问题进行解读，以形成立体性公开的效应。

第五章

执行信息公开

执行信息公开是法院向案件当事人、社会公众公开案件执行依据、流程、结果等信息的活动，也是保障当事人各项程序性权利及社会公众对执行活动的知情权，鼓励公众参与执行工作，加强对执行活动监督的重要手段。为此，《最高人民法院关于人民法院执行信息公开的若干规定》规定，除涉及国家秘密、商业秘密等法律禁止公开的信息外，人民法院应当通过通知、公告或者法院网站、新闻媒体等方式，依法公开案件执行的各个环节和有关信息。2013 年出台的《最高人民法院关于推进司法公开三大平台建设的若干意见》《最高人民法院关于公布失信被执行人名单信息的若干规定》等也对执行信息公开提出了明确的要求。

一　评估指标和方法

2013 年评估时，执行信息公开板块分为 6 项二级指标，即执行案件信息查询系统、执行措施透明度、被执行人失信信息曝光、拍卖公告、执行标的物拍卖、执行款物管理。

2014 年评估时，此板块包括执行指南、执行拍卖、执行措施透明度、执行联系电话有效性、司法网拍 5 项二级指标。

2015 年评估时，此板块包括执行指南公开情况、执行措施透明度、司法网拍 3 项二级指标。

执行案件信息查询系统指标主要是评估各法院在门户网站提供执行案件信息查询系统且系统链接是否有效的情况。执行款物管理指标是评估各法院执行款物的发放时间。这两项指标仅在2013年进行了评估。

“执行指南”是法院为方便公众尤其是当事人知悉执行案件办理流程等，对立案条件、执行流程、执行收费标准、执行费缓减免的条件和程序、执行风险提示等，做出的说明和解释。本指标评估了各法院通过门户网站公开执行案件立案标准及启动程序、执行收费标准、执行费缓减免的条件和程序、执行风险提示以及本法院执行规定的情况。

“执行拍卖”是执行程序中的重要环节。执行拍卖分为委托拍卖和司法拍卖，司法拍卖又分为线下拍卖和线上拍卖。为了更好地维护执行案件当事人的合法权益，浙江法院创新性地采取了网络拍卖的模式，借助淘宝网这一第三方平台实行线上司法拍卖。因此，在本板块，项目组对各法院公开委托拍卖公告、网络司法拍卖公告的情况以及推行司法网络拍卖的情况进行了评估。

“被执行人失信信息公开”是通过依法向社会披露拒不履行生效判决的当事人信息，对其起到威慑警示作用，并使其在诚信体系日益健全的社会环境下无法从事相关的经济社会活动，实现失信惩戒的一种制度安排。项目组根据相关指标对各法院通过网站公开拒不履行生效判决被执行人信息、限制出境人员名单、限制高消费人员名单、限制招标信息的情况进行了评估。但自2014年以来，浙江全省法院实现了在同一网络平台公开上述信息。因此，本指标仅在2013年进行了评估。

“执行措施透明度”是评估法院在执行案件中采取查封、扣押、冻结等对当事人财产的重大限制措施时，是否依法告知当事人，特别是考察法院采取上述措施后是否向被执行人告知有关情况。

“执行联系电话有效性”是对法院公开的执行举报电话等进行验证，评估这些电话是否有效、畅通。

评估采取观察法院门户网站、分析法院自报信息与项目组现场抽查执行案卷相结合、对执行联络电话进行验证等方法，并侧重于法院门户网站公开的执行信息的情况。

对执行指南、执行拍卖、失信被执行人信息公开等的评估主要通过查看各法院门户网站公开相关信息的情况。司法网拍等的评估则依靠从浙江省高级人民法院集控中心提取的全省法院网拍率、网拍成交额占比及网拍成交率的数据，并据此分析司法网拍执行的情况。执行措施透明度的评估采取查阅各法院的执行案卷的方式。项目组通过浙江省高级人民法院集控中心掌握了全省3级法院一定时期内的执行案件的结案信息，调取其中采取过查封、扣押、冻结、划扣等执行措施的执行案卷。除2013年采取了现场调取纸质案卷的方式外，2014年、2015年均调取电子案卷。每年评估均从各法院调取不少于20个执行案件，最终评估时，项目组再从每家法院提供的案卷中随机抽取10个案卷评查。

二 执行信息公开的成效

（一）2013年浙江法院阳光司法的亮点

1. 发布平台呈专业、统一趋势

针对执行信息中的专门性问题，整合发布平台，统一信息发布标准，有助于提升司法信息的公开水平，方便公众获取司法信息。在对执行信息公开板块进行评估和调研的过程中，项目组注意到，执行信息公开正在形成多层级、多领域、相对高效的信息发布统一平台。

首先，全省各级法院网站普遍接入全国统一的执行信息公开平台。随着人员、经济往来的日益密切，被执行人及需要执行的财产可能遍布全国多个地方，局限于某一地区难以做好执行工作。为此，在最高人民法院主导下，全国范围内逐步建立了多个统一的执行信息公开平台，实现了部分执行信息的全国联网查询。如，全国法院“被执行人查询”平台可以提供全国法院（不包括军事法院）2007年1月1日以后新收及此前未结执行实施案件中被执行人信息的查询服务。人民法院诉讼资产网公开了人民法院司法拍卖过程中诸如对外委托公告、摇号结果公

示、拍卖/变卖公告、成交结果公告等每个环节的信息。浙江各中级法院、基层法院均接入了上述两个系统，通过上述系统可以查询到浙江相关法院的执行信息。

其次，浙江省高级人民法院建设了多个执行信息公开平台，推动省内法院统一、高效地公开执行信息。如执行案件信息查询系统实现了全省法院执行案件基本信息、办理进度等的统一查询。浙江省高级人民法院网站提供的“曝光台”和“限制高消费”栏目正在向统一发布全省法院的执行曝光信息迈进。此外，浙江省开通的信用浙江网集中发布了全省法院提供的“个人未履行生效裁判失信信息”“单位未履行生效裁判失信信息”。截至 2013 年 9 月 23 日，法院提供的“个人未履行生效裁判失信信息”已达 1543468 条，“单位未履行生效裁判失信信息”达 47635 条。正是这些信息平台的运行提升了全省法院执行信息的发布水平，同时也显示出在阳光司法评估的 5 个板块中（2013 年首次评估时还对保障机制板块做了评估），浙江法院的执行信息公开情况普遍较为规范。

最后，有的中级法院开通了执行专门网站。评估结果显示，基层法院由于执行案件数量多、任务重，在法院门户网站之外开通了专门的执行网站，一些中级法院也开通了整合全市基层法院的执行网站（见表 5－1）。如宁波中院开通了宁波法院执行网，统一发布全市各基层法院执行监督举报电话、执行局内设机构及分工、不履行生效判决人员、限制高消费人员、限制出境人员、执行悬赏等信息。台州法院执行网以一个平台整合了全市各法院的执行信息，为各基层法院建设了执行子网站，确保了各法院执行网站页面设计、栏目设置、发布内容的协调一致。而且，台州市两级法院门户网站还设有执行专网的链接，可以直接从门户网站链接到执行专网，提高了信息发布的水平。此种公开模式虽然还没有做到尽善尽美，仍有改进的空间，但至少确保了本地法院执行信息公开的协调一致、标准统一，也为未来整体提升公开水平奠定了很好的基础，搭建了运行有效的工作机制。

表 5－1　　浙江法院执行网站建设情况（截至 2013 年 9 月）

法院	执行网	信息链接	法院	执行网	信息链接
西湖	www. zxjbw. com	√	玉环	yuhuan. tzfyzxw. gov. cn	√
江干	zxjbw. hzjgfy. gov. cn	√	温岭	wenling. tzfyzxw. gov. cn	√
宁波中院	fyzx. cnnb. com. cn	×	路桥	luqiao. tzfyzxw. gov. cn	√
温州中院	zxw. wzfy. gov. cn	×	椒江	jiaojiang. tzfyzxw. gov. cn	√
绍兴中院	www. sxfyzxw. cn	√	仙居	xianju. tzfyzxw. gov. cn	√
金华中院	zxw. jhcourt. cn	√	天台	tiantai. tzfyzxw. gov. cn	√
台州中院	www. tzfyzxw. com	√	三门	sanmen. tzfyzxw. gov. cn	√
临海	linhai. tzfyzxw. gov. cn	√	黄岩	huangyan. tzfyzxw. gov. cn	√

建设执行信息发布的统一平台意义显著。首先，能够实现各级各类法院执行信息的统一发布，有助于公众便捷地查找执行信息。其次，方便法院内部对执行信息发布进行实时、有效管理。最后，判决得到有效执行，维护了司法权威，提升了法院的公信力。

2. 执行信息公开注重翔实细节

从法律、司法解释等的要求和当前各级法院实际的操作来看，执行信息公开主要包括执行依据、标准、流程以及执行案件信息、拍卖公告等内容。评估发现，不少法院相互之间的差异不仅表现在上述信息的发布是否全面、有效上，还表现在有的法院在公开执行信息方面是否做得更细。如北仑法院在公开被执行人未履行义务曝光信息时，还公开了案件承办人信息，以求借公开手段对办案人员形成制约监督机制。又如，苍南法院在网站上公开了执行案件拍卖款分配方案。《最高人民法院关于人民法院执行信息公开的若干规定》第 11 条只要求向参与分配的债权人告知被执行人财产的处理方案、分配原则和分配方案以及相关法律规定，而苍南法院在网站上公开分配方案的做法，使执行信息公开又在现行规定的基础上向前迈出了一大步。

这些实践虽然是个别法院的创新，但也在一定程度上代表了执行信息公开的方向，表明执行信息公开仍有不少新的扩展领域。

3. 执行曝光信息的公开成为常态

被执行人拒不执行生效判决，往往是因为逃避执行的成本低、收益大，而法院执行工作因为查人找物困难而导致执行成本高、执行绩效不理想，难以做到案结事了，令判决如一纸空文，这既损害了当事人的合法权益，也影响了司法公信力和司法权威性，更不利于诚信社会建设。为此，现行《民事诉讼法》第255条规定，被执行人不履行法律文书确定的义务的，人民法院可以对其采取相关措施，如通知有关单位协助采取限制出境，在征信系统记录、通过媒体公布不履行义务信息以及法律规定的其他措施。2009年9月28日，浙江省人大常委会第十三次会议在听取浙江省高级人民法院民事执行工作报告后，审议通过了《关于加强全省法院民事执行工作的决定》，提出人民法院可以依法在征信系统记录或者通过媒体公布被执行人不履行法律文书确定义务的信息，此后，浙江省各级法院加大了执行工作的力度，执行信息公开工作逐步规范。

评估显示，浙江法院普遍建立了不履行生效判决当事人的信息发布机制。除了在信用浙江网集中发布不履行生效判决的单位、个人的相关信息外，浙江各级法院还在各自网站上公开了此类信息。全省63家法院持续通过本院门户网站或者执行专网发布不依法履行生效判决信息，且更新及时，有最近3个月的信息。此外，有的法院在公开不履行生效判决信息的基础上，公开了限制高消费人员信息、限制出境人员信息、执行悬赏信息。有5家法院持续通过本院门户网站或者执行专网发布限制高消费人员信息，且有最新3个月的信息（占4.9%）；3家法院持续通过本院门户网站或者执行专网发布限制出境人员信息，且有最新3个月的信息（占2.9%）；9家法院持续通过本院门户网站或者执行专网发布执行悬赏信息，且有最新3个月的信息（占8.7%）。项目组实地考察时也注意到，有的法院通过矗立在法院外的电子显示屏对外公开不履行生效判决当事人的肖像、身份信息、所涉案件等信息。

在运用严厉制裁措施的同时，常态化地公开拒不履行生效判决当事人的信息，引入社会评价和社会监督机制，鼓励全社会提供线索、参与执行监督，可以让拒不履行生效判决的当事人信誉扫地，提高违法者规避法律责任的成本。总之，加强拒不履行生效判决当事人信息的公开力度、建设失信惩戒机制为威慑被执行人提供了重要的手段，是新时期破解执行难问题的重要出路。

4. 着力提升拍卖环节的透明程度

拍卖环节的透明度涉及内容广泛，如公开选定评估、拍卖机构的条件、程序，向社会公布选定的具有相应资质的鉴定、评估、拍卖机构名单，向当事人和利害关系人公开评估、拍卖的过程和结果，探索利用市场交易平台或者互联网竞价拍卖，等等。公开拍卖环节的各类信息，提升执行财产处置的透明度，消除暗箱操作和各种不规范行为，可以提高资产处置的效率和公平度。项目组重点对拍卖公告和利用互联网竞价拍卖的情况进行了评估和调研。

拍卖公告是法院执行程序中处置诉讼资产的重要环节。《最高人民法院关于人民法院民事执行中拍卖、变卖财产的规定》未对拍卖公告的发布做硬性要求，仅规定拍卖公告的范围及媒体由当事人双方协商确定，协商不成的，由人民法院确定。但为了推进阳光司法，最高人民法院推动搭建了全国统一的司法评估、拍卖信息平台，组织开通了人民法院诉讼资产网（www. rmfysszc. gov. cn）。网站开通后，浙江全省各级法院执行案件中委托评估、拍卖的相关信息公告在原有公开媒体刊登的基础上，均同步在人民法院诉讼资产网刊登。项目组验证发现，浙江省所有法院均已在该网站公开拍卖公告。

浙江法院还在传统的拍卖平台基础上，创新司法拍卖形式，开发了司法网拍工作机制，通过与淘宝网的合作，开展司法拍卖。虽然司法网拍在拍卖物品的种类上受到众多制约，但全省法院普遍参与其中，且已经取得了明显成效。2013 年评估时，据对淘宝网司法拍卖栏目的检索，绝大多数法院已经在淘宝网司法网拍栏目中开展司法网拍工作（见表 5－2）。

表 5－2　**浙江法院开展司法网拍情况（截至 2013 年 9 月 26 日）**

法院	司法网拍	法院	司法网拍	法院	司法网拍	法院	司法网拍	法院	司法网拍	法院	司法网拍
浙江高院	不适用	江北	×	文成	×	德清	√	磐安	×	景宁	×
杭州中院	√	鄞州	√	平阳	√	绍兴中院	√	衢州中院	√	台州中院	√
上城	√	北仑	√	苍南	√	越城	×	柯城	√	临海	√
下城	×	镇海	×	泰顺	√	绍兴县	√	衢江	√	玉环	√
西湖	√	慈溪	√	嘉兴中院	√	诸暨	√	龙游	×	温岭	×
拱墅	×	余姚	√	南湖	×	嵊州	√	江山	√	路桥	×
江干	×	奉化	√	秀洲	×	上虞	√	常山	√	椒江	√
滨江	×	宁海	√	嘉善	√	新昌	×	开化	×	仙居	×
萧山	√	象山	√	平湖	√	金华中院	√	丽水中院	√	天台	×
余杭	×	温州中院	√	海盐	√	婺城	√	莲都	√	三门	√
临安	×	鹿城	√	海宁	√	金东	√	青田	√	黄岩	×
富阳	√	瓯海	√	桐乡	√	兰溪	×	云和	√	舟山中院	√
桐庐	√	龙湾	√	湖州中院	√	东阳	√	缙云	×	定海	√
建德	√	乐清	√	吴兴	√	义乌	√	遂昌	×	普陀	√
淳安	√	瑞安	√	南浔	√	永康	√	松阳	×	岱山	√
宁波中院	√	永嘉	√	安吉	×	浦江	√	龙泉	×	嵊泗	×
海曙	√	洞头	√	长兴	×	武义	×	庆元	×	宁波海事法院	√
江东	√										

相关资产的处置、拍卖是最易引起质疑的环节，拍卖信息的集中规范发布，提高了执行环节资产处置的透明度，有助于消除公众疑虑。司法网拍机制的引入在消除传统司法拍卖环节成本高、容易被操控等弊端方面进行了有益尝试，虽然引发了拍卖行业等的质疑，但这一做法明显降低了拍卖成本，提高了拍卖标的的资产变现率和溢价率，并借助淘宝

网较为透明的运行机制，提高了拍卖过程的透明度，减小了人为操纵拍卖的概率。可以说，司法网拍机制是规范执行活动、消除拍卖中各种乱象的创新之举。

（二）2014 年浙江法院阳光司法的亮点

随着最高人民法院、浙江省高级人民法院对执行信息公开的要求日益细化，浙江全省各级法院通过网站公开执行信息的情况发生了明显的改善。

1. 集中公开平台建设成效显著

打造司法公开的集中平台，有助于集约化地公开各法院的司法信息，有效防止各法院公开标准不统一、公开内容不一致、公开时限难监管的问题。为此，浙江省高级人民法院于 2014 年开通了浙法公开网，力图将其打造为全省法院集中发布司法信息的统一平台。该网站具有网页设置简洁、栏目功能划分清晰、司法信息发布集中等特点。其中，执行信息栏目下设了执行指南、执行案件信息查询、曝光台、执行举报、执行惩戒、执行拍卖、失信被执行人名单共计 7 个子栏目。全省不少法院及时将本院相关栏目转链接至浙法公开网的执行栏目，在集中、统一发布信息方面的成效明显。

2. 执行信息栏目建设日益规范

执行信息栏目是法院网站集中发布执行信息的地方，设置执行信息栏目有助于集中本院的各类执行信息，可方便公众快速查找所需的执行信息。评估中发现，有 99 家法院在门户网站设置了执行信息栏目，在 105 家法院中占 94.29%。

3. 执行指南信息发布相对较好

项目组通过法院门户网站对其公开执行指南的情况进行了观察和评估，结果显示，多数法院都在本院执行信息栏目中提供了执行指南的信息。据统计，提供受理执行案件的条件、需提交的材料、文书格式、受理法院、申请期间、启动程序方面信息的法院有 75 家，占 71.43%；在执行信息栏目中列明执行案件收费依据及各类执行案件收费标准或者直接提供《诉讼费用交纳办法》的法院有61家，占58.1%；在执行信息栏目列明执行费缓减免的条件和程序的法院有24家，占22.86%；在执行信息栏目提供执行申请人、被申请人等当事人执行风险或法律责任信息的法院有59家，占56.19%；在执行信息栏目提供本院执行规定的有30家，占28.57%。上述数据包括通过本院执行信息栏目的执行指南子栏目转链接至浙法公开网中的执行指南栏目的情况。

4. 执行拍卖信息常态发布

项目组通过法院门户网站对其公开执行拍卖信息的情况进行了观察和评估，结果显示，有82家法院在门户网站提供了委托拍卖公告栏目，其中，有58家法院直接公开了本院的公告信息，有14家法院链接到了人民法院诉讼资产网，另外10家法院的委托拍卖公告栏目无最近3个月信息。有66家法院提供了网络拍卖的栏目，其中提供网络拍卖信息公告栏目，有最近3个月信息，且所有信息链接均有效的有44家法院网站；提供网络拍卖信息公告栏目，有最近3个月信息，存在部分信息链接无效情况的有3家法院网站；执行信息栏目或者公告栏目链接到诉讼资产网且有网拍公告，或者链接到淘宝网司法网拍界面的有19家法院网站。

5. 司法网拍成效明显

司法网拍是浙江法院开展的司法拍卖创新举措，经过一年的推广，普及率和执行情况均有明显进步。根据浙江省高级人民法院集控中心提供的数据，2014年1—6月各级法院网拍率达到100%的有30家法院（见表5-3），① 同期网拍成交额占比达100%的有35家法院（见表5-4），② 同期网拍成交率达100%的有37家法院（见表5-5）。③

---

① 网拍率为网络拍卖完成数占拍卖及变卖总数的比例，即网络拍卖数/（拍卖数+变卖数）。

② 网拍成交额占比为网络拍卖成交额占拍卖、变卖总成交额的比例，即网络拍卖成交额/（拍卖成交额+变卖成交额）。

③ 网拍成交率为网络拍卖成交数占网络拍卖完成总数的比例，即网络拍卖成交数/网络拍卖数。

表 5－3　　2014 年 1—6 月各级法院网拍率 ①　　单位：%

排序	法院	网拍率	网拍数（件）	排序	法院	网拍率	网拍数（件）	排序	法院	网拍率	网拍数（件）
1	乐清	100	123	7	江干	97.14	34	40	黄岩	79.49	31
1	诸暨	100	91	8	瑞安	97.07	298	41	椒江	78.89	71
1	普陀	100	60	9	莲都	96.72	59	42	安吉	78.69	48
1	长兴	100	54	10	西湖	96.26	103	43	永嘉	78.41	69
1	海宁	100	43	11	德清	96.15	25	44	上城	77.78	42
1	桐乡	100	37	12	温州中院	96.10	74	45	开化	75.00	6
1	婺城	100	36	13	浦江	95.74	45	46	镇海	73.81	31
1	拱墅	100	32	14	北仑	95.45	84	47	下城	73.68	42
1	富阳	100	27	15	平湖	95.16	59	48	慈溪	73.28	85
1	嵊州	100	27	16	嘉善	94.92	56	49	路桥	72.97	27
1	鄞州	100	27	17	湖州中院	94.74	36	50	上虞	72.41	42
1	东阳	100	23	18	遂昌	94.44	17	51	龙游	71.43	5
1	淳安	100	21	18	桐庐	94.44	17	52	宁海	70.93	61
1	洞头	100	21	19	南浔	94.29	33	53	宁波中院	70.00	7
1	青田	100	20	20	绍兴	94.12	32	54	柯城	68.85	42
1	江山	100	18	21	松阳	92.86	26	55	杭州中院	66.67	12
1	江北	100	15	22	余杭	92.45	98	55	泰顺	66.67	12
1	新昌	100	12	23	丽水中院	90.91	10	55	金华中院	66.67	2
1	仙居	100	11	24	秀洲	90.67	68	56	温岭	63.46	33
1	龙泉	100	10	25	定海	90.00	54	57	海曙	61.54	24
1	绍兴中院	100	10	26	越城	87.91	80	58	江东	55.56	30
1	三门	100	8	27	玉环	87.88	29	59	义乌	51.72	30
1	武义	100	7	28	象山	86.67	39	60	金东	50.00	3
1	云和	100	7	29	瓯海	86.15	56	61	天台	41.67	15
1	常山	100	6	30	龙湾	85.84	97	62	台州中院	0	0
1	文成	100	5	31	萧山	85.44	88		磐安	—	
1	嘉兴中院	100	3	32	南湖	85.29	58		庆元	—	
1	岱山	100	2	33	永康	84.78	39		衢江	—	
1	缙云	100	2	34	苍南	84.38	27		衢州中院	—	
1	景宁	100	2	34	临安	84.38	27		嵊泗	—	
2	平阳	98.33	59	35	兰溪	82.86	29		下沙	—	
3	建德	98.31	58	36	临海	82.50	33		舟山中院	—	
4	海盐	98.04	50	37	奉化	82.35	28		**全省**	88.22	3953
5	吴兴	97.73	43	38	余姚	82.28	65		**基层**	88.14	3799
6	鹿城	97.54	277	39	滨江	81.25	13				

① 由浙江省高级人民法院集控中心提供。

表 5－4　　2014 年 1—6 月各级法院网拍成交额占比①

排序	法院	成交额占比（%）	网拍成交额（万元）	排序	法院	成交额占比（%）	网拍成交额（万元）	排序	法院	成交额占比（%）	网拍成交额（万元）
1	德清	100	18782.80	2	瑞安	99.45	30386.87	37	上虞	73.46	18981.00
1	普陀	100	17642.20	3	海盐	99.44	9211.24	38	安吉	73.03	3758.00
1	海宁	100	16714.30	4	建德	98.87	13632.87	39	下城	68.23	7211.00
1	淳安	100	15294.20	5	平湖	97.98	17890.69	40	温岭	63.26	5310.30
1	诸暨	100	10778.90	6	遂昌	97.27	2497.70	41	余姚	62.69	6480.50
1	乐清	100	10314.00	7	玉环	95.88	7455.46	42	莲都	62.27	4583.90
1	桐乡	100	8740.40	8	兰溪	95.52	7753.00	43	慈溪	61.47	10176.00
1	婺城	100	7589.75	9	嘉善	95.24	6107.18	44	永嘉	60.72	4317.40
1	鄞州	100	7003.70	10	鹿城	94.51	68529.16	45	泰顺	58.71	531.01
1	南浔	100	5357.00	11	余杭	94.38	43790.06	46	永康	58.70	7137.90
1	吴兴	100	4715.20	12	滨江	94.32	7939.70	47	湖州中院	55.70	616.00
1	东阳	100	4478.40	13	温州中院	94.20	26959.23	48	江东	52.90	9638.90
1	富阳	100	4415.90	14	秀洲	93.88	4933.71	49	上城	51.53	5128.40
1	长兴	100	4384.54	15	椒江	92.84	13639.39	50	柯城	48.29	1689.40
1	拱墅	100	4235.25	16	奉化	91.90	3899.34	51	宁海	40.25	6547.70
1	平阳	100	4138.20	17	江干	90.76	2465.59	52	义乌	39.16	5849.80
1	三门	100	3319.60	18	浦江	90.66	15196.15	53	桐庐	34.73	6087.50
1	江山	100	2640.80	19	象山	90.37	5468.11	54	金华中院	28.93	1531.50
1	武义	100	2594.00	20	松阳	90.31	15476.24	55	海曙	25.35	549.66
1	绍兴中院	100	2468.50	21	龙湾	89.99	13922.77	56	金东	22.54	26.80
1	嵊州	100	2349.10	22	丽水中院	89.57	10992.60	57	龙游	11.24	345.80
1	文成	100	2293.00	23	开化	89.16	431.60	58	天台	3.81	1202.70
1	青田	100	1506.20	24	绍兴	87.56	12380.55	59	杭州中院	1.01	117.26
1	临安	100	1334.85	25	西湖	87.19	11264.75	60	宁波中院	0.65	55.30
1	龙泉	100	1315.10	26	越城	85.26	23160.11	61	台州中院	—	0
1	新昌	100	1044.34	27	黄岩	85.04	3221.25		磐安	—	
1	仙居	100	829.11	28	瓯海	84.84	13475.25		庆元	—	
1	江北	100	781.32	29	南湖	83.89	5101.52		衢江	—	
1	云和	100	645.60	30	北仑	83.30	6700.88		衢州中院	—	
1	常山	100	557.00	31	路桥	83.27	4072.54		嵊泗	—	
1	洞头	100	363.14	32	苍南	81.65	3096.17		下沙	—	
1	缙云	100	138.60	33	定海	81.36	4830.70		舟山中院	—	
1	岱山	100	118.20	34	萧山	80.56	20045.46		**基层**	81.33	681797.00
1	嘉兴中院	100	41.25	35	临海	76.93	4731.90		**全省**	79.77	724579.00
1	景宁	100	1.25	36	镇海	74.14	7119.60				

① 由浙江省高级人民法院集控中心提供。

表 5－5　　2014 年 1—6 月各级法院网拍成交率①

排序	法院	网拍成交率（%）	排序	法院	网拍成交率（%）	排序	法院	网拍成交率（%）
1	诸暨	100	1	缙云	100	34	镇海	86.21
1	越城	100	1	景宁	100	35	江干	85.71
1	普陀	100	2	萧山	98.82	36	玉环	85.19
1	南湖	100	3	平湖	98.18	37	柯城	85.00
1	宁海	100	4	瓯海	98.15	38	椒江	83.82
1	浦江	100	5	永康	97.30	39	黄岩	81.48
1	上城	100	6	永嘉	97.10	40	定海	81.25
1	下城	100	7	苍南	96.15	41	乐清	80.49
1	婺城	100	8	德清	96.00	42	秀洲	76.67
1	温岭	100	9	松阳	95.83	43	兰溪	76.00
1	奉化	100	10	海盐	95.74	43	临安	76.00
1	绍兴	100	11	余姚	95.31	44	遂昌	75.00
1	鄞州	100	12	吴兴	95.24	45	江北	71.43
1	富阳	100	13	建德	94.74	46	慈溪	70.24
1	路桥	100	14	上虞	94.59	47	绍兴中院	70.00
1	东阳	100	15	温州中院	94.52	48	瑞安	69.57
1	洞头	100	16	鹿城	94.46	48	长兴	69.57
1	淳安	100	17	桐庐	93.75	49	安吉	68.89
1	青田	100	18	临海	93.55	50	海曙	66.67
1	江山	100	19	嘉善	93.48	51	南浔	62.96
1	天台	100	20	江东	93.33	52	龙泉	50.00
1	滨江	100	21	义乌	92.86	52	常山	50.00
1	新昌	100	22	海宁	92.68	53	湖州中院	47.37
1	仙居	100	23	桐乡	91.89	54	宁波中院	33.33
1	丽水中院	100	24	杭州中院	91.67	55	台州中院	—
1	泰顺	100	25	象山	91.18		磐安	—
1	云和	100	26	西湖	91.04		庆元	—
1	开化	100	27	拱墅	90.62		衢江	—
1	龙游	100	28	龙湾	90.11		衢州中院	—
1	武义	100	29	北仑	89.33		嵊泗	—
1	嘉兴中院	100	30	嵊州	88.00		下沙	—
1	金东	100	31	三门	87.50		舟山中院	—
1	文成	100	32	莲都	86.54		**基层**	89.39
1	岱山	100	33	余杭	86.42		**全省**	89.18
1	金华中院	100	34	平阳	86.21			

① 由浙江省高级人民法院集控中心提供。

6. 失信信息公开有所进步

2013 年度评估时，全省有 63 家法院持续通过本院门户网站或者执行专网发布不依法履行生效判决信息，且有最近 3 个月的信息（占 61.2%）；2014 年此数据为 73 家法院（占 69.52%）。此外，2013 年，全省有 5 家法院持续通过本院门户网站或者执行专网发布限制高消费人员信息，且有最近 3 个月的信息（占 4.9%）；2014 年为 23 家（占 21.9%）。2013 年有 3 家法院持续通过本院门户网站或者执行专网发布限制出境人员信息，且有最近 3 个月的信息（占 2.9%）；2014 年为 16 家（占 15.23%）。此外，还有 11 家法院发布了限制招投标信息（占 10.48%）。由于 2015 年度开始不再评估失信信息的发布，所以，报告中仅对有关情况进行统计。

（三）2015 年浙江法院阳光司法的亮点

1. 执行信息平台整合效果初显

2015 年度评估发现，不少法院的执行信息公开平台整合效果显著，对于集中发布执行信息起到了很好的作用。以浙江省高级人民法院的执行信息公开平台为例，2014 年，浙江法院网（www.zjcourt.cn）及浙法公开网（www.zjsfgkw.cn）都具有发布执行信息的功能，但两个平台所发布的执行指南信息有差异。2015 年评估时，两个网站平台进行了一定的整合，浙法公开网更名为浙江法院公开网，统一发布包括执行信息在内的审判执行业务信息，原浙江法院网变更为浙江法院新闻网，集中发布法院新闻、法院动态等信息，不再发布执行信息。两网整合后的功能定位趋于明确，有助于避免信息发布的重复、矛盾与混乱，能够更好地发挥网站的指引作用，也便于公众快速准确地获取相应信息。

2. 执行信息栏目设置日益规范

执行信息栏目是法院网站集中发布执行信息的地方，设置执行信息栏目有助于集中发布和展示本院的各类执行信息，也可方便公众快速查找所需的执行信息。评估中发现，除杭州铁路法院没有开设门户网站外，其余104家法院门户网站全部设置了执行信息栏目，执行信息栏目设置比例达到99.05%，相较于2014年的94.29%有小幅提升。这表明法院对执行信息公开的重视程度逐步提升。

此外，部分法院门户网站的执行信息栏目设置更加规范。以嘉兴中院的网页建设为例进行说明，2014年嘉兴中院网站首页有3个执行信息栏目，均发布相关执行信息，执行信息栏目的重复设置，导致网站散乱、无序，信息发布的重复和矛盾给当事人和社会公众带来不便。2015年的评估中发现，嘉兴中院对本院门户网站的执行信息栏目进行了整合，仅在网站首页导航栏设置了执行信息栏目，取消了其他位置的执行信息栏目设置，保证了执行信息栏目的醒目与唯一性。

3. 执行指南发布情况总体较好

（1）执行指南发布情况改善明显

评估结果显示，浙江多数法院都在本院门户网站执行信息栏目中提供了执行指南的信息，公开情况总体明显好于2014年。据统计，提供受理执行案件的条件、需提交的材料、文书格式、受理法院、申请期间、启动程序方面信息的法院有86家，占81.90%，相较于2014年的71.43%，提升了10.47个百分点；在执行信息栏目中列明执行案件收费依据及各类执行案件收费标准或者直接提供《诉讼费用交纳办法》的法院有62家，占59.05%，相较于2014年的58.10%，稳中微升；在执行信息栏目列明执行费缓减免的条件和程序的法院有71家，占67.62%，比2014年的22.86%，有显著提升；在执行信息栏目提供本院执行规定的有46家，占43.81%，比2014年的28.57%有小幅提升。上述数据包括通过本院执行信息栏目的执行指南子栏目转链接至浙江法院公开网中的执行指南栏目的情况，但是不包括将执行指南信息杂糅在本院网站诉讼指南、其他诉讼服务等栏目的情况。

（2）执行指南全面翔实查找便利

评估发现，一些法院执行信息栏目设置规范，执行指南提供的信息分类合理，内容全面、具体，查找便利。如丽水中院，执行信息栏目分为执行动态、执行指南、曝光台、执行惩戒、案件进度五个子栏目，栏目设置清晰合理，其中执行指南又分为执行常识、执行工作相关法律条文及规定、丽水中院执行工作相关规定3个子栏目，对信息进行分类发布，有效降低了信息查询难度，便于公众快速获取所需信息，很好地发挥了执行指南的引导作用。在这一方面做得较好的法院还有缙云法院、台州中院、路桥法院。

4. 执行措施的告知率稳中有升

对采取查封、扣押、冻结、划扣措施后相应裁定的发送情况进行抽查的结果显示，采取执行措施后的裁定发送率稳中有升。在2015年抽取的浙江法院执行案卷中，采取过执行措施的案卷有994个，其中，有350个案卷显示其采取的所有执行措施的执行裁定书均向被执行人发送过，比例为35.21%；2014年，采取过执行措施的案卷有893个，其中，有288个案卷显示其采取的所有执行措施的执行裁定书均向被执行人发送过，比例为31.35%。两年相比，发送率略有提升。另外，有462个案卷显示，其采取的执行措施的执行裁定书均没有向被执行人发送，与2014年相同。总体而言，执行裁定书的发送率稳中有升。其中，对吴兴法院、海曙法院、青田法院、上城法院所抽取的10个案卷显示，其所有执行措施的执行裁定书均向被执行人发送过。部分法院在所抽取的10个案卷中有9个案卷显示其采取执行措施的执行裁定书均向被执行人发送过，如仙居法院、江北法院、鄞州法院。

部分法院案卷中留存有电子化告知的相关记录。随着12368司法服务平台的开通，有些法院启用了12368司法短信平台，通过短信的方式为当事人发送法院的执行措施裁定，并在案卷中留有记录，这相较于一些法院通过信息系统方式告知信息后，不在案卷中做留存的做法规范很多。

5. **执行款物发放告知记载清晰**

虽然在2015年度抽取的大多数案卷中都没有执行款物的发放告知记录，但部分法院的记录显示有执行款发放告知的情况。这分为以下两种情况。第一，法院在划款前给被执行人致电告知执行款的情况，如海曙法院的某执行案件的备忘录显示了电话内容。第二，有执行款发放通知单载明有对当事人发放执行款的告知记录。全部案卷中有10个案卷有这种告知记录。

6. **部分执行款物发放较为及时**

2015年度项目组在对执行款物发放告知的情况进行汇总时发现，有些法院案卷记录显示法院及时发放了执行款。这包括以下几种情况：当场发放执行款，当场履行执行款；被执行人交付执行款当日，法院就将执行款发放给申请人；被执行人交付执行款次日，法院将执行款发放给申请人；被执行人交付执行款5日内，法院将执行款发放给申请人。

7. **司法网拍普及率和质效提升**

司法网拍是浙江法院的创新，对于保护执行案件当事人合法权益、实现涉案资产最大化变现起到了显著成效。据通过浙江省高级人民法院集控中心调取的2015年1—9月的司法网拍质效数据，全省法院的司法网拍率为99.75%，比2014年的88.22%提升了11.53个百分点，网拍率达到100%的法院数由2014年的30家增加到2015年的89家（见表5－6）；全省网拍成交额由2014年的79.77%上升为2015年的98.98%，比例达到100%的法院由2014年的35家增加到2015年的93家（见表5－7）；全省网拍成交率由2014年的89.18%上升为2015年的90.32%，网拍成交率达到100%的法院2015年有32家，比2014年的37家略有下降（见表5－8）。

表 5-6　　2015 年 1—9 月各级法院网拍率①

排序	法院	网拍率	网拍数（件）	排序	法院	网拍率	网拍数（件）	排序	法院	网拍率	网拍数（件）
1	鹿城	100	701	1	瓯海	100	111	1	常山	100	30
1	瑞安	100	546	1	嵊州	100	107	1	缙云	100	30
1	萧山	100	369	1	桐乡	100	105	1	青田	100	30
1	慈溪	100	353	1	临安	100	101	1	金东	100	28
1	诸暨	100	271	1	鄞州	100	101	1	洞头	100	26
1	江东	100	264	1	海曙	100	100	1	龙泉	100	26
1	余杭	100	264	1	秀洲	100	94	1	浦江	100	21
1	建德	100	214	1	永嘉	100	94	1	衢江	100	17
1	路桥	100	192	1	滨江	100	85	1	文成	100	16
1	上城	100	187	1	桐庐	100	85	1	云和	100	14
1	苍南	100	183	1	海宁	100	81	1	岱山	100	13
1	越城	100	181	1	东阳	100	80	1	庆元	100	13
1	温岭	100	173	1	黄岩	100	80	1	衢州中院	100	12
1	南湖	100	172	1	镇海	100	76	1	新昌	100	11
1	平阳	100	172	1	仙居	100	75	1	磐安	100	9
1	余姚	100	170	1	三门	100	73	1	景宁	100	8
1	江干	100	166	1	兰溪	100	72	1	开化	100	8
1	普陀	100	162	1	淳安	100	69	1	金华中院	100	6
1	北仑	100	156	1	柯城	100	69	1	嘉兴中院	100	3
1	椒江	100	152	1	天台	100	63	2	义乌	99.60	252
1	嘉善	100	150	1	南浔	100	62	3	吴兴	99.39	163
1	永康	100	149	1	平湖	100	59	4	乐清	99.30	142
1	长兴	100	141	1	遂昌	100	55	5	杭州中院	99.28	138
1	拱墅	100	141	1	龙游	100	54	5	定海	99.28	137
1	玉环	100	141	1	江北	100	52	6	奉化	99.08	108
1	婺城	100	136	1	台州中院	100	51	7	龙湾	98.88	354
1	富阳	100	134	1	武义	100	47	8	西湖	98.51	199
1	安吉	100	133	1	德清	100	44	9	临海	98.41	62
1	江山	100	131	1	海盐	100	41	10	下城	94.42	220
1	温州中院	100	131	1	绍兴中院	100	36	11	宁波海事法院	92.86	13
1	象山	100	131	1	下沙	100	34	12	泰顺	92.59	25
1	莲都	100	129	1	舟山中院	100	34	13	宁波中院	89.47	34
1	宁海	100	128	1	松阳	100	32	14	嵊泗	—	
1	绍兴	100	127	1	湖州中院	100	31		**基层**	99.75	11100
1	上虞	100	118	1	丽水中院	100	31		**全省**	99.71	11620

① 由浙江省高级人民法院集控中心提供。

表 5－7　　2015 年 1—9 月各级法院网拍成交额占比①

排序	法院	成交额占比（%）	排序	法院	成交额占比（%）	排序	法院	成交额占比（%）
1	安吉	100	1	丽水中院	100	1	桐乡	100
1	北仑	100	1	莲都	100	1	温岭	100
1	滨江	100	1	临安	100	1	温州中院	100
1	苍南	100	1	临海	100	1	文成	100
1	长兴	100	1	龙泉	100	1	武义	100
1	常山	100	1	龙湾	100	1	婺城	100
1	淳安	100	1	龙游	100	1	下沙	100
1	慈溪	100	1	鹿城	100	1	仙居	100
1	岱山	100	1	路桥	100	1	象山	100
1	德清	100	1	南湖	100	1	萧山	100
1	定海	100	1	南浔	100	1	新昌	100
1	东阳	100	1	宁海	100	1	秀洲	100
1	洞头	100	1	瓯海	100	1	鄞州	100
1	富阳	100	1	磐安	100	1	永嘉	100
1	拱墅	100	1	平湖	100	1	永康	100
1	海宁	100	1	平阳	100	1	余杭	100
1	海曙	100	1	浦江	100	1	余姚	100
1	海盐	100	1	普陀	100	1	玉环	100
1	湖州中院	100	1	青田	100	1	越城	100
1	黄岩	100	1	庆元	100	1	云和	100
1	嘉善	100	1	衢江	100	1	镇海	100
1	嘉兴中院	100	1	衢州中院	100	1	舟山中院	100
1	建德	100	1	瑞安	100	1	诸暨	100
1	江北	100	1	三门	100	2	奉化	99.99
1	江东	100	1	上城	100	3	吴兴	99.57
1	江干	100	1	上虞	100	4	义乌	99.41
1	江山	100	1	绍兴	100	5	西湖	99.37
1	椒江	100	1	绍兴中院	100	5	乐清	99.37
1	金东	100	1	嵊州	100	6	宁波海事法院	94.60
1	金华中院	100	1	松阳	100	7	杭州中院	91.35
1	缙云	100	1	遂昌	100	8	下城	66.23
1	景宁	100	1	台州中院	100	9	宁波中院	47.39
1	开化	100	1	泰顺	100	10	嵊泗	—
1	柯城	100	1	天台	100		**基层**	99.41
1	兰溪	100	1	桐庐	100		**全省**	98.98

① 由浙江省高级人民法院集控中心提供。

表 5 - 8 2015 年 1—9 月各级法院网拍成交率①

排序	法院	网拍成交率（%）	排序	法院	网拍成交率（%）	排序	法院	网拍成交率（%）
1	苍南	100	5	下城	98.97	35	永嘉	89.13
1	德清	100	6	温岭	98.67	36	海宁	89.04
1	东阳	100	7	建德	98.00	37	南浔	88.89
1	奉化	100	8	鄞州	97.98	37	磐安	88.89
1	富阳	100	9	临海	97.96	38	余杭	88.59
1	宁波海事法院	100	10	路桥	97.35	39	西湖	88.24
1	海盐	100	11	萧山	96.62	40	松阳	88.00
1	杭州中院	100	12	青田	96.55	41	平阳	87.27
1	湖州中院	100	13	金东	96.15	42	莲都	87.20
1	嘉兴中院	100	14	南湖	96.00	43	温州中院	86.78
1	金华中院	100	14	泰顺	96.00	44	玉环	85.71
1	缙云	100	15	椒江	95.86	44	云和	85.71
1	开化	100	15	永康	95.86	45	拱墅	84.80
1	乐清	100	16	台州中院	95.74	46	江北	84.00
1	丽水中院	100	17	象山	95.35	47	嘉善	83.94
1	龙泉	100	18	武义	95.00	48	海曙	83.33
1	宁海	100	19	吴兴	94.70	48	三门	83.33
1	宁波中院	100	20	秀洲	94.62	49	义乌	83.03
1	平湖	100	21	安吉	94.57	50	江东	80.34
1	浦江	100	21	婺城	94.57	51	江干	78.46
1	普陀	100	22	文成	93.75	52	龙游	76.47
1	衢江	100	23	黄岩	93.67	53	景宁	75.00
1	上虞	100	24	余姚	92.99	54	衢州中院	72.73
1	绍兴	100	25	舟山中院	92.86	55	兰溪	72.06
1	绍兴中院	100	26	淳安	92.42	56	瑞安	71.37
1	天台	100	26	柯城	92.42	57	长兴	68.50
1	桐庐	100	27	定海	92.23	58	慈溪	67.86
1	下沙	100	28	庆元	91.67	59	岱山	66.67
1	仙居	100	29	滨江	91.57	60	江山	65.22
1	新昌	100	30	鹿城	91.33	61	嵊州	63.92
1	越城	100	31	洞头	91.30	62	遂昌	47.17
1	诸暨	100	31	镇海	91.30	63	常山	44.44
2	上城	99.47	32	北仑	90.23	64	嵊泗	—
3	桐乡	99.05	33	龙湾	89.33		**基层**	90.09
4	临安	99.00	34	瓯海	89.19		**全省**	90.32

① 由浙江省高级人民法院集控中心提供。

三 执行信息公开存在的问题

（一）2013 年浙江法院阳光司法的问题

1. 评估发现的问题

（1）专门平台与门户网站关系仍待协调

如何协调好在专门平台与在自身门户网站发布信息的关系，是随着法院网站建设和专门发布平台建设逐步发展出现的新问题。评估和调研显示，有的法院只在专门的执行网站或者其他专门平台上发布信息，弃自身门户网站不用，甚至未在门户网站上提供专门网站或者统一发布平台的链接，以至于公众难以找到相关信息。一些法院在发布执行信息时，在国家、省乃至市级层面的统一平台能做到发布规范、持续发布，并注重信息的及时更新，但在本院门户网站上或者不发布，或者不能持续发布，或者不能确保及时发布。

首先，法院门户网站缺乏专门发布平台的信息链接。如执行专网方面，浙江省所有开通了执行专网的法院中，有两家中院的网站没有提供自身执行专网的信息链接，公众要知晓相关信息，只能通过搜索引擎才能查询到。在人民法院诉讼资产网、信用浙江网等平台上发布信息时，很多法院也不提供信息链接，需要通过搜索引擎查询相关网站，这无疑给不熟悉网络应用的部分公众带来诸多不便。

其次，忽视在自身门户网站上发布信息。所有法院均会在人民法院诉讼资产网上定期发布拍卖公告，但不少法院在本院门户网站不发布、不能持续发布、不能及时更新信息。统计显示，71 家法院在本院门户网站提供拍卖公告，占 68.9%，未在其门户网站发现拍卖公告的有 32 家法院，占 31.1%。71 家提供拍卖公告的法院中，能够在最近 2 年中持续发布拍卖公告的，有 53 家法院，发布存在断续现象的有 18 家法院，分别在 71 家法院中占 74.6% 和 25.4%；能够发现其最近 3 个月的拍卖公告的有 60 家法院，未能发现这类信息的有 11 家法院，分别占 84.5% 和 15.5%。再如，某中级法院的执行网站集中发布全市法院的

“老赖名单”“高消费限制”“出境限制”“执行悬赏”等信息，但其辖区内各基层法院的门户网站无论是否设有执行曝光栏目，几乎都没有全面公开这些信息。

最后，多平台发布存在信息不一致性的问题。同一信息发布在不同平台上时，其内容应当保持一致，否则，既影响公开质量甚至影响法院的权威，也会让公众无所适从。2015 年度评估和调研未对信息一致性做出具体要求，但项目组发现，各类统一平台与法院自身网站之间普遍存在信息内容不一致、信息发布时间不同步等问题。

有的法院同时在多个平台发布信息时，会出现有的信息只在某个平台上发布而不在其他平台上发布，在不同网站发布的同一类信息内容不同的情况。这种在统一平台与在自身门户网站发布不协调的做法，导致信息发布混乱，使公众查找信息时难寻规律，增加其查询信息的难度，影响公开效果。而且这种状况也不得不令人反思，在推动司法公开时，信息发布平台是否建得越多越好。

（2）执行措施的告知情况待改进

执行措施透明度要求执行环节采取强制措施后应当及时告知当事人，保障当事人的知情权和监督权。《最高人民法院关于人民法院执行信息公开的若干规定》明确规定，人民法院采取查封、扣押、冻结、划拨等执行措施的，应当依法制作裁定书送达被执行人，并在实施执行措施后将有关情况及时告知双方当事人，或者以方便当事人查询的方式予以公开。

项目组围绕法院采取查封、扣押、冻结、划拨等执行措施后向被执行人送达相关法律文书的情况，进行了抽查和统计分析。项目组于 2013 年 5 月 26 日—6 月 2 日在全省 11 家中级法院及宁波海事法院现场，对全省 103 家法院 2012 年的执行案卷进行了随机抽查，每家法院抽查了 10 件案卷。这 1030 件执行案卷中，有 190 件为未采取任何强制措施，即执行终结的，如被执行人无可供执行的财产、被执行人下落不明等，占 18.4%；437 件为未采取任何强制措施，即由被执行人自动履行或者双方执行和解的，占 42.4%；31 件为对外委托执行的，占

3.0%；剩余372件显示案件采取了强制措施，占36.2%。

通过分析372件采取了强制措施的执行案卷，项目组发现，法院在执行程序中，对执行申请人和协助执行机构（如房屋登记部门、车辆登记部门、金融机构等）送达相关法律文书的情况较为规范，但向被执行人送达执行裁定书的情况则不够规范。这部分案卷显示，既有向被执行人送达执行措施法律文书记录，又有被执行人签收的送达回证的，有147件，在此类案卷中占39.5%；有送出记录但无送达回证的，有43件，占11.6%；既没有送出记录，也没有送达回证的，有182件，占48.9%。执行中的文书送达有其特殊性，有别于诉讼阶段的文书送达，不能一概而论。在执行过程中，有些文书应当依法送达，如执行通知书、追加变更当事人的裁定，有些文书则不以送达为前提，如查封、冻结、扣划裁定等过早送达可能导致被执行人转移、隐匿财产，但无论是在诉讼阶段还是在执行阶段，做出的涉及当事人权益的法律文书或者司法行为不及时告知当事人，终究不利于对当事人诉讼权利及其他合法权益的保障。

就法院级别而言，中级法院的情况略好于基层法院。中级法院中，案卷显示既有送出记录，又有送达回证的占45.6%，有送出记录无送达回证的，占19.3%，既无送出记录又无送达回证的，占35.1%；基层法院中，此数据分别为38.3%、9.9%和51.8%。

项目组注意到，没有按规定送达执行裁定书的情形针对的主要是那些拒不履行生效判决的当事人。在与执行法官的访谈中，项目组注意到，对拒不履行生效判决的当事人，如果送达了相关文书，其就有可能转移财产，使执行工作变得更困难。但是，尽管存在被执行人规避执行的问题，法院在执行的时候也要严守法律规定的程序和要求。最高人民法院对此有明确的要求，执行裁定等要依法送达双方当事人，这种不向当事人发送、只向申请人发送而不向被申请人发送或者只向协助执行机构发送的做法，显然不符合程序正义的要求，剥夺了当事人就裁定等提出异议的权利，也授人以法院不依法办事的口实。

此外，项目组也发现，31个对外委托执行的案卷中，仅有7个案件有受托法院的反馈记录，其他委托执行案件如石沉大海，这表明委托执行过程也存在不规范的地方，但此问题不在本次调研与评估的范围内，在此不予详述。

（3）个人信息过度公开较为常见

对不履行生效判决的自然人，个别法院所曝光的当事人个人信息的范围值得商榷。

随着信息社会的快速发展，信息的价值凸显，个人肖像、姓名、住所、身份证号码等个人信息对于个人而言，其重要性越来越明显。单独某条个人信息的披露可能没有太大风险，但凭借多项个人信息的组合就可以描绘出一个人的全貌，帮助分析个人的喜好、性格、经济状况、健康状况等，这不仅可能使当事人遭受骚扰，还可能导致生命财产安全遭受危害，给社会管理带来新的问题。从浙江法院曝光不履行生效判决的自然人信息范围看，一般包括其姓名、性别、肖像、身份证号码、住址、所涉案件的案号、所涉案件的案由、被执行标的等。毫无疑问，披露不履行生效判决的当事人信息，是为督促其履行义务，促进诚信社会建设。但曝光其个人信息应有限度，尤其是在个人信息安全受到越来越多威胁的今天，更要把握好比例原则，把握好利用新兴共享机制实现联合惩戒的方法和尺度，防止过度公开那些与推动执行工作无密切关系的信息。虽然那些拒不履行生效判决的当事人存在违法行为，理应受到法律制裁，但是，一旦过度披露其个人信息，也可能导致其身份被冒用、自身或者其亲属的生命财产安全遭受损害。

（4）执行款物交付时间有待压缩

加强执行工作、提高执行工作透明度、保障执行申请人合法权益，还需要规范执行款物的交付时间，提高交付效率。评估与调研发现，各法院执行款物交付时间的实际情况参差不齐，差异较大。2013 年度评估法院执行款物交付时间，所依据的数据为浙江省高级人民法院提供的 2013 年 1—6 月执行款发放平均天数。据统计，除浙江省高级人民法院外，上半年执行款发放时间最短的为平均 1.03 天，最长的为平均 115.02 天（本统计包括了下沙法院，即杭州经济技术开发区法院的数据）。其中，平均天数少于5天（不含5天）的，有24家法院；5—10天（不含10天）的，有19家法院；10—20天（不含20天）的，有16家法院；20—30天（不含30天）的，有18家法院；30天以上的，有25家法院。

可见，一些法院的执行款物拨付时间还比较长。执行实践中，有的款项因参与分配诉讼、异议之诉等原因，可能长时间滞留在法院账户上，因此，款项支付给申请人的时间长短不能一概而论，有必要进一步追问原因，以判断是否有正当的理由。但执行款物长期滞留在法院的执行专户中，未及时拨付给当事人也会使当事人财产权益受到影响，有时甚至会直接或者间接引发当事人的其他损失。而且，无正当理由但不及时拨付执行款给当事人的做法也容易让人猜疑，影响法院的公信力。因此，如何规范执行款拨付环节，提高拨付效率，将是各级法院未来需要着力解决的问题。

2. 原因分析

从执行信息公开板块的评估和调研情况看，项目组认为，执行信息公开中存在问题的原因是多方面的，其中下述几点应该引起重视。

（1）司法公开认识不够到位

执行信息公开落实不到位、一些方面公开情况不理想，与部分法院工作人员认识不到位有密切的关系。

首先，部分法院工作人员存在“执行信息公开无用论”的思想。项目组在与部分法院工作人员的交流中注意到，在有的法院工作人员看来，公开与否并不是最重要的，关键的问题在于是否使执行案件得到落实。案件执行情况不理想的话，公开做得多好都没用。特别是，有的法官提出，被执行款物被扣押、冻结、划拨、拍卖后，被执行人自己肯定能知道，法院没有必要再专门告知，而且，面对案多人少的现状，法院逐个履行送达程序，成本高，影响工作效率。这一类观点看上去合情合理，但实际上是找出各种理由，不愿意甚至抵触公开，也对执行工作的规范化造成阻碍。没有公开，很多案件可能会游离于监督之外，被锁在承办人抽屉里，容易为个别人“勾兑”案件提供便利。

其次，部分法院工作人员持有公开应讲条件的论断。比如，有的观点认为，那些拒不主动履行生效判决的当事人既然已经违法，就没有必要过多考虑对其权益的保障。比如在执行曝光方面，如前所述，不少法院存在过度曝光自然人个人信息的情况。之所以出现这种情况，是因为不少人认为，所曝光的都是“老赖”，对于他们，曝光这些信息还都不足以督促其自觉履行义务，又何谈“过度”呢？殊不知，法院作为公权力机关，无论对守法者还是对违法者而言，均应严守法律底线，依法保护权利，依法制裁违法行为，而不能厚此薄彼。

最后，部分法院工作人员还持有公开万能论。他们认为公开包治百病，希望用公开解决所有执行过程中遇到的难题。公开是手段，是基础，没有公开，就没有司法公正和司法公信力，但公开解决不了司法体制改革中面临的所有问题。以执行信息曝光为例，单纯依靠对社会全面披露拒不履行生效判决当事人的信息，并不足以解决执行难问题。对不履行生效判决的当事人信息进行披露与共享是为了构筑完善的信用体系，并形成有效的失信惩戒机制。但问题在于，这样做的形式意义大于实质意义，因为在一个日益多元化、人员流动频繁的“生人”社会，仅仅向社会披露其个人信息，还不足以使其真正在社会上寸步难行，更无法真正在社会上形成对其的负面评价。通过信息共享促进解决执行难问题的关键在于，应结合信息的披露与共享，推进信用体系建设，实行部门间的执行联动与联合惩戒机制，利用专门的信息共享渠道，及时准确地将失信信息传递给公安、出入境、交管、工商登记、交通运输、房管、金融、宾馆等机关和企事业单位乃至专门的有资质的社会征信机构，使其在管理或者经营过程中，及时掌握有关当事人的失信情况，并真正做到不予其方便、不与其交易，让其无路可走、无利可图。如果缺少这些机制，在网站、新闻媒体上公开再多的失信信息，也是收效有限。

（2）公开平台建设的头绪太多

执行信息公开缺乏统一的思路与规则，公开平台建设在整合过程之中顾此失彼。回顾法院网站建设，可以发现，法院公开平台的建设思路是随着信息化的发展、对法院司法公开的要求提升等而不断调整的。最初是各法院一窝蜂地建设网站，后来逐步发现某些领域（如执行）的信息平台具有一定的特殊性、专业性，或者需要强调其重要性，因此，不少法院在门户网站之外建设了各类执行专网。但随后又发现，各法院自行建设门户网站、自行在网站上发布信息，导致信息公开平台分散，公开效率低、公开标准混乱、公开随意性强、公开的信息资源各自割裂难以形成信息优势，影响公开效果、公开水平和工作推动，因此，在执行等领域又在地市、省、国家层面开发出类别不一的涉及专门问题的集中统一平台。其结果是忽而强调法院自身平台建设，忽而强推集中统一平台建设，各基层法院忙于应付、顾此失彼，重复劳动、重复投入，造成了资源浪费。特别是在推动集中统一平台建设后，上级法院往往只要求下级法院配合好该平台建设，做好信息发布工作，这就造成有的法院只注重向该平台发布信息，而忽视自身网站上的公开，或者两个平台的信息公开不同步、更新不一致，影响公开效果。

事实上，集中统一平台与各法院自身公开平台的建设应并行不悖，因为它们并不存在矛盾关系。现阶段推行专业领域的集中统一平台，虽然是为了解决信息发布不集中、不规范的问题，但如果认为只要有了专门统一平台，法院就不必在自身门户网站再发布同类信息，那么，各法院独立、一体化的信息发布就会被“肢解”，同样会影响信息发布效果。而且，集中统一平台虽然解决了同类信息的同标准公开问题，但这并不意味着排斥各法院根据本地和本院特点，发布其他个性化的信息。

此外，还必须反思各下级法院纷纷建设专门平台的必要性。一些信息需要在全国或者省、市层面统一管理运营、统一采集汇总、统一对外发布的，可以设立专门网站平台。但对一些基层法院而言，仅因某一个问题重要，就花费大量人力、物力开设专门网站，其必要性值得商榷。立足于办好门户网站，将重要的信息作为一个专门栏目放在门户网站的醒目位置上反倒可能更有助于提升其公开效果。当然，近年来，随着公开理念不断更新，最高人民法院及各地高级法院日益重视在全国或者在某一区域建设集中的公开平台，有效化解了过去下级法院在平台建设上各自为政、重复建设的问题。

（3）执行信息的发布标准缺失

首先，执行款拨付时间规定不明确。最高人民法院《关于执行款物管理工作的规定（试行）》规定，执行款到账次日，财务部门应当将到账情况告知执行机构，执行机构应当在五日内将收款时间和数额等有关情况告知案件当事人；执行款到账后，执行法院应当在一个月内核算执行费用和执行款，并及时通知申请执行人办理取款手续。从字面意思理解，该规定仅对执行法院核算执行费用和执行款的时间做了要求，并没有对通知申请执行人的时间做明确规定。这就使各法院在实际操作中缺乏标准，留下了巨大的时间空当。其次，法院信息平台建设和信息发布同样应当有明确的标准，否则，各法院各行其是，就会影响公开效果。在法院自身公开平台和集中统一的信息平台关系上，由于缺乏两类平台协调发布信息的标准，导致了信息平台发布的混乱和发布内容的不一致、不同步。最后，公开与否的标准不明确，也导致在执行信息曝光方面，法院的公开尺度大不相同，甚至存在过度公开当事人信息的问题。因此，整体提升执行信息公开水平，还应当针对如何公开、公开什么、在哪里公开确定相应的标准。

（二）2014 年浙江法院阳光司法的问题

1. 评估发现的问题

（1）仍存在执行信息公开平台重复建设的情况

执行信息公开平台多头建设、重复建设的问题在 2013 年评估中就已经提出过，但 2014 年并未得到有效解决。以浙江省高级人民法院的执行信息公开平台为例，2014 年评估时浙江法院新闻网（www.zjcourt.cn）及浙江法院公开网（www.zjsfgkw.cn）都具有发布执行信息的功能，但两个平台有所差异。从执行栏目设置情况看，新闻网“执行信息”栏目中设有执行案件常识、执行案件信息查询、曝光台、执行惩戒、执行拍卖、失信被执行人名单查询、执行举报 7 个栏目，浙法公开网的“执行信息公开”栏目则提供了执行指南、执行案件信息查询、曝光台、执行举报、执行惩戒、执行拍卖、失信被执行人名单7个栏目，两者基本相匹配。评估时，浙江法院网中的执行案件信息查询、曝光台、执行惩戒已经可以直接转链接到浙法公开网的相应栏目，其执行案件常识栏目中所列的内容以及执行举报栏目中所列的举报电话等与浙法公开网中公开的内容一致，其失信被执行人名单查询与浙法公开网一样，都提供最高人民法院相应的链接。但除了上述栏目外，新闻网还隐藏了一部分子栏目，如从定海法院的“限制高消费”“限制出境”栏目可以链接到新闻网的相应栏目，但这两个栏目并未显示在新闻网的相应栏目中。这表明两个网站的信息栏目整合情况还未完全到位。

（2）执行信息的栏目设置不规范

①对网站栏目设置理解有偏差

随着最高人民法院、浙江省高级人民法院等开通各类专门性的执行信息网站（如人民法院诉讼资产网、全国法院被执行人信息查询平台、全国法院失信被执行人名单信息公布与查询平台、浙江法院案件信息查询平台等），大量的执行信息转到这些专门性平台集中发布。为此，各法院需要将有关的信息链接配置到本院门户网站上，但有的法院对于法院门户网站如何设置栏目理解有偏差，如有的认为只要在首页提供了人民法院诉讼资产网、淘宝司法网拍等的友情链接，就可以满足公开的需求，无须设置相关栏目，也不需要对栏目与相关链接的关系做出关联和说明。这样一来，有的法院要么取消了执行信息栏目，要么虽保留执行信息栏目，但未对该栏目与上级法院专门网站的关系做出必要的说明。这样做的结果是使很多不了解法院业务的公众在查找信息时无从下手，即便是法律专业人士，也不一定知道可以通过人民法院诉讼资产网查找拍卖公告。

②未设置栏目或栏目链接无效

本次评估发现，有的法院网站没有设置执行信息栏目，或者存在栏目信息链接无效的情况。如某基层法院网站没有执行信息栏目，执行常识公开在诉讼指南栏目中，在“服务中心”栏目中则设置有执行悬赏和拍卖评估报告的子栏目。某中院执行栏目的限制出境栏目无内容。某基层法院的执行信息栏目在“为您服务”栏目中。还有的法院只有执行指南栏目。此外，一些法院的相关栏目中没有任何信息。如某基层法院限制高消费栏目、限制出境栏目均无内容；再如某基层法院的曝光台栏目没有任何内容。

③执行信息的栏目名称不统一

全省法院的执行信息栏目名称五花八门，至少出现了“执行信息”“执行信息公开”“执行曝光”“执行在线”“执行天地”等不同称呼。比如某基层法院，其“执行信息公开”是“执行在线”栏目下的子栏目，所公开的是执行常识方面的信息。

④执行信息栏目的定位不准确

有的法院对执行信息栏目的定位不准确，如某基层法院在执行专网的执行管理中列了执行常识。有的法院在执行栏目的执行常识子栏目或者执行指南的子栏目放了执行法规；某基层法院的执行公告栏目提供了拍卖公告、执行悬赏和新闻类信息。有的执行信息栏目公开的都是新闻动态。

此外，一些法院对子栏目的定位也比较混乱。如在被执行人失信信息公开方面，有些法院将“限制高消费”“限制出境”“限制招投标”单独设立为执行栏目的子栏目，设计较为标准，有些法院将以上标题作为子栏目，统一列于执行栏目中的子栏目“执行惩戒”中。

⑤执行信息栏目的位置较混乱

执行信息栏目是法院门户网站的一个重要栏目，也是三大平台公开中的重要平台之一，理应设置在门户网站的醒目位置，并保持其唯一性，但调研发现，不少法院较为混乱。如某中院首页有 3 个执行信息栏目。某基层法院的首页导航栏中的执行信息栏目下只有一些报道，网页第三屏的执行信息栏目旁才有执行指南的内容。某基层法院首页导航栏的执行信息栏目中没有内容，下面的执行信息栏目中才有执行指南。

（3）执行指南的公开还不够理想

设置执行指南的目的是用简单、易懂的语言，告知当事人和社会公众如何申请执行、相应的执行程序、存在什么执行风险等。但从调研情况看，执行指南信息不公开、公开不全面的情况还比较普遍。如有61家法院对执行案件立案标准介绍不全，占58.1%；有30家法院未在执行栏目中发现执行案件立案标准（含无网站、无执行栏目的情况），占28.57%。对执行案件收费标准介绍不全面的，有33家法院，占31.43%；有44家法院网站未在执行栏目中发现执行案件收费标准（含无网站、无执行栏目的情况），占41.9%。有11家法院公开的执行费用缓减免条件不全面，占10.48%；有81家法院未在执行信息栏目发现缓减免条件（含无网站、无执行栏目、执行信息栏目链接无效的情况），占77.14%。有32家法院公开的执行风险信息不全面，占30.48%；没有发现执行风险信息的有46家法院（含有栏目无信息、无执行信息栏目、无网站的情况），占43.81%。

此外，各法院制作的执行指南内容各不相同，有的内容十分详细，有的则显得过于粗略；有的使用了比较通俗的语言，有的则是照搬法条，甚至直接以法律、司法解释文本替代指南。

（4）执行拍卖公开方式有待统一

项目组发现，浙江各法院对拍卖公告的公开方式不统一，有的直接转到人民法院诉讼资产网、淘宝网或者上级网站，但也有的法院在本院相应栏目中公开了本院所有的拍卖公告，同时还在人民法院诉讼资产网、淘宝网、上级法院网站公开有关信息。后者不但增加了工作人员的工作量，还可能造成公开的信息不一致，影响公开效果。

（5）失信信息公开有改善的余地

首先，法院使用的名称需要统一。有的法院使用诸如“拒不履行生效判决名单”“限制高消费名单”等规范的用语，有的则使用的是一些较为通俗的语言，如“执行老赖曝光”等，既不严肃也不准确。

其次，对被执行人失信信息的公开还需加大力度。比如，排除在本法院执行栏目公开或者在网站首页提供转链接到其他公开平台的情况，仍有18家法院没有在执行栏目中公开不依法履行生效判决名单（占17.14%），有59家法院没有在执行栏目中公开限制高消费名单（占

56.19%），有 73 家法院没有在执行栏目中公开限制出境名单（占 69.52%），有 93 家法院没有在执行栏目中公开限制招投标信息（占 88.57%）。

再次，被执行人失信信息转链接到上级法院网站后不能直接显示本院信息。如各法院提供的链接转到浙法公开网的执行惩戒栏目后，只是默认转到相应子栏目的首页，当事人还需要再进行检索，才能找到相关法院的信息。这容易使一些不了解情况的公众误认为链接有问题或者所关注的法院没有公开有关信息。

另外，公开方式粗放，影响公开效果。如执行栏目中公开的信息标题不清楚，以某基层法院为例，其执行悬赏公开的是被执行人姓名，但还有一个“被执行人信息”的子栏目，公开了 2 条题为“被执行人信息”的文件。又比如，某基层法院公开的是标题为报纸的版面信息，如“城乡导报 2014 年 4 月 28 日第 07 版”，点击打开后才可以看到被执行人的信息，令公开效果受到一定影响。

最后，对被执行人个人信息的保护仍有误区。以浙法公开网公开被执行人信息的情况看，曝光台中公开的个人身份证号码是被处理过的，隐去了部分号码，但执行惩戒中的个人身份证号码则完全没有被处理。关于对身份证信息不做处理所可能产生的危害，2013 年评估发现的问题中已经做了详细分析，在此不再赘述。

2. 原因分析

从 2014 年评估所发现的问题来看，大体存在以下几方面原因值得关注。

（1）执行信息公开未树立公众本位理念

为了更好地做好执行信息公开工作，有的法院对网站进行了改版。然而改版时仍然主要立足于自身工作，忽视公众通过门户网站查询执行信息的便利度，也较少考虑公众普遍对法院工作及网站公开平台缺乏了解的实际情况。因此，表面上看，不少法院对网站进行了栏目改版，按照上级法院要求配置了不少栏目，也发布了不少信息，但没有站到公众角度上去谋划网站的信息发布，也就出现了简单地把相关网站链接附在网站上的现象，使公开效果打了折扣。

（2）执行信息公开平台建设水平待提升

从执行信息公开的情况看，司法信息的公开方式和平台建设还处于“摸着石头过河”阶段。受法院信息化发展阶段和建设理念的限制，法院网站的建设过去过多强调宣传功能，而忽视公开与办事功能，因此，在大力推行司法公开和司法为民的今天，很多网站已经难以适应形势发展需要。但在进行网站改版过程中又面临网站建设所依托的平台、技术服务等众多制约，因此，不少法院只得另辟蹊径，开发一些功能更为强大的专门网站，也就出现了专门网站平台不断上马又不断下马的情况。同时，过去的法院信息化发展思路存在一定偏差，忽视了司法信息集中统一发布的重要性，司法公开平台建设缺少顶层设计与规划，只能放任下级法院自行发展。目前，根据最高人民法院推进三大平台公开的要求，信息发布方式日益明确，平台建设思路日趋清晰，未来上级法院网站与下级法院网站的关系将会逐步得以理顺。

（3）司法公开统一平台建设处于过渡期

搭建集中统一的信息发布平台，准确、全面、及时、有效地向当事人和社会公众公开司法信息，是今后一段时间司法公开平台建设的重要方向。在目前从司法公开平台分散建设到集中统一建设的过渡期内，集中统一平台与传统法院网站的关系、下级法院与上级法院网站的关系、下级法院通过自身法院网站进行司法公开与通过集中统一平台进行司法公开的关系等都需要逐步理顺。因此，在这样的过渡期，容易出现一些法院网站公开方式、公开途径、公开内容未及时调整的情况。

（4）上下级法院的公开分工还有待明晰

在相当长一段时间内，上下级法院在司法公开中的分工仍不是十分清晰的。其结果是，上下级法院都在开发信息公开平台，都在编制需要公开的司法信息内容，就出现了公开标准不一致的情况。以执行指南为例，就全国而言，在任何一个地方，执行案件立案标准、程序、执行风险等都应是一致的，不存在地域和审级的差异，但是，目前很少有上级法院主动编制适用于本辖区的执行指南，而只能发挥下级法院的积极性和聪明才智，这就导致编制的指南出现了标准不一、表述不同、形式各异的情况。同样，网站建设也不例外。

（三）2015 年浙江法院阳光司法的问题

1. 评估发现的问题

（1）执行信息发布平台整合仍不理想

虽然多数法院已经对执行信息发布平台做了整合，但仍有部分法院做得不理想。评估中发现，一些法院不仅在本院的门户网站或者执行专网发布执行信息，其执行指南栏目还同时链接到浙江法院公开网的执行信息栏目，多个平台同时发布执行信息。这种多平台发布执行信息的做法容易导致信息发布重复、冲突，反而会误导当事人和社会公众。如有的法院门户网站提供了本次评估的全部信息，但是美中不足之处是网站设置了一个图标，并链接到浙江法院公开网的执行栏目，导致某些信息内容不一致，如执行收费标准。

（2）部分法院执行栏目设置仍不规范

法院门户网站是各法院司法公开的第一平台，其中的执行信息栏目是本院公开执行信息尤其是执行指南的第一平台，建设好法院网站是司法公开的前提，在网站上科学合理地配置信息栏目，则是做好门户网站公开司法信息的保障。信息栏目可以将纷繁复杂、数量巨大的信息更加有序地展示给公众，方便公众获取，也有助于法院做好网站信息的管理和发布工作。但 2015 年度评估发现，仍有不少法院门户网站的执行栏目设置及信息发布不规范。

①门户网站无执行指南信息

个别法院的门户网站虽然设有执行信息栏目，但是栏目下未设置执行指南子栏目，也未设置与执行指南功能类似的执行常识、执行须知等子栏目。并且，有的法院门户网站在执行栏目中提供的浙法公开网链接只是转链接到该网首页，并没有直接链接到该网的执行指南栏目。

②执行信息栏目名称不统一

全省法院的执行信息栏目名称五花八门，这一问题已经在 2014 年的评估报告中明确提出过，但是，在2015年度的评估中仍然存在。大多数法院网站使用的是“执行信息”这一称谓，个别法院则使用了“执行之窗”“执行在线”“执行信息公开”“执行工作”等称谓。

③执行信息栏目链接无效

评估中发现，有些法院网站建设不规范，网站导航栏目链接混乱，同一个导航栏目用不同的打开方式会转向不同的网页。例如，某基层法院的门户网站可以通过三种路径进入执行信息栏目：按照第一种方式，依次点击网站左侧的执行信息公开—申请执行指南，链接到诉讼指南；按照第二种方式，依次点击网站顶部导航栏目中的司法公开—执行信息公开—申请执行指南，链接到空白页；按照第三种方式，点击网站顶部导航栏目中司法公开下拉菜单中的执行信息公开，链接到民事执行申请指南。再如，某基层法院，点击网页顶部的执行信息，是一个空白网页，没有内容，而点击网站首页中部执行信息栏目下的执行指南，得到同第一种打开方式相同的网页，但是有相应的执行信息。

④执行信息栏目的位置混乱

执行信息栏目是法院门户网站的一个重要栏目，也是三大公开平台的重要平台之一，理应设置在门户网站的醒目位置，并保持其唯一性。但评估发现，不少法院设置的执行信息栏目较为混乱。如某基层法院导航栏目只有执行动态，执行指南放在网页最后一屏，该问题在2014年的评估报告中已经提出，但在2015年度的评估中依然存在。某基层法院的网站首页有三处执行指南链接，一处在导航栏目的执行信息下拉菜单中，另外两处在网站首页第三屏的执行工作栏目中。某基层法院则将执行工作栏目设置为司法公开的一个子栏目。

（3）执行指南信息发布不准确

①内容矛盾或者有误

评估发现，有些法院网站上发布的信息重复、矛盾或者有错误。有的法院对自己网站发布的信息未进行归类、审查，导致一项信息在执行栏目下多次出现，甚至自相矛盾。这不仅让法院网站看起来非常混乱，不能很好地发挥执行指南的引导作用，还会让公众无所适从。

上述问题集中体现在执行收费标准和执行申请期间的信息发布上。关于执行收费标准信息的发布，浙江各法院的公开内容主要存在以下两种：一种是按照《诉讼费用交纳办法》的标准公开，另一种是按照浙江省高级人民法院颁布的《浙江省高级人民法院关于执行案件收费有关问题的规定（试行）》（以下简称《浙江省高级人民法院执行收费规定》）的标准公开，但两者的收取标准不同，《浙江省高级人民法院执行收费规定》制定的执行案件收费标准比《诉讼费用交纳办法》规定的标准低。有些法院在自己的执行信息栏目下提供了这两个标准。如某中院的执行指南栏目下出现5处执行收费标准，分为两种，一种同《诉讼费用交纳办法》规定的标准一致，另一种同《浙江省高级人民法院执行收费规定》制定的标准一致。

关于申请执行期间，不少法院提供的指南信息也有错误。《民事诉讼法》第239条规定："申请执行的期间为二年。申请执行时效的中止、中断，适用法律有关诉讼时效中止、中断的规定。"《最高人民法院关于执行〈中华人民共和国行政诉讼法〉若干问题的解释》第84条规定："申请人是公民的，申请执行生效的行政判决书、行政裁定书、行政赔偿判决书和行政赔偿调解书的期限为1年，申请人是行政机关、法人或者其他组织的为180日。"但有些法院在执行指南中提供的申请期间是错误的，与现行法律规定不符。有些法院在执行指南中重复发布关于申请期间的规定，且内容不一致。

②内容更新不及时

执行指南的准确与否还取决于所发布的信息是否及时更新，更新滞后必然会出现信息错误，误导公众。评估发现，有些法院网站不能及时更新本网站发布的信息。比如，关于执行期间的规定，1991年的《民事诉讼法》第219条规定："申请执行的期限，双方或者一方当事人是公民的为一年，双方是法人或者其他组织的为六个月。"2007年的《民事诉讼法》第215条规定："申请执行的期间为二年。申请执行时效的中止、中断，适用法律有关诉讼时效中止、中断的规定。"而2012年新修改的《民事诉讼法》关于申请期间的具体时间没有改变，仍然是两年，但是法条序号发生了变化，变为第239条。评估中发现4家法院发布的是2007年的规定，2家法院发布的是1991年的规定，法院网站发布的信息严重滞后。

③内容过于简单笼统

本次评估发现，有些法院门户网站的执行指南栏目下提供的信息过于简单，达不到公开指南信息所预期的明晰程序、条件、期限、风险等的效果。之所以要求执行指南必须对执行立案标准和启动程序、执行收费标准、执行费缓减免的条件和程序、执行风险提示作出详细说明，是因为只有详细说明，才能更好地发挥执行指南的引导作用，帮助当事人和社会公众全面了解申请执行的流程，从而有效地行使自己的权利、履行好自己的义务。

但有些法院在执行指南中发布的信息较为粗略笼统，对当事人和社会公众知悉相应内容并无帮助。例如有的法院发布的执行费缓交、减交和免交的条件和程序这一条信息，内容为“当事人交纳执行费用确有困难的，可向人民法院申请缓交、减交或者免交。是否缓、减、免，由人民法院审查决定。一般认为，可以申请缓交、减交、免交执行费的限于自然人，法人和其他组织本身应当具备一定的资金才能存在，一般不会发生交纳执行费用‘确有困难’的情况”。即便读完之后当事人和社会公众仍然不能知悉在什么情况下可以缓交诉讼费，什么情况下可以减交诉讼费，什么情况下可以免交诉讼费，也不能知悉申请执行费的缓交、减交和免交需要提供什么材料。再如有的法院发布的关于被执行人风险提示的信息，只说明被执行人有履行能力而不履行生效法律文书确定的义务的，有被人民法院纳入失信被执行人名单这一条风险，但没有说明其还将面临支付迟延履行金、被强制执行等其他的风险。

④标题与内容不符合

法院应对发布的执行信息进行分类编写，以方便公众查找，但是评估中发现，有些法院虽然对发布内容进行了分类，但是标题与其正文的内容并不匹配，按照标题查找并不能获得所需信息。这一问题集中体现在法院对执行启动程序这一信息的发布上。不少法院网站的执行指南栏目下虽然有“执行启动程序”这一标题，但正文内容提供的却是申请执行期限、执行立案条件、执行流程图等其他执行信息，并无执行启动程序信息。

（4）案件的数据不准确

案件数据的准确性是法院信息化系统有效运转的基础，也是未来公开法院执行质效数据的前提，更是做好执行管理必不可少的条件。通过调取、比对执行案卷，项目组发现，执行案件的数据存在不准确的情况。2015 年度，项目组在浙江全省法院一共调取了 2100 套执行案卷，按照原定的调取案卷方法，项目组从浙江省高级人民法院提供的案件分类统计数据中筛选了标识为采取过查封、扣押、冻结、划扣措施的案卷，并从调取的全部案卷中又抽取了 1050 个案卷。经过比对后发现，有 933 个案卷的实际情况与原有统计表所标识的情况基本一致，比例达到 88.86%。但这主要是从法院案件记录中显示是否采取执行措施与结案方式是否一致两个方面进行核对的，而在实际采取的执行措施次数方面还是有误差。相应地，在 1050 个案卷中，统计表中的信息与实际案卷信息不一致的有 117 个案卷，比例达到 11.14%。

信息不一致包括以下几种情况。

①统计表中的结案方式与实际结案方式不一致。在抽取的 1050 个案卷中，有 66 个案卷的结案方式不一致。

②统计表关于执行措施的记录与案卷内容不一致。有的案卷统计表显示采取过执行措施，但案卷内容显示并未采取，在抽取的 1050 个案卷中，有 44 个案卷属于此类情况；还有的统计表显示无执行措施的记录，但实际案卷显示采取过执行措施，在抽取的 1050 个案卷中，9 个案卷显示采取过执行措施，但在统计表中显示并无执行措施的记录。

（5）个别执行文书制作不规范

法律文书是法律内容的重要载体，法律文书的规范性与准确性是体现法律严肃性的重要标志。若法律文书制作随意、形式各异、内容混乱，不仅给当事人以儿戏之感，也会严重威胁到法律的权威，降低法院裁判的可信度。而项目组在案卷评估中发现，部分法院在法律文书制作方面存在不规范的情况。

①执行裁定书的冠名不准确

依据最高人民法院《关于印发〈执行文书样式（试行）〉的通知》，执行案件的裁定类文书冠名应为“执行裁定书”，不再沿袭审判程序裁判文书的冠名方式，如执行的裁定文书不冠名为“民事裁定书”。而案卷显示，一些法院仍冠以“民事裁定书”之名来作出采取执行措施的裁定书。

②执行裁定书的内容不规范

有些法院将查封、扣押、冻结、划拨等执行措施一股脑儿地规定在一个执行裁定书内，即法院只做了一个笼统的裁定，要通过执行通知书、执行回执甚至谈话记录才能看出法院究竟采取了什么措施。如果案卷中没有附回执就很难判断法院到底采取过什么措施。有此种情况的法院较多，但项目组在统计时按照卷内内容，推定法院做出了裁定，按照有裁定书的情况对待。

③执行款发放通知书形式不统一

法院向申请执行人发放执行款一般要以执行款发放通知书的形式进行告知，但实践中，各院使用的通知书形式不一，有的为“执行款发放通知单”，有的为“执行款付款通知书”，有的为“人民法院付款通知单”，还有的法院以退款通知书的形式发放执行款。

④未制作裁定或显示未制作裁定

在执行案件中，法院只有在作出执行裁定后，才能对被执行人采取执行措施。但在抽取的案卷中，有 8 个案卷有采取执行措施的记录（包括在谈话记录、协助执行记录等中），也有执行措施的发送记录，但没有发现相应的执行裁定书。

另外，在抽取的案卷中，有 62 个案卷有采取执行措施的记录（包括在谈话记录、协助执行记录等中），但没有发现执行裁定书（只要有一项执行措施没有制定裁定书就归入此类情况），也没有相应的发送记录。

（6）执行裁定书发送情况不太理想

为保障当事人权利，法院在作出执行裁定书后需向当事人送达。但在2015年度抽取的1050个案卷中，采取过执行措施的有994个案卷，其中，有462个案卷无法院向被执行人发送相应的执行裁定书的记录，占比高达46.48%。而2014年抽取的1050个案卷中，采取过执行措施的有893个案卷，无发送记录的数量同为462个，占51.74%。这表明浙江法院在执行裁定书发送方面略有改进，但仍不理想。其中，有的法院被抽查的全部案卷显示，其采取执行措施的执行裁定书均没有向被执行人发送。

另外，在抽取的1050个案卷中，有52个案卷显示执行措施的发送情况不全，这包含部分执行措施的执行裁定书未发送或者执行措施的执行裁定书仅向部分被执行人发送的情形。相较于2014年有53个案卷显示发送内容不全面，2015年这方面仍没有明显改进。依据案卷中的不同情况，分为以下几类情形：部分执行措施的执行裁定书未发送；执行裁定书仅向部分被执行人发送；部分裁定书仅发送给了部分被执行人。

（7）执行款物告知及发放记录不规范

近几年的评估发现，执行案卷中对执行款物告知和发放情况的记录普遍不详细，甚至不规范。本次调取的1050个执行案卷中，有242个案卷是以被执行人无财产可供执行终结本次程序结案的；有40个案卷是当事人之间达成和解协议，没有执行款或执行款的履行未经过法院；有25个案卷显示被执行人自动履行或者履行未经过法院。此外还有部分案卷显示因为不涉及执行款发放、委托执行无反馈、撤销执行、流拍等情况，不存在执行款物的告知及发放情况。而除上述案卷外，法院关于执行款物发放告知的做法并不一致，大体包括以下几种情况。

①有执行款物但发放款物的告知方式不统一。部分案卷记录显示有执行款发放告知的情况，但各个法院做法不一、文书多样。有的法院使用了“执行款交款通知书”和“执行款发放通知单”；有的使用的是“付款书”和“付款通知单”。

②有执行款物发放记录但无发放的告知记录。部分法院案卷显示有执行款物发放记录但没有发放的告知记录，具体包括以下几种情况：有退款通知单，无告知记录；有付款通知书，无告知记录；有执行款发放

单，无告知记录。

而且，大多数法院的案卷中有法院收取执行款的票据、领款凭证、划付审批表、结案证明或报告、申请人签字的收据、申请人签字的结案或放弃权利确认书等记录，表明法院收取和发放了执行款，但无记录显示告知过执行款的发放情况。

2. 原因分析

对于2015年度执行信息公开板块各项评估内容发现的问题，大体可以从如下几个方面来分析其原因。

（1）以公众为本位的门户网站建设理念仍缺失

评估结果说明，门户网站建设水平仍有提升空间，以公众为本位的公开理念还待提升。从执行信息公开板块的评估情况看，不少法院的门户网站建设水平仍不高，不少法院还停留在单方面公开信息的层面，对于公众获取信息的需求缺乏关注。这才导致公开的执行指南等信息不细致、不规范甚至出现错误。

（2）法院对法律文书规范性的认识还有待提升

对于法律文书的相关问题，法律和司法解释、法院文件等都有规定和明确标准，而在实践中各个法院都有自己的做法和习惯，有的可能还不清楚最高人民法院的相关规定。虽然并不能严格要求法院的做法是完全一致的，但至少要保证各法院在基本文书冠名和形式上保持一致，并在案卷中记录好裁定文书的送达情况。解决好这些问题需要各级法院提高重视程度、加强规范化管理，并在文书规范性上加大修改力度。

（3）案多人少矛盾制约各种司法信息录入质量

案多人少、相关人员工作不认真是导致案件信息录入不准确的主要原因。法院信息录入不准确首先是由承办人员及书记员录入信息不认真造成的，导致信息缺漏和失实。当然，这在一定程度上也与目前案多人少的矛盾的日益加剧有关，相关人员为了应付结案要求，在填写案件信息时只能应付了事。这与审判流程节点信息录入的情况如出一辙，反映出法院利用案件管理系统进行在线办案的比例不高，办案系统与实际办案“两张皮”现象严重。

（4）办案人员对司法公开的重要性的认识仍然不是很到位

对执行案件中告知当事人相关重大事项的认识不到位。依据诉讼法及司法解释，向当事人告知采取执行措施等的事项，乃是法定的程序事项，也是保障当事人合法权益的重要方面。但不排除一些承办人员认为被执行人不依法履行生效判决就不应对其权益给予更多关注，另外，实践中还面临查人找物上的困难，因此，没有必要再向其送达各项裁定。这样的认识显然不正确，不符合正当程序的要求。而且，项目组还只是对是否告知被执行人进行了评估，但事实上，对于申请人同样应当进行告知，否则，面对大量的因执行不能等而要转入终本程序的案件，申请人不知道法院已经在为查人找物用尽了所有可能的手段，必然会对法院是否严格依法履职产生质疑，进而影响司法公信力。

（5）执行难现状制约执行信息有效及时公开

执行难面临的各种现实问题导致执行案件的送达比审判程序更加困难。一方面，法院出于提高执行效率的考虑，不宜在采取执行措施之前就将相应的裁定发送给当事人，尤其是被执行人；另一方面，在执行案件中，由于无法联系到被执行人，自然也就难以有效送达相关法律文书。

小结　执行信息公开的努力方向

执行是司法程序的最后一道关口，是将法院裁判结果落实到位的关键阶段，法院裁判结果能否得到执行更加关系到当事人权益能否得到保障，关系到司法公信力能否增强。加强执行信息公开，可以让当事人和公众了解执行案件的程序与流程进展，并在每一个个案中感受到法院是在依法维护当事人合法权益，这有助于切实提升司法公信力。

2013—2015 年三年对浙江法院执行信息公开的评估主要围绕执行指南、执行拍卖、执行措施的告知情况这几方面。其中，关于失信被执行人的信息公开，由于最高人民法院和浙江省高级人民法院的集中发布平台日趋完善，2014 年后未再单独评估。评估的结果显示，执行信息公开总体是在进步的。但从全国层面来看，要看到执行信息公开与执行难的关系密切，因为人难找、物难查以及执行行为不规范导致的执行难的现状在一定程度上制约了执行信息公开的效果，同时，执行信息公开的不到位也在一定程度上令执行工作会遭受到社会公众和案件当事人的质疑。2016 年，最高人民法院提出要用两到三年的时间基本解决执行难问题，其核心一方面是要通过加强执行联动机制尽可能化解人难找、物难查的困境，另一方面则是要规范执行行为，消除在执行工作中的不作为、乱作为。而这些都要依靠不断深化执行信息公开工作来实现。

（一）提升执行信息公开的意识

执行信息是重要的司法信息，它不是可公开可不公开的东西，而是阳光司法的重要内容。因此，厘清法院工作人员对执行信息公开的认识非常重要。应当通过宣传、教育、考核等手段，逐步提升法院工作人员尤其是执行工作人员的公开意识，使其认识到，执行信息公开是做好执行工作必不可少的环节。应当树立公开是做好执行工作前提的理念，也要明确权利保障是双方面的，即法院不仅要保障申请人执行的合法权益，也要保障被执行人或者违法者的合法权益。同时，还应当警惕公开万能论，因为任何一种措施都有其局限性，执行信息公开也是如此。只有和其他多种措施配套，协调推进，方能有效破解执行难的问题。

（二）细化执行信息的公开标准

细化公开标准是司法公开普遍需要解决的问题。在执行信息公开方面，首先，应设定各法院网站在执行栏目中需要普遍公布的信息及其子栏目。如所有网站应设置执行规定、执行须知、执行案件查询、拍卖公告、执行曝光栏目。并且，子栏目也有必要适时明确标准，如执行曝光栏目下是否都需要设置限制高消费信息、限制出境信息、执行悬赏信息等栏目。

其次，需要明确公开与不公开的标准。如执行曝光中，披露个人信息应当坚持适度合理的原则，在威慑那些无正当理由拒不履行生效判决的当事人与不因为过度披露其个人信息导致其遭受其他侵害之间，寻找适当的平衡点。应当从有利于社会监督、督促被执行人履行义务和依法保护当事人合法权益的角度，明确应公开的被执行人信息的种类。信息公开应采用适度原则，即对于警示当事人、鼓励社会参与提供线索，只要披露的信息够用即可，而不能超范围、无限制地公开。

再次，规范执行措施的告知标准。建议结合加强案件结案管理和案卷评查工作，凡无正当理由应告知而未告知执行当事人或者未依法履行送达手续的案件，应不予结案审批；已经结案的案件存在类似情况的，采取通报批评、处分等措施，对责任人做出相应的负面评价。与此同时，还需要加强和规范送达工作，采取切实措施解决法院当前普遍面临的送达难问题。

最后，各地高级法院或者中级法院统一制作、审定执行指南的内容格式。建议各地高级人民法院在全面掌握全辖区各级法院执行指南编制情况的基础上，组织人力统一编写适用于全辖区法院的统一的执行指南文本，并根据法律、司法解释的修改完善及时进行更新维护，以提升执行指南的标准化水平。执行指南等执行信息的公开应注重满足公众信息查询的便捷性、方便公众办理有关事务等的需求，为此，必须进一步整合执行信息发布平台，确保执行信息公开和查询“一网打尽”。以浙江为例，各中级法院、基层法院要么在本院网站发布执行指南信息，要么链接到浙江法院公开网，使用全省统一的执行指南模板，提升信息发布的准确性和公众查询信息的便利度。

（三）依法履责并保障当事人权益

公开是提升公信力的基础，在执行案件中公开更是取信于当事人的重要方式。因此，无论是对申请人还是对被执行人，法院作出的各项措施都应当依法告知。依据现行法律的规定，执行裁定书只有在送达以后才能生效。按照现有法律规定，若法院在未送达执行裁定书之前就直接采取了执行措施，不仅有违法律程序，也侵犯了当事人的合法权益。长此以往，不仅会造成法律适用上的不规范，还会严重影响到法院权威。但也应看到，如果过早送达执行裁定书，很容易出现被执行人转移财产而使执行无法实现的问题。对此，一方面可以通过与银行等机构的信息共享、执行联动等加以化解；另一方面，考虑到法院裁判本身就应具有的强制力、既定力等，不依法履行生效判决的行为也是对司法权威的藐视，理应受到法律的制裁，当事人的权利也应当受到一定的限制。因此，未来有必要考虑推动在法律修改时放宽对向被执行人发送执行措施裁定的时间要求的发展。

此外，送达、告知方式也要创新。应结合各种技术手段，缓解送达难问题。推动公开透明，不仅有助于让公众对法院形成信赖感，也有助于规范执行工作，防范执行过程中的徇私舞弊。执行裁定书不仅要发送给申请人、金融机构等协助执行机构，更应发送给被执行人。考虑到当前人员流动性大、案件涉及区域广、对办案效率要求高等的因素，法院可以大力推广 12368 短信平台、手机 APP 等送达、告知方式，但必须在案卷中留存记录，以备查阅核实，避免将来与当事人产生不必要的纷争。另外，还应细化送达回证和 EMS 详情单的送达事项，使发送内容一目了然。

（四）规范文书制作和案卷管理

法律文书的规范性是法律严肃性的体现。既然最高人民法院《关于印发〈执行文书样式（试行）〉的通知》已经对执行文书的制作做出了明确要求，那么，各法院均应在文书形式和内容上做到规范、统一，体现法律的严肃性，提高法律的权威。

同时，案卷归档是否规范关系到涉诉讼档案的保密和事后查阅是否真实的问题，各法院应提高诉讼档案的严肃性，加强案卷信息统计的准确性、案卷电子化的规整性、案卷内容的完整性。案卷是案件执行流程中形成的各类事实的忠实记录者，是回溯案件过程的主要依据，是了解当时、当地司法状况的“活法”，具有很高的历史价值。建议法院进一步推动执行案卷归档的标准化，明确归档内容，准确界定案件结案方式等，确保归档内容清晰、准确、完整。特别是通过电话、短信联系的内容建议都应留存档案。

第六章

审务公开

审务，顾名思义，是指与法院审理、判决、执行等司法行为的管理相关但又不是审理、判决和执行本身的活动。审务公开就是指向案件当事人和社会公众公开这部分相关信息。审务公开是司法公开的基本要素和基本要求，其虽不直接涉及具体的审判活动，但相关内容如法院的联系方式、审判职能等基本信息的公开，一方面是公众借助司法权保障自身合法权益，监督司法权运行的前提，另一方面，也是法院向社会展示自身活动、拉近与公众距离的重要途径。因此，审务公开与立案庭审公开、裁判文书公开一样，是司法公开的重要内容，也是最高人民法院及浙江省高级人民法院在各自规定中均强调并大力推进的重要板块。《最高人民法院关于司法公开的六项规定》中明确规定了审务公开的内容，《最高人民法院关于推进司法公开三大平台建设的若干意见》则将审务公开的内容作为推进审判流程公开平台建设的重要内容。

一 评估指标和方法

2013 年度审务公开板块包括 6 项二级指标：法院门户网站建设、法院联系渠道、人员信息、公众开放日、新闻发布制度、统计数据的公开情况。

2014 年审务公开板块的二级指标包括法院网站建设、法院概况、人员信息、法院文件、工作报告、统计数据的公开情况。

2015年度审务公开板块的二级指标包括司法公开平台、法院人员信息、法官执业规范、法院投诉渠道、法院年度工作报告、法院统计数据的公开情况。

法院网站建设指标主要对全省法院门户网站运行是否稳定、网站是否存在强迫阅读情况、是否提供了信息检索功能、信息是否具备可复制性进行了评估。网站运行稳定性是对网站在评估期间是否存在网站无法访问、网站被攻击、网站感染病毒、部分信息栏目链接无效等情况进行排查、验证。是否存在强迫阅读情况是指网站是否有游动浮标干扰浏览网页。信息检索功能是要求门户网站必须提供针对全网站的信息检索服务，方便公众根据需要，在网站众多的信息中快捷地查询到所需要的内容。项目组观察了每家法院是否提供简单检索和组合检索功能，并使用关键词验证该功能是否有效。可复制性是网站所公开的内容是否允许公众自由地通过复制、粘贴功能，便捷地对其进行再次利用。针对某些网站使用技术手段阻止用户对所公开的内容进行再次利用的情况，项目组对全省法院门户网站的各栏目信息进行了全面排查，检查是否存在限制信息利用的情况。

2015年评估时，项目组除了按照传统的人工方式对法院门户网站的稳定性、友好性进行了验证外，还借助技术手段，对浙江省法院网站群运行情况进行了技术监测，监测时间为2015年6月27日—7月3日。技术监测的内容包括：网站可用性、首页响应、网站内外部链接错误情况、全网错别字监测、附件可用性、图片缺失情况等。检测对象包括浙江法院公开网、浙江法院新闻网及除铁路法院以外所有法院的门户网站。

法院概况指标主要是对法院通过门户网站公开本院内设机构、交通路线、联系电话的情况进行了评估。内设机构的评估主要分析是否公开了本院内设机构及其职能信息。交通路线指标主要评估各法院是否详细公开了本院地理方位、来院交通换乘线路等信息。联系电话的评估是依据各法院在门户网站公开的联系电话或者立案咨询电话，对电话号码是否准确有效、电话能否在工作时间接通，接通后能否回答项目组的简单咨询进行了验证。2014 年开始，项目组同时还对全省法院 12368 电话平台的运行情况进行了验证。

2015 年的评估针对浙江省 3 级 105 家法院的 12368 司法服务热线的运行情况进行了实际验证，并于 2015 年 6 月 9 日—7 月 9 日法院工作日期间，对浙江省 105 家法院逐一进行了电话验证。此次评估验证内容为 12368 司法服务热线是否能够有效接通，是否提供自助语音和人工应答服务。其中，自助语音部分的评估包括是否按照案件查询、网上立案、投诉举报、信访查询功能进行区分。人工应答部分的评估则包括是否能够解答立案咨询的问题，以及 12368 司法服务热线工作人员的服务态度。电话验证主要就民间借贷、房屋租赁、装修合同、离婚等民事纠纷事项，咨询立案程序和起诉所需材料。

公开法院的各类文件有助于让社会了解法院的办事流程、法官的行为规范，有助于对法院及法官的活动进行有效监督。法院文件公开是对各法院门户网站是否公开本院制定的审判指导性文件、法院内部管理文件的情况进行评估。法官执业规范的评估内容为法院门户网站公开有关法官执业规范文件的情况。

人员信息指标主要对各法院门户网站公开本院人员信息的情况进行评估，具体包括：领导信息［姓名、性别、年龄、职务、法官等级（领导无法官等级的除外）、简要经历］、审判人员信息（姓名、学历、法官等级）、审委会人员（名单、职务、法官等级）、执行员（名单、职务、法官等级）、书记员（姓名、学历）、人民陪审员（姓名、单位、职务）、特约调解员（名单、单位、职务信息）、特约调解组织的信息。

法院工作报告指标评估了各法院在本院门户网站公开当年度工作报告、此前两年度工作报告的情况，具体包括如下四项内容：法院门户网站设置法院工作报告栏目的情况、门户网站的工作报告栏目公开本院 2013 年度工作报告的情况、门户网站的工作报告栏目公开本院 2012 年度工作报告的情况、门户网站的工作报告栏目公开本院 2011 年度工作报告的情况。

统计数据的评估主要涉及法院通过门户网站公开收结案信息和专项

统计信息的情况。

投诉渠道是对全省法院通过门户网站公开投诉指南与说明的情况进行评估。

在评估方法上，项目组主要依托被评估对象的门户网站对其公开审务信息各项内容的情况进行了观察和验证。此外，2013 年首次评估时还就部分评估项目请被评估对象自报材料和数据，由项目组进行核实验证。

二　审务公开的成效

（一）2013 年浙江法院阳光司法的亮点

1. 各法院普遍建有网络平台

建设好符合公众获取信息习惯、具有本地和时代特点并能满足法院自身工作需要的公开渠道和平台是做好司法公开工作的前提。传统上，公告栏、布告栏一直是法院对外公开信息的重要渠道，但随着信息化的发展，公众更希望能实时、远程、便捷地获取法院信息。因此，国家机关通过电子政务手段提升工作水平已是大势所趋。在这种背景下，法院门户网站也正在成为法院公开司法信息、推动在线办事的第一平台。从评估情况看，全省 103 家法院在保留传统的公告栏、布告栏等的基础上，均引入了电子显示屏、自助查询机等手段，并建有自身门户网站，通过网站实时对外发布审判及法院管理的各类信息。

近年来，新媒体发展迅猛，正逐渐取代传统媒体，对社会生活发挥着深刻且巨大的影响。不少法院还顺应新媒体发展趋势，将 QQ、微博等新媒体方式引入法院司法公开工作中，利用其短平快的特点，对外公开信息、进行在线咨询。据不完全统计，江干法院建有 QQ 在线服务平台，丽水中院、上虞法院设有 QQ 在线咨询平台，瑞安法院各内设机构及派出法庭则均设有 QQ 咨询平台。不少法院的 QQ 在线咨询平台运行状态良好，如江干法院的 QQ 在线服务平台在项目组发出在线咨询后能立即作出有效回复，上虞法院在项目组留言后不久就作出了答复。另根据在新浪微博和腾讯微博上的不完全统计，全省共有25家法院及其内设机构开通了微博，其中2家为中级法院，6家为法院执行局、法警大队或者派出法庭。

这表明，浙江各级法院逐渐重视网络交流平台的建设工作，开始主动运用新技术手段，为公众提供在线公开信息、在线咨询和在线办事服务，为有效提升阳光司法水平提供了条件。

2. 网站栏目的配置较为齐备

建设网站只是第一步，要使网站充分发挥作用，还应配置好相应的栏目。科学合理的栏目设置有助于对信息进行有效归类，提升信息发布水平和公众查询便利度。主要栏目应包括：机构设置及职责、法院管理制度及重要文件、诉讼指南或诉讼须知、公告、裁判文书、统计数据或工作报告等。评估发现，法院网站配置相关栏目的情况普遍较好。裁判文书栏目和诉讼指南栏目（或诉讼须知栏目）的配置比例高达100%，机构设置和职责栏目的全部配置比例高达91.3%，开庭公告栏目的配置比例达98.1%，法院管理制度及重要文件栏目的配置比例达68%，统计数据或者工作报告栏目的配置比例达46.6%。

3. 信息检索功能较为完善

网站是一个大型数据库，存储着海量信息，这些信息要充分发挥作用，就必须具有必要的检索功能，这样既有助于公众方便地查询信息，也有助于法院提升公开效果。评估发现，有34家法院在其网站上设置有针对全网站的综合检索功能，且验证有效，占33%；有32家法院在其网站上设置有针对全网站的简单检索功能，且验证有效，占31.1%。另外，浙江省高级人民法院还提供了专门的检索功能，有不少法院采用了这一检索功能。

4. 大胆尝试人员信息的公开

法院领导、审判人员等司法审判相关人员的信息是否需要公开、公开到何种程度，在法院内部一直存在不同的认识。从推动司法公开、加强法院工作人员自律和外部监督的角度看，适当公开其姓名、照片、职务、主要经历等，无疑是必要的，甚至是必须的。

首先，司法权是公权力，司法工作人员代表人民行使公权力，公众有权知晓谁在代其行使公权力。其次，公布这些信息有助于公众监督司法权的运行。最后，公开这部分信息有助于提升司法公信力。从加强司法机关建设的角度看，法官个体需要被评价，包括法律推理能力，对实体法、程序法和证据法知识的掌握程度，法庭的沟通能力，以及裁判文书制作水平，等等。如不公布法官的个人信息，则公众很难真正有效地对法官进行监督，法官自身也难以从监督中获得提升自身水平的动力。公开有助于使所有可能的请托者暴露无遗，有助于使法院工作人员在8小时工作的内外都能谨言慎行，时刻不忘自己的国家公职人员的身份。而只有随着法院工作人员行为的不断规范化，司法审判水平的不断提升，才有可能逐步在社会上树立尊重司法、信法不信访的风气。

调研中，项目组对各法院通过公告栏和网站公开法院领导的姓名、职务、法官等级（领导无法官等级的除外）、工作分工、简历和审判人员姓名、法官等级方面信息的情况进行统计分析。调研结果显示，不少法院做得较为规范。如宁波中院在其网站公开了如下信息：

①本院领导的姓名、性别、民族、出生日期、籍贯、学历和基本经历；

②本院审判人员的姓名、级别和所在岗位；

③本院审判委员会成员的姓名、职务；

④人民陪审员的姓名、性别、所在单位及职务、所在区域；

⑤廉政监督员的姓名、性别、所在单位及职务、身份（如人大代表等）。

还有不少法院作出了有益尝试。如义乌法院在庭审大厅公开了审判人员信息的照片、姓名和所属部门，甚至在公共区域，如法院大楼公告栏内公开了拟提拔干部的名单和“个人有关事项报告表”；椒江法院还在门户网站上公开了院领导的分工，等等。

5. 联系方式公开注重实效性

联系方式是法院最基本的信息之一，看似平常，却是公众了解法院、利用司法资源的基本路径。现实中，全国不少法院都存在本院联系方式不公开或者公开不准确的情况，公众不能通过其网站或者地址黄页、搜索引擎等查到相关信息，给公众联系法院造成了极大不便。评估发现，浙江全省有81家法院在其门户网站公示了本院的联系电话和地址，很多法院还在网站上提供了法院的方位地图、到法院的路线或者公交换乘方式。在法院联系电话的公开方面，有的法院公开了所有内设部门的联系电话（如上虞法院），有的法院声明，所有电话号码可以通过114查询到（如湖州中院）。项目组对法院网站提供的联系电话进行了匿名验证，在项目组设定的验证时间内，有63家法院的电话接通后，工作人员对项目组人员提出的咨询问题做了解答，占61.2%。

6. 公众开放日和新闻发布制度常态化

公众开放日和新闻发布制度是司法公开工作中的两项具体制度。前者打开了法院大门，揭开了法院神秘的面纱，使公众有机会进入法院内部，了解法院的运行机制，一方面向公众介绍法院基本情况，另一方面向公众普及了相关的法律知识；后者则是法院根据自身审判工作和宣传工作的需要，通过媒体，向社会公开自身在管理、审判中的一些重要信息，答疑解惑，引导舆论，使公众准确、及时、客观地了解案件事实，同样起着普及相关法律知识的作用。这两项制度表面上看形式意义大于实质意义，但运用好了则可以有效地向公众传递相应的司法信息，提升公众对司法审判活动的认同感和信赖感。

浙江省高级人民法院规定，在公众开放日的次数上，“高、中院每半年一次，基层院每季度一次”。本年度评估和调研显示，全省有100家法院举办公众开放日的次数高于浙江省高级人民法院的规定。有的法院还在门户网站上专门开设了“公众开放日”栏目，集中发布举办公众开放日的信息，如宁波中院、慈溪法院等。也有法院在门户网站上开辟了报名参加公众开放日的栏目，允许公众在线填报申请，如舟山中院及其下辖的岱山法院、嵊泗法院。

在新闻发布制度方面，据对法院网站和各法院自报信息的统计分析，目前有55家法院制定了新闻发布制度方面的文件，46家法院未制定该制度，2家法院未填报相关信息。这些制度为法院在日常工作中以及在应对突发公共事件中，有条不紊地利用新闻媒体等掌握舆论主动权提供了制度依据。

为了更客观、直观地掌握新闻发布制度的运行情况，项目组对浙江全省法院网站公布的近半年举行的新闻发布活动进行了统计分析。项目组共收集了72条新闻发布信息，其中，浙江省高级人民法院6条，占8.3%；各中级法院17条，占23.6%；各基层法院49条，占68.1%。结果显示，发布活动的内容与审判活动的相关性较强，而且呈现出法院级别越高，相关性越强的趋势。其中，86.1%的新闻发布活动与审判业务有关，4.2%涉及重大案件，5.6%涉及司法行政事务（如建立商标权司法行政协作保护机制、推行司法惠民工作等），4.2%与司法活动无直接关系（如参与交通安全宣传月活动、参与居民楼倒塌事件处置等）。就不同级别的法院而言，浙江省高级人民法院的发布活动全部和审判业务有关，各中级法院中有11.8%涉及司法行政事务，88.2%涉及审判业务，各基层法院中有4.1%涉及司法行政事务，6.1%涉及重大案件，83.7%涉及审判业务，6.1%和审判业务无直接关系。

这表明，浙江各级法院正在积极开展相关活动，且其内容也与司法活动紧密相关，公众开放日和新闻发布这两项工作正在趋于常态化。

7. 重视统计数据的公开工作

统计信息是法院日常审判活动的结晶，是其工作成效的反映。公开法院的统计数据实际上是向公众直观展示其工作情况，转变长期以来法院埋头做事、公众浑然不觉的被动局面。本项评估主要考察了法院通过网站发布工作报告和其他统计数据的情况：前者是法院每年一度向本级人民代表大会作出的工作报告，其可以从总体上反映法院过去一年的工作情况；后者则是法院不定期或者按照一定的周期（如月度、季度或者年度）专门发布的相关领域的统计数据，如收案结案情况、特定案件的审理情况等。工作报告不仅应接受人大代表的审议和监督，也应当接受全社会尤其是公众的监督，理应对社会公开。接受后者的监督虽无明确的要求，但向社会公开相关数据信息无疑是司法公开的题中之义。

评估发现，不少法院比较重视统计数据的公开。全省法院中，有

25 家法院在网站上公开了最新年度的工作报告，占 24.3%；有 32 家法院在网站上公开了此前年度的工作报告，占 31.1%；另有 25 家法院在网站上公开了其他统计数据，或者以调研报告的形式发布了部分数据，占 24.3%。

有的法院在网站上专门开辟了工作报告或者统计数据的栏目，集中发布统计数据。比如宁波中院在其网站开辟了“司法调研”栏目，下设“宁波法院调研”“宁波审判研究”“司法统计”“工作报告·白皮书”等子栏目。其中“工作报告·白皮书”栏目集中发布了该院历年的工作报告和审判白皮书，“司法统计”栏目发布了中级法院及下辖基层法院相关领域的统计与分析，“宁波法院调研”栏目发布了部分调研报告，涉及部分统计数据。此外，东阳法院还在其审务公开栏目中的“审执情况”子栏目公开了月度绩效情况表，萧山法院在审务公开栏目的“统计数据”一栏公开了月度案件情况统计表，吴兴法院在其“司法公开”栏目的“审判质效公开”子栏目中公开了半年办案进度表。

由此可见，司法统计数据特别是涉及法院绩效的各类数据并非不能公开，不少法院勇于系统地公开这些信息，充分展示了其对自身工作的自信。

（二）2014 年浙江法院阳光司法的亮点

从评估的结果看，各法院在审务信息的公开方面有明显进步。

1. 开通法院信息集中发布平台

2014 年，浙江法院公开网开通后，全省 3 级 105 家法院的审务信息已经基本可以在该网站查询，而且，所发布信息的标准也较为统一。如法院概况栏目把全省法院的机构设置、人员信息、联系信息、工作报告、统计数据等集中到浙江法院公开网发布，方便查询，也可以避免各法院自行掌握标准，公开内容和形式五花八门，影响公开效果的情况。

2. 法院门户网站建设日趋规范

《浙江省高级人民法院关于规范全省法院门户网站栏目设置和运营管理的意见》（浙高法〔2014〕75 号）对法院门户网站的栏目设置、

运营管理提出了十分具体的要求。从 2014 年的评估情况看，浙江 3 级法院中有不少法院对网站进行了改版完善，充实了信息栏目，规范了网站管理，提升了网站发布信息的效果。

3. 12368 平台的运行情况较好

2014 年，项目组逐个对各法院 12368 平台运行情况进行了验证。验证内容为咨询如何就民间借贷纠纷提起诉讼。评估发现，多数法院接线员可以直接解答立案咨询的问题。少数法院 12368 平台无法直接解决咨询问题，需要转接到相关法院的立案庭，并提供了该立案庭联系电话，如富阳法院、余姚法院、瓯海法院。多数法院的 12368 平台，包括接转到相关法院的立案庭接线人员解答了关于申请立案准备的咨询，且较为准确。如淳安法院 12368 平台主动告知原告没有被告身份信息的，法院可以协助开具调查函。瑞安法院 12368 平台接线员解答得很详细，特别叮嘱咨询人要保留好证据原件，以便当庭提交，另外提醒咨询人可以拨打 12348 瑞安司法局客服电话，以使材料的提交更符合要求。

4. 工作报告发布情况明显改善

评估发现，91.43% 的法院设立了工作报告栏目且链接有效，85.71% 的法院公开了法院 2013 年度工作报告，90.48% 的法院公开了 2012 年度工作报告，87.62% 的法院公开了 2011 年度工作报告。浙江法院公开网集中发布了全省法院的工作报告，公开效果明显提升。

（三）2015 年浙江法院阳光司法的亮点

评估显示，经过连续 3 年的评估，浙江 3 级法院在审务公开方面的总体情况良好，各级法院对阳光司法的重视程度及成效均明显提升。

1. 门户网站建设水平明显提升

2015 年，项目组继续对法院门户网站的稳定性、友好性、信息可获取性进行评估，这几项内容是反映网站建设水平的重要指标。如前所述，网站的稳定性指标用于评估法院网站的建设情况；友好性指标主要观察门户网站是否设有游动浮标，以观察网站对阅读信息的便利性是否设有限制；信息可获取性指标对网站检索功能的配置、网页内容的可复制性进行了观测，网站检索功能指标用于评估信息获取的便利性，网页内容的可复制性指标用于评估信息的可利用性。评估发现，全省法院的门户网站建设水平明显提高，在门户网站运行稳定性、友好性及信息可获取性方面均有显著提升。

首先，浙江各级法院的网站建设情况普遍较好，可访问性强。在本次评估中，除杭州铁路运输法院外，104 家法院都建有自己的网站且可有效打开。当然，经过技术监测，仍存在一定需要改善的地方，后文予以详述。

大部分网站的首页响应监测结果较好。在监测时间内，除两家法院的门户网站不可用外，其他 103 家网站（含浙江法院新闻网，以下同）的首页平均响应时间（打开网站首页花费的时间）均小于 5 秒。其中，89 家网站平均响应时间小于 2 秒，系统响应速度快；14 家法院网站平均响应时间介于 2 秒与 5 秒之间，系统响应速度一般。

监测时间内，除两家法院的门户网站不可用外，其他 102 家法院的 103 家网站网页平均响应时间（打开网站网页花费的时间）均小于 10 秒。

其次，多数法院在门户网站上配置了综合检索功能，以方便公众获取网站信息。评估显示，有 76 家法院提供了有效的综合检索功能，可检索到在全网中抽查的任意两条信息，比 2014 年评估时的 70 家有一定提升；有 10 家法院只提供简单检索功能或综合检索的功能无效，但可作为简单检索使用。有的法院还针对公众使用检索功能不熟悉的情况，做了详细说明，如海曙法院和宁波海事法院的门户网站在检索处提供了发布时间填写格式的范例，以方便公众正确使用网站检索功能。

再次，过半法院门户网站未采用游动浮标，提升了网站内容的可阅读性。游动浮标对公众顺畅浏览网站有一定的影响。评估发现，有 56 家法院网站未在首页设置游动浮标，占全部 105 家法院网站的 53.33%，同 2014 年相比没有变化。

最后，全省法院的门户网站普遍支持公众自由获取和利用信息。本次评估发现，99 家法院网站被抽查的信息都可以被复制或下载，高于

2014 年的 96 家。萧山法院在前两年的评估中，其门户网站均对信息的自由复制粘贴做了限制，但 2015 年度评估时已经取消该限制，允许自由复制粘贴。

2. 网站信息更新的频率上升

首先，在评估期间，部分法院网站更新了所公开的信息。如，龙湾法院和萧山法院进行了法院网站的改版升级；鄞州法院网站补充了审委会委员的部分信息；宁波中院和江北法院网站更新了执行员信息；嘉兴中院网站更新了法官执业规范信息；奉化法院网站更新了专项统计分析；安吉法院网站补充了立案登记的统计信息作为专项数据。

其次，相对于 2014 年，2015 年不少法院更加重视统计数据的及时发布。例如，天台法院 2014 年仅发布了年度收结案信息，但 2015 年评估时，截至评估结束，在其网站上可以找到 2015 年第一季度的案件收结情况。仙居法院 2014 年仅发布年度收结案信息，但截至评估结束，在其网站上可以找到 2015 年 1—4 月每月的案件收结情况。有的法院从 2014 年每半年发布一次收结案信息转变为 2015 年每季度发布一次收结案信息，这些法院分别是南湖法院、松阳法院、景宁法院、椒江法院、黄岩法院、北仑法院、奉化法院、洞头法院、乐清法院、文成法院、定海法院、泰顺法院。余姚法院 2014 年每半年发布一次收结案信息，但截至评估结束，已经可以在其网站上找到 2015 年 1—2 月和 1—4 月的案件收结情况。还有的法院从 2014 年每半年发布一次收结案信息转变为每月发布一次，它们是长兴法院、东阳法院、衢州中院、衢江法院、开化法院、常山法院、缙云法院、台州中院、路桥法院、玉环法院、下城法院、慈溪法院、瓯海法院、舟山中院、岱山法院。其中，三门法院 2014 年上半年提供了一次收结案信息后，2014 年下半年和 2015 年评估前都是按月发布案件收结情况。有的法院从 2014 年按季度发布收结案信息转变为按月发布，它们是安吉法院、临海法院、温岭法院、海曙法院。柯城法院 2014 年未提供收结案信息，2015 年按月提供收结案信息。泰顺法院 2014 年未提供案件收结情况，但截至评估结束，其已在网站上发布了 2015 年第一季度的收结案信息。

3. 基本信息的公开情况较好

法院基本信息包括法院的相关人员信息、法官执业规范、统计数据、年度工作报告等内容。本次评估仍将上述信息作为二级指标进行了评估。评估发现，全省法院对这些信息的公开情况普遍较好。

首先，3级法院大多在网站上公开了法院相关人员的基本信息。法院人员信息公开是司法透明度的基本要求，包括法院领导、审判人员、审委会委员、执行员、人民陪审员、人民调解员、人民调解组织等信息的公开。就法院领导信息而言，评估结果显示，有65家法院在其网站上公开了法院领导的全部信息，包括其姓名、性别、年龄、职务、法官等级和简要经历（占61.90%），公开的数量远远高于2014年的12家（占11.43%）；有39家法院公开了院领导的部分信息（占37.14%）。全部或者部分公开院领导信息的法院总数达104家（占99.05%），高于2014年的90家（占85.71%）。其中，平湖法院、椒江法院、玉环法院、岱山法院按照院领导的工作经历分时间段地介绍其简要经历，开化法院、路桥法院以列表形式公开院领导信息，清晰明确。

在审判人员信息公开方面，有54家法院在其网站上公开了审判人员的全部信息，包括姓名、学历和法官等级（占51.43%）[2014年为10家（占9.52%）]；有47家法院公开了审判人员的部分信息（占44.76%）[2014年为77家（占73.33%）]。全部或者部分公开审判人员信息的法院总数为101家（2014年为87家）。

在审委会委员信息的公开方面，有82家法院在其网站上公开了审委会委员的全部信息，包括名单、职务和法官等级（占78.10%）[2014年为72家（占68.57%）]；18家法院公开了审委会委员的部分信息（占17.14%）[2014年为12家（占11.43%）]。全部或者部分公开此类信息的有100家（占95.24%）[2014年为84家（占80%）]。

在执行员信息的公开方面，项目组放宽了标准，对于没有设置专门的执行员栏目，但在公开审判人员信息时标注了执行庭信息的，视作公开了执行员信息。按照此标准，有37家法院在其网站上公开了执行员的全部信息，包括姓名、学历、法官等级（占35.24%）[2014年为3

家（占 2.86%）］；有 55 家法院公开了执行员的部分信息（占 52.38%）［2014 年为 42 家（占 40%）］。全部或者部分公开此类信息的有 92 家（占 87.62%）［2014 年为 45 家（占 42.86%）］。

在人民陪审员信息的公开方面，有 71 家法院在其网站上公开了人民陪审员的全部信息，包括姓名、单位和职务（占 67.62%）（2014 年为 46 家，占 43.81%）；有 29 家法院公开了人民陪审员的部分信息（占 27.62%）［2014 年为 33 家（占 31.43%）］。全部或者部分公开此类信息的有 100 家（占 95.24%）［2014 年为 79 家（占 75.24%）］。

在人民调解员信息的公开方面，有 49 家法院在其网站公开了人民调解员的全部信息，包括名单、单位和职务（占 46.67%）［2014 年为 9 家（占 8.57%）］；有 36 家法院公开了人民调解员的部分信息（占 34.29%）［2014 年为 44 家（占 41.90%）］。全部或者部分公开此类信息的法院有 85 家（占 80.75%）［2014 年为 53 家（占 50.48%）］。

在人民调解组织信息的公开方面，有 57 家法院在其网站公开了特约调解组织名单（占 54.29%）［2014 年为 28 家（占 26.67%）］。

在人员信息公开方面，浙江法院出现了显著的变化。经过连续 3 年的评估，公开法院领导及审判人员信息的法院数量逐年增加（见表 6－1）。

表 6－1　2013—2015 年法院领导及审判人员信息公开情况对比

（截至 2015 年 6 月 30 日）

类别 / 年度	院领导信息（单位：家）		审判人员信息（单位：家）	
	全部	部分	全部	部分
2013	2	25	0	9
2014	12	78	10	77
2015	65	39	54	47

其次，全省法院普遍在门户网站公开了 12368 平台、法官执业规范和人民法院年度工作报告。有 91 家法院在其网站上公开了本地开通 12368 平台的信息（占 86.67%）。有 84 家法院在其网站上公开了法官

执业规范（占 80%）。有 96 家法院在其网站上公开了近 3 年的年度工作报告且链接有效（占 91.43%）。

4. 有的法院投诉指南公开情况较规范

公开投诉指南有助于公众或者当事人了解对法院工作产生怀疑后如何准确地向法院反映情况，维护自身权益。此次评估发现，不少法院在投诉指南的公开方面较为规范。如吴兴法院在门户网站提供了专门的投诉指南，该指南内容包括受理投诉的范围、受理部门、投诉注意事项和投诉渠道。淳安法院提供了判后答疑指南，用于受理和解答当事人的疑问。

5. 专项统计数据的公开较好

法院每年应向同级人大报告工作，所形成的工作报告既是法院过去一年工作的总结，也包含大量的数据材料，是社会了解法院的重要渠道。在工作报告方面，96 家法院的门户网站公开了最近一次的法院工作报告全文（占 91.43%）；2014 年评估时，符合条件的法院为 89 家（占 82.41%）；2013 年评估时为 25 家（占 24.27%）（见表 6－2）。

表 6－2　**法院公开最近一年工作报告的情况**

（截至 2015 年 6 月 30 日）

类别 / 年度	法院数（单位：家）
2013	25
2014	89
2015	96

专项的统计数据是包括收结案数据以外的法院各类专门性的业务数据，公开此类数据，一方面可以展示法院的工作情况，另一方面也是公众了解法院、研究法院及相关问题的依据。在专项统计数据方面，相对于过去两年，不少法院不但按照浙江省高级人民法院要求公开了收结案数据，还公开了不少个性化的专门性统计数据。如鹿城法院网站提供了平安月报，其

中，包括民间借贷案件和金融类案件的数据；乐清法院提供了刑事和民间借贷、离婚案件的专项数据；平阳法院提供金融类案件简表；东阳法院提供了质效情况表；长兴法院提供了立案登记数据；衢江法院提供了庭审录像改革报表。上述法院提供的数据均为专门的数据而非分析报告，较为简洁直观。

6. 12368 平台建设成效显著

同 2014 年评估一样，浙江省 105 家法院中有 89 家法院单独开通了 12368 司法服务热线（占 84.77%）；嘉兴中院下属的南湖法院、秀洲法院、嘉善法院、平湖法院、海盐法院、海宁法院、桐乡法院共 7 家法院，丽水中院下属的莲都法院、青田法院、云和法院、缙云法院、遂昌法院、松阳法院、龙泉法院、庆元法院、景宁法院共 9 家法院，总计 16 家基层法院（占 15.24%），虽未开通本院专门的 12368 平台，但在相应中级法院一级建立了集中的服务平台。

12368 平台的应答有效性整体较好。项目组针对开通 12368 的 89 家法院进行了进一步的统计，其中，59 家法院拨打一次即成功接入（占 66.30%）；21 家法院拨打两次后接通（占 23.60%）；3 家法院拨打三次后接通（占 3.37%）；另有 6 家法院拨打三次后仍未能成功接通。开通 12368 司法服务热线的 89 家法院，拨打接通的统计情况详见表 6 – 3。其中，89.9% 的法院能够在一至两次内成功接通，93.3% 的法院能够在三次以内接通。

表 6 – 3　　12368 电话拨打接通情况（截至 2015 年 6 月 30 日）

拨打情况	法院数	百分比
拨打一次接通	59	66.3
拨打两次接通	21	23.6
拨打三次接通	3	3.37
拨打三次依然占线	6	6.70
合计	89	100

12368平台均开通了自助语音服务和人工服务。开通12368司法服务热线的89家法院，不仅提供了自助语音应答，还划分了案件信息进度查询、网上立案等业务办理咨询、投诉举报、信访信息查询四大功能。此外，有83家法院提供了人工应答（占93.26%）。

验证发现，法院12368平台整体运行情况良好，大部分法院接线人员都能够直接解答立案程序和起诉所需材料等问题。76家法院的接线人员告知咨询人需准备起诉状、双方身份信息、证据三大类立案所需材料（占85.39%），并告知了起诉状模板的获取方式（包括法院主页、百度搜索等多种途径）。部分法院12368接线人员首先告知需咨询相关法院的立案庭、立案大厅的窗口或律师服务热线12348等其他机构，而且在追问之下，12368接线人员还能够较为准确地解答立案咨询的问题，少数法院接线人员在电话中请教了其他工作人员或者换由其他工作人员接电话后，也能够解答相关问题，如温岭法院、临安法院、镇海法院。

就服务态度而言，大部分法院接线人员态度较好，能够耐心细致地解答立案咨询的相关问题。如湖州中院12368接线人员态度非常好，首先对电话咨询人进行了心理开导，耐心劝说是否可以通过调解等途径解决，在确认需要起诉后，详细告知了立案所需的材料，并主动提醒咨询人应注意搜集证据以及可用证据的类型。

三　审务公开存在的问题

（一）2013年浙江法院阳光司法的问题

1. 存在的问题

（1）个别法院网站建设水平不高

网站是法院司法公开的重要平台，建设好网站平台，对做好公开工作、提升公开水平、增强公开实效具有其他平台无可比拟的优势。从2013年的评估情况看，个别法院的网站建设水平还有待提升。

①多网站运行

网站应当具有唯一性，即一个法院最好只建设一个网站并在同一个网站对外发布信息，即便有多个域名，也应当全部指向一个页面。网站的唯一性可以增强网站公开信息的权威性和公信力，因为多网站运行会造成信息公开的多出口，信息发布渠道多元化，非但不能保障信息发布的及时、准确、有效，还可能造成工作的混乱，给公众查找信息带来不必要的麻烦。评估发现，2013 年浙江有 3 家法院存在类似情况。个别法院同时运行的两个网站中有一个是改版后的新网站，另一个则是改版前的旧网站，但由于没有及时关闭旧网站或在其上注明网站已经改版、新网站已经启动，不明就里的公众可能无法获得准确的信息。而在这一点上，宁波中院就做得比较到位，该院对网站进行改版并开通新的域名后，及时在旧网站上发布了《换址改版公告》。

②网站域名不规范

一般情况下，法院网站的域名应以 gov 或者 org 作为后缀，且其页面醒目位置会注明法院的名称等标识性信息。但也有极个别网站缺乏上述显著特征，普通人不能从外观上判断其是否为正规的法院网站。如上城法院当时使用的域名为 http：//122. 224. 247. 35，未做醒目性标识，页面设计类似于普通的商业网站，如此很难发挥法院网站的应有作用。

③网站栏目配置不到位

网站设置各种栏目的目的是对信息和功能进行必要的归类，方便法院发布信息和公众检索信息，因此需要在建设网站的过程中，明确哪些信息应该上网发布，以及如何对这些信息进行分类并形成更为科学可行的信息栏目。评估发现，有的法院网站没有配备基本的信息栏目。主要体现在机构设置与职能、法院管理制度、统计数据等栏目上。有 3 家法院无机构设置及职责栏目，占 2. 9%；6 家法院在栏目中仅公布了机构设置与职责中的部分信息，占 5. 8%，如只提供机构设置不提供机构职责介绍。31 家法院没有配置法院管理制度及重要文件的栏目，占 29. 1%，3 家法院在栏目下无信息或无本院内容，占 2. 9%。有 54 家法院的网站没有提供统计数据或者工作报告栏目，占 52. 4%，1 家法院网站有栏目无内容，占 1%。信息栏目的缺失导致相关的信息缺乏合适的发布的位置，容易造成信息发布位置不统一的现象，给公众查找信息带来不便。

④网站栏目分类混乱

一般而言，网站的栏目无论是同一级别的还是不同级别的，都应当在分类上相互独立，互不交叉重叠，否则就会造成信息归类的混乱，造成栏目功能区分不清晰，给信息发布和查询带来麻烦。评估发现，有的法院网站在栏目配置上存在交叉重叠的现象，令使用者莫衷一是，有必要对这种现象予以纠正。

比如，某中级法院的网站有“审判在线”“诉讼服务”“阳光司法”三个栏目，其中“审判在线”栏目包括“裁判文书”“开庭公告”“拍卖公告”三个二级栏目，“诉讼服务”栏目主要是诉讼指南方面的内容，而“阳光司法”则包括“新闻发布厅”“公众开放日”“司法统计”“法院文件”四个二级栏目。“审判在线”和“诉讼服务”实际上都是“阳光司法”的一部分内容，放在同一层级并不妥当。且“阳光司法”中的“新闻发布厅”栏目又和另一个一级栏目“法院新闻”有重叠。另外，在某基层法院的网站上，“法院文化”与“法院风采”栏目之间也存在交叉重叠。前者包括“法官出镜”“法官风采”“法官论坛”和“法官园地”四个二级栏目，而“法院风采”则包括“荣誉展台”和“法院剪影”两个二级栏目，这些栏目完全可以进行整合。又比如某基层法院网站上有“法院动态”和“图片新闻”栏目，都是关于法院的新闻动态，完全可以整合。

此外，也有法院对栏目的界定存在偏差。比如，某基层法院网站设有“审务公开”栏目，但实际上发布的却是诉讼指南方面的信息。

信息栏目功能定位不准确，一方面栏目设置相对混乱，逻辑不清，容易造成信息发布的不确定和网站管理的混乱，另一方面会给公众查找信息带来不便。

⑤信息放置无序

栏目的功能未得到有效发挥，信息公开要求法院应当按照相应的栏目上传信息，做到信息发布规范化，帮助公众简便地获取信息。评估发现，某些法院在信息的发布上缺乏规律，不按照既定的栏目发布，随意性极强，信息查询不方便，直接影响了公开效果。

某些法院在网站上随意放置信息的情况最为突出。比如，在某中级法院的网站上，预算发布在“法规政策”栏目中，该“法规政策”栏目则发布在“人事信息”栏目中，工作报告则被发布在“法学研究”栏目中。

⑥个别网站信息检索有效性差

网站检索功能有助于公众快速查询到需要的信息。但不少法院网站未配置检索功能，或者配置的检索功能无效。经过验证，只有 34 家法院网站具有全网的综合检索功能，且验证有效，占 33%；有 32 家法院网站只提供简单检索功能且验证有效，占 31. 1%；37 家法院网站未提供检索功能或者均无效，占 35. 9%。更为突出的是，不少网站所配置的检索功能，连网站主页上发布的信息都无法检索出来。一部分法院网站采用了浙江省高级人民法院开发的检索界面，但该界面的检索功能存在问题，如“搜索的范围”可以选择“网站群搜索”“网站内搜索”“栏目内搜索”，但由于下一级选项框无效，该功能实际上无法使用。检索功能缺失或者无效使网站丧失了重要的作用，既不能为公众提供有效信息，也不能促进法院的公开工作，沦为自说自话的平台。

⑦网站页面设计需优化

网站页面设计是否符合网站使用者的阅览习惯，即界面、功能是否友好，直接关系到信息公开的效果。有的法院网站将大量的信息与栏目杂乱无章地堆放在页面上，栏目在布局、配色上缺乏美感，无用信息喧宾夺主，重要的信息被掩盖。如某基层法院网站第一屏页面能看到的除了法院公告外，主要是新闻报告、领导行踪与照片、法院文体活动等，重要的司法信息如裁判文书等都在网页的第二屏，这种设置可能满足了法院工作人员的信息需求，但却不符合公众浏览网页的习惯。

此外，不少法院热衷于使用网页悬浮窗口，发布一些动态信息。这一技术使用得当，可以起到提示作用，但使用不当，特别是一些悬浮窗口无法关闭，飘忽不定，则会给公众查询信息带来干扰，影响顺畅地浏览网站。

⑧有的网络平台形同虚设

有的法院开设了很多信息栏目，但要么链接无效，要么栏目中没有信息。一些法院的“联系我们”“举报投诉”“队伍建设”“司法统计”“法院文件”栏目中没有任何信息，有的“领导成员”栏目长期处于“资料更新中”的状态。凡此种种，有的是因为确实处于系统维护更新之中，有的暂无信息放置，有的则是多年前设计的栏目现已不需要。上述栏目的公开作用十分重要，长期处于无内容、链接无效的状态，将会使公众对法院的工作产生怀疑，或质疑法院工作懈怠、阳光司法推行不力。

（2）法院的基本信息公开不规范

评估发现，部分法院基本信息，如联系信息、人员信息的公开不够规范，不少信息没有有效公开。

首先，法院联系信息有的未公开，有的未全部公开。项目组通过法院网站查询了法院的联系地址和联系电话，结果显示部分法院未能在其网站查询到联系方式，其中，未能找到联系地址及联系电话的有11家法院，仅找到部分信息（如联系地址或联系电话）的有11家法院，各占10.7%。

为了验证网站所公开电话的有效性，项目组还与所有法院进行了电话联系，结果显示，部分法院公开的电话号码不准确、难以打通或者打通后工作人员不能就简单咨询做出解答。在此次对103家法院联系电话的验证中，顺利接通并答复咨询事项的有63家法院，占61.2%；接通但不解答问题的有4家法院，占3.9%；连续三天无人接听电话的有16家法院，占15.5%；连续三天拨打均占线的有3家法院，占2.9%；有5家法院显示号码为空号、错号、传真或者自动留言，占4.9%；未能通过网站获得电话号码的有12家法院，占11.7%。在验证时，大多数法院接听电话的工作人员态度较好，但也有个别法院的工作人员在工作态度和业务素质上需要改进。联系电话是法院对外联系的窗口和门面，接线人员的态度和素质直接关系到法院的形象，因此，接线人员需要真正具备司法公开和司法为民的意识。

其次，法院的人员信息公开还不够理想。2013年度主要围绕法院领导的姓名、职务、法官等级（领导无法官等级的除外）、工作分工、简历以及法官的姓名、法官等级进行了评估与调研。数据获取采取了查询法院网站、各法院自报与现场抽查相结合的方法。结果显示，无论自报信息中的法院公告栏公开情况，还是网站公开情况，都不理想。

有32家法院自报在其公告栏中公示法院领导姓名、职务、法官等级、工作分工、简历，占31.1%；仅公示部分领导或者领导的部分信息的法院有23家，占22.3%；未公示任何信息的法院有48家，占46.6%。而在法院自身网站公开院领导姓名、职务、法官等级、工作分工、简历的有2家法院，占1.9%；仅公示部分领导或者领导的部分信息的法院有25家，占24.3%；未公示任何信息的法院有76家，占73.8%。

有37家法院自报在其公告栏中公示审判人员的姓名、法官等级，占35.9%；仅公示部分信息的法院有29家，占28.2%；未公示任何信息的法院有37家，占35.9%。无一家法院在自身网站公开审判人员的姓名、法官等级；仅公示部分信息的法院有9家，占8.7%；未公示任何信息的法院有94家，占91.3%。

（3）公众开放日制度效果待提高

对公众开放日的评估主要根据各法院的自报数据对公众开放日制度的运行效果进行评估。评估发现仅有2家法院举办的次数低于浙江省高级人民法院规定的次数，有1家法院未填报本院举办公众开放日的信息。

举办的次数仅仅是评价其工作成效的一个方面，更为重要的是其实际的效果如何。项目组为了摸查公众开放日的举办情况，对103家法院2013年截至评估时通过网站公开的公众开放日情况进行了抽样统计分析，共收集到187件公众开放日活动记录，涉及66家法院，其中，中级法院26件，占13.9%，基层法院161件，占86.1%。结合访谈和统计可以发现，公众开放日制度存在一些值得注意的问题。

首先，公众开放日参与人员的群体结构有待优化。据访谈反馈，当前公众开放日的参与者多是当地的领导干部、人大代表、政协委员、企事业单位代表，法院有时也会通过学校或者街道办事处等邀请部分教师、学生、居民参与。有的法院反映，公众开放日举办起来存在一定的难度，人们参与公众开放日的热情不高，有时为了满足举办公众开放日的人数要求，法院还要托关系请人参加，甚至有的人员被多次邀请参加，有的法院还需要专门购买小礼物吸引其参加。抽样统计也发现，公众开放日参与者所属群体单一，对社会公众的开放力度有待加强。有人大代表、政协委员参与的公众开放日占17.6%，有党政机关领导干部（含离退休干部）参与的占10.7%，有人民陪审员参与的占3.7%，有学生参与的占25.7%，有普通公众参与的占24.1%，有其他人员（行业协会人员、金融保险等企业从业者、女企业家、个体工商户代表等）参与的占38.5%。虽然普通公众、学生、其他人员的参与比例不算太低，但多是以组织对组织的形式定向邀请参加，公众自行报名参加的渠道还不畅通，举办公众开放日的效果必然会受到影响。

其次，公众开放日的内容有待优化。从收集的样本看，公众开放日的内容主要集中于参观法院场所设施、旁听案件、座谈、听取法官介绍相关法律知识。本次收集的样本中，有65个活动是与参加者有直接相关性的，如请公职人员旁听受贿案件庭审、请个体工商户代表旁听食品安全案件庭审、请妇女界人士旁听离婚抚养案件庭审等，占34.8%；108个公众开放日活动是直接相关性较差或者无相关性的，如请普通公众旁听商标纠纷案件庭审等占57.8%；有14个公众开放日活动内容不详，占7.5%。当然，严格地讲，那些活动内容与参与者身份相关性差或者无相关性的公众开放日从普及法律知识等角度看也不是完全无必要，但如果公众开放日活动内容的安排能更多地考虑参与者的身份、需求，则可能会收到更佳的效果。

总之，如何超越公众开放日制度在推动司法公开、普及法律知识、拉近公众与法院关系方面所具有的形式意义，提升实质效果，应是今后推行该制度的着力点。

（4）新闻发布制度的水平待提升

项目组侧重对新闻发布制度的建设情况和通过网站进行新闻发布活

动的情况进行了评估分析。当前，传统媒体和新媒体异常活跃，法院的活动广受关注，法院及时向社会发声、回应社会关切、澄清不实消息，有助于消除谣言和错误信息，掌握司法话语权。因此，有必要制定专门的新闻发布制度和工作机制，针对各种各样的可能性准备工作预案。据各法院自报信息，制定有本院新闻发布制度的有 54 家法院，占 52.43%，未制定本院新闻发布制度的有 47 家法院，占 45.63%，有 2 家法院未填报相关信息。这表明，在完善新闻发布制度方面，不少法院还有极大的提升空间。

新闻发布主要是面向社会和新闻媒体，传播法院的相关信息，因此，各级法院不应仅满足于新闻媒体的曝光、上镜，还应当利用法院网站做好新闻发布活动的公开工作。项目组发现，通过门户网站披露一年内的新闻发布活动的法院并不多。通过网站披露过去一年举办过 3 次以上发布活动的有 13 家法院，占 12.6%；举办过 2 次的有 5 家法院，占 4.9%；举办过 1 次的有 21 家法院，占 20.4%；未能通过网站检索到相关信息的有 64 家法院，占 62.1%。这表明，针对自身工作情况、社会舆论关注重点以及宣传本院工作的需要，利用新闻媒体和自身网站适时举行新闻发布活动，仍是不少法院需要加强的工作。

（5）对统计信息的公开不够重视

项目组评估了法院 2013 年度工作报告、往年工作报告和其他统计数据在法院网站上的发布情况。结果显示，这三部分信息的发布情况还不够理想。

首先，在不少法院网站无法查询到其 2013 年度工作报告。有 25 家法院在网站提供了本院 2013 年度工作报告，占 24.3%，未能在法院网站上发现该报告的有 78 家法院，占 75.7%。其中，有一半中级法院未能在其网站上查询到 2013 年度工作报告，有 80% 的基层法院未能在其网站检索到 2013 年度工作报告。

其次，往年工作报告的发布情况也不乐观。针对此次评估，项目组采用了较为宽松的标准，只要发现过去某一年的年度报告的，即算作符合要求，结果发现，只有 32 个法院可以通过其网站检索到相关内容，占

31.1%，有 71 家法院无法通过其网站检索到其往年工作报告，占 68.9%。其中，中级法院中未能检索到的比例为 33.3%，基层法院中未能检索到的比例达 74.4%。

再次，在多数法院网站无法检索到本院统计数据。项目组适当放宽了对统计数据的要求，对于那些没有专门发布统计数据，但在调研报告等文件中使用了本院部分数据的，视作其公开了统计数据。结果显示，能够通过网站查询到统计数据的有 25 家法院，占 24.3%，未能发现数据的有 78 家法院，占 75.7%。其中，有一半中级法院未能在其网站上查询到其他统计数据，有 80% 的基层法院未能在其网站上检索到其他统计数据。

2. 原因分析

2013 年的评估显示，各级法院在审务公开中取得的成绩值得肯定，但存在的问题也不容忽视。之所以存在上述问题，或与下列因素有着密切的联系。

（1）对审务公开的认识还存在偏差

本板块所涉及的公开内容在当时多数被认为是法院的内部事务，与当事人无直接相关性，再加上法院工作长期处于半封闭状态，很多工作人员不适应公开透明的工作要求，因此很容易形成无须向公众公开法院信息尤其是与审判无直接关联的信息的观念。在法院人员信息是否应公开方面，分歧更加明显，也恰恰能说明这一问题。在调研访谈中，项目组经常听到法院工作人员表达对公开人员信息的顾虑乃至抵触之声，有法官认为这可能为当事人找法官请托提供便利，甚至有法官现身说法，列举因当事人掌握自己信息而被尾随、骚扰、恐吓的事例。这足以从一个侧面说明法官当前的生存环境恶劣、法院权威及公信力缺失，这些问题的背后有复杂的时代与社会背景，值得深入分析。但有一点需要指出，长期以来包括法院人员信息在内的法院信息公开不充分，这非但没有为法院及法院干警添加神秘色彩而换来公众对其的敬畏，反倒因为个别法院人员的行为失范以及由此引发的放大效应，使法院人员尤其是法官群体整体蒙羞。挽回法官乃至法院的公信力，除了依靠进一步规范司法权的运行，提升司法水平，最大限度追求司法公正，还需要相关司法信息的进一步公开透明。

（2）不善于用信息手段推动审务公开

法院公开长期以来满足于对案件进行公开开庭审理，公开司法信息也主要是通过公告栏等传统手段，虽然电子政务已经发展了多年，但一些法院并未抓住用信息技术促进公开工作的契机，不接受新型的工作方式，对不断创新的电子政务技术、信息交流沟通方式不熟悉甚至怀有畏惧心理，而且，技术人员匮乏，软硬件保障不力，制约了法院信息化建设和司法公开水平的提升。

（3）法院门户网站定位仍然模糊不清

做好司法公开工作，用好信息发布的第一平台——网站，就必须对法院网站的功能有准确的定位。从 2013 年度对浙江法院的评估和调研情况看，其网站建设水平相较于全国水平较高，但网站定位不准的问题仍普遍存在。

（4）司法公开工作处于较为被动状态

一般而言，法院的工作模式是被动式而非主动式的，但并不意味着法院的所有工作都是被动的。法院主动开展一些工作，如公众开放日、公开司法信息，本质上都是服务于公众和当事人的，这有助于在互动的条件下，推动法院自身的建设，提升法院的权威和公信力。但当前一些法院建设网站，乃至开展公众开放日、新闻发布等活动的主要动力，除了自身宣传的需要外，有不少主要甚至绝大部分来源于上级法院的要求、同级党委政府的推动。因此，其工作在很大程度上是被动应付，公开工作和相关活动往往出现重形式、轻效果，重自身便利、轻受众感受的情况。一些法院网站只管建、不管用，栏目配置不齐全，配置栏目但无信息，网站界面友好性差，信息公开不主动，重要信息难获取，公众开放日虽举办得热热闹闹，时间、人力、物力耗费不少，但成效如何无从知晓。如此种种都因为法院还基本处于“要我公开”的阶段，尚未进入“我要公开”的状态和境界。

（二）2014 年浙江法院阳光司法的问题

1. 存在的问题

2014 年对浙江三级 105 家法院审务公开板块的评估基本延续了 2013 年的评估内容，但评估的要求更加细化和具体。评估主要发现了以下问题。

（1）门户网站的建设水平需提升

①网站稳定性还待提升

2014 年度评估期间，除杭州铁路运输法院始终无网站外，还有部分网站存在无法访问的情况，涉及 5 家基层法院。

除了网站本身的稳定性外，个别法院的相关栏目也无法打开。如有的法院网站的“审务公开—文件制度”栏目项下的立案公开细则和审务公开细则不能有效打开。有的法院网站首页的一级栏目“法院概况”“审务公开”等下拉子栏目，鼠标根本无法接近下拉框，更不能点开下拉框中显示的任何一项子栏目，若要查看其子栏目中的内容，只能打开首页一级栏目按钮再后续查找。更加不方便的是，若要查询“法院概况”栏目中的人员信息、内设机构子栏目，仅有一种方式，即打开法院概况栏目后，在页面显示文本的顶端路径“您的位置—法院概况”项，点击“法院概况”后，通过跳转后的页面查看，无法直接从首页“法院概况”栏目的下拉菜单点击进入。

②发布的下级法院网站链接不准确

评估发现，上级法院发布的部分下级法院网站链接信息不准确，如浙江省高级人民法院门户网站及部分中级法院门户网站提供的下级法院网站的友情链接地址与有关法院实际的地址不符，无法访问。

③个别法院网站禁止内容复制

信息的价值在于传播与分享，只有这样，才能让公众和当事人由此受益。况且，既然信息不具有涉密性，可以上网发布，那么，再对信息使用进行限制也是毫无意义的。因此，网站所公开的信息原则上应当允许网民自由地复制使用。但现实中，仍有法院对网页内容设定技术限制，阻止网民复制粘贴网站内信息。

2014 年度关于网站相关栏目对文字内容的可复制性是否进行限制，项目组主要考察了网站首页及“诉讼指南”“执行须知”“法律法规”“服务指南”“裁判文书”“执行指南”“文件制度”“行政公文”“工作报告”“统计数据”“规章制度”“法院概况”等栏目。

评估发现，8 家法院相关栏目信息存在不可复制的情况，占 7.62%。这些法院都通过一定的技术手段，对网页内容进行了加密，网页内容无法选定、复制。实际上这些技术根本无法实现加密的效果，只需要使用很简单的办法就可以破解，大有犹抱琵琶半遮面的意味，毫无意义，但这同时又降低了信息使用的效率，影响公开效果和法院形象。

④法院网站存在强迫阅读的现象

网站上的游动浮标是吸引网民注意的手段，但使用不当会影响网民浏览网页，甚至令人有被强迫阅读的感受。评估发现，有 56 家法院未设置游动浮标，占 53.33%，但设置浮标的法院接近一半。30 家法院设置了游动浮标但可以关闭，占 28.57%；18 家法院设有游动浮标且无法关闭，占 17.14%。有的法院有游动浮标，且部分可以关闭，部分不可以关闭；有的法院首页无浮标，但点击“了解法院”进入页面之后却有浮标。

⑤网站检索功能还不够理想

评估发现，除杭州铁路运输法院始终无网站外，92 家法院提供了有效的全网简单检索功能，占 87.62%，70 家法院提供了有效的组合检索功能，占 66.67%，但也存在检索功能无效、未提供检索功能等的情况。有 4 家法院未提供面向全网的简单检索功能，占 3.81%；8 家法院虽提供了面向全网的简单检索功能，但经验证，该功能无效，占 7.62%；23 家法院未提供组合检索功能，占 21.90%；11 家法院虽提供了组合检索功能，但验证无效，占 10.48%。此结果相较于 2013 年的评估结果有明显改善，但仍然不能称为理想。

除此之外，信息检索功能方面还存在以下问题。一是组合检索有效但简单检索无效；二是简单检索必须选择栏目分类，但在选择栏目后组合检索仍然不能使用；三是个别法院组合检索无效，但简单检索有效；

四是部分法院网站内容显示不清晰。评估发现，个别法院门户网站设计上有问题，网页内容显示不清晰，影响阅读，公开效果不理想。

（2）机构类信息的发布有待改善

①个别法院的机构信息发布还有改善空间

项目组对机构信息的发布情况进行评估时，主要对法院门户网站是否提供了法院内设机构列表及网站是否提供内设机构的职能分工进行了考察。

评估发现，机构信息大多作为二级或者三级子栏目被设置在一级栏目“法院概况”栏目下面，也有个别法院设在“为您服务”栏目中。

评估发现，97 家法院提供了法院内设机构列表，占 92.38%，4 家法院提供了法院部分内设机构列表，占 3.81%，1 家法院未提供法院内设机构列表，占 0.95%，3 家法院在评估期间无网站或者链接无效，占 2.86%。88 家法院提供了全部机构介绍，占 83.81%，11 家法院仅部分机构有介绍，占 10.48%，3 家法院全部未提供内设机构的职能分工，占 2.86%，3 家法院在评估期间无网站或者链接无效，占 2.86%。

②法院联系电话公开情况及有效性需关注

联系电话指标主要考察是否在门户网站公示本院的联系电话，包括总机或者立案咨询电话，同时对联系电话的有效性进行了验证。验证方法为在工作时间拨打，询问某部门电话，如立案庭、研究室等。

多数法院的联系电话公开于门户网站“联系我们”或者“联系方式”等栏目，也有部分法院的联系电话位于“法院简介”或者“法院概况”等栏目，还有部分法院将其设立于网站首页。总体来看，通过门户网站搜索相应法院的联系电话已较为便捷。

也有一些法院未公布专门的立案电话，需要询问联系电话或者办公室电话后再验证。

项目组对所公开的电话进行了验证，验证时间均为正常办公时间。结果显示，电话有效性还不够理想。

有个别法院三次验证均未接通；部分法院提供的电话号码不准确；如评估时仅找到某法院网站最下方的一个电话号码，但第一次拨打语音提示“请拨分机号，查号请拨0”，第二次仍然如此，且拨0之后无人接听，接着语音又提示“请拨分机号”。有的法院“机构设置”栏目中提供的立案庭电话为空号。有的法院的网站下方所存留电话为门卫电话，接通后门卫告知了立案庭电话。有的法院门户网站“法院概况”栏目所提供的立案咨询电话接通后工作人员不说重点，称此号码不负责立案了，只负责立案后事项。还有个别法院在“联系我们”栏目中注明的是立案咨询电话，但接通之后回应说不是立案庭，评估人员问其是哪里，对方也不进行说明，直接告知了立案庭电话。

12368平台开通后，部分法院以此为由拒绝解答咨询。如评估人员拨打某基层法院立案庭电话，工作人员告知拨打12368，称其只负责立案事宜不负责咨询事宜。某法院在门户网站“联系方式”栏目中公布了立案窗口咨询电话，但工作人员称其为立案庭，不对外，且不接受咨询，告知应拨打12368。

有的法院公开的电话与其归属的各业务部门或者职责不一致。如某基层法院“法院概况”栏目中的立案、信访电话，接通之后工作人员称其负责民商事案件咨询，若要咨询借款纠纷方面的事宜需拨打借款专属的联系电话。

个别法院接听电话人员的态度不好。如某中级法院工作人员态度差，不解答任何问题，一直在追问被告公司的名称，称没有名称不能立案。某基层法院工作人员告知被告的身份证号需律师调查，否则无法起诉，且工作人员语气较为着急，缺乏耐心。

此外，验证12368平台后，项目组发现，个别法院的平台也有可改善的空间。有的法院接线员声音很小，不排除信号传输效果差或其他原因。有的法院电话先是线路忙，接通后提示声音为直接挂断。

③法院交通信息还需细化

法院交通信息指标重点考察法院地址信息、交通位置图、乘车路线及下车站点等的提供情况，及是否有派出法庭，若有派出法庭是否有乘车信息。仅有11家法院同时提供了上述所有信息。

绝大多数法院提供了法院地址、交通位置图，仅半数法院提供了乘车路线及下车站点。全省共81家法院设有派出法庭，其中提供派出法庭乘车信息的仅有11家法院。

（3）人员信息的发布还不统一

法院领导信息方面，仅12家法院全面公布了法院领导姓名、性别、年龄（出生年月）、职务、法官等级（领导无法官等级的除外）、简要经历等，占11.43%；78家法院仅公布了部分人员信息或者人员的部分信息，占74.29%；12家法院无此类信息或者相关链接无效，占11.43%；3家法院无网站或者网站无法访问，占2.86%。

审判人员信息方面，仅10家法院公示了审判人员姓名、学历、法官等级的情况，占9.52%；77家法院仅公示了部分人员的信息或者人员的部分信息，占73.33%；15家法院未提供上述审判人员信息或者信息链接无效，占14.29%；3家法院无网站或者网站无法访问，占2.86%。

审委会人员信息方面，72家法院提供了审委会人员名单、职务、法官等级的情况，占68.57%；12家法院仅公示了部分人员或者人员的部分信息，占11.43%；18家法院未提供审委会上述相关信息或者信息链接无效，占17.14%；3家法院无网站或者网站无法访问，占2.86%。

执行人员信息方面，仅3家法院公示了执行员姓名、学历、法官等级的情况，占2.86%；42家法院仅公示了部分人员信息或者人员的部分信息，占40%；57家法院未提供执行员信息或者信息链接无效，占54.29%；3家法院无网站或者网站无法访问，占2.86%。

书记员信息方面，仅2家法院公示了书记员姓名、学历情况，占1.90%；6家法院仅公示了部分信息，占5.71%；94家法院未公示书记员上述信息或者信息链接无效，占89.52%；3家法院无网站或者网站无法访问，占2.86%。

人民陪审员信息方面，50家法院公示了人民陪审员姓名、单位、职务的情况，占47.62%；36家法院仅公示了部分人员信息或者人员的部分信息，占34.29%；16家法院未提供人民陪审员上述信息或者信息链接无效，占15.24%；3家法院无网站或者网站无法访问，占2.86%。

人民调解员信息方面，仅10家法院提供了人民调解员名单、单位、职务信息的情况，占9.52%；46家法院仅公示了人民调解员的部分信息或者部分人民调解员信息，占43.81%；46家法院未提供上述人民调解员信息或者信息链接无效，占43.81%；3家法院无网站或者网站无法访问，占2.86%。

人民调解组织信息方面，30家法院提供了人民调解组织名单的情况，占28.57%；72家法院未提供人民调解组织信息或者信息链接无效，占68.57%；3家法院无网站或者网站无法访问，占2.86%。

（4）审判指导性文件发布需改进

项目组考察了法院门户网站是否发布了本院制定的审判指导性意见及门户网站是否公开本院制定的管理性文件。有63家法院门户网站发布了本院制定的审判指导性意见，且经抽查未发现链接无效的情况，占60%，39家法院未公布本院制定的审判指导性意见，占37.14%。87家法院门户网站公开了法院管理性文件，占82.66%，15家法院未公开法院管理性文件，占14.29%。3家法院无网站或者网站无法访问，占2.86%。

（5）少数法院的工作报告无内容

虽然工作报告发布情况总体较好，但也有少数法院存在问题。评估发现，4家法院虽设立了工作报告栏目且可有效打开，但栏目中并无内容，占3.81%；1家法院有栏目但链接无效，占0.95%；4家法院无栏目，占3.81%；3家法院无网站或者网站无法访问，占2.86%。

89家法院公开了其2013年度工作报告，占84.76%；94家法院公开了其2012年度工作报告，占89.52%；91家法院公开了其2011年度工作报告，占86.67%。

此外，项目组还发现工作报告发布中存在下述问题。有的法院2013年度的工作报告中有文字省略现象，个别法院工作报告发布的为内容节选而非全文。但实际上，法院工作报告在发布时应已经经过同级人大的审议，一般不涉及保密信息，没有理由对社会发布时再进行删节。

（6）法院统计数据的公开不理想

统计数据是反映司法运行情况的晴雨表，2014 年，浙江全省法院在浙江省高级人民法院的部署下，统计数据的发布实现了标准统一、平台集中，浙江法院公开网集中了全省法院的收结案等统计数据。但从门户网站公开本院统计数据的情况看，还有一些需要注意的地方。

①统计信息的发布仍待统一

首先，统计信息的发布周期还不统一。从各法院公开本院收结案统计数据的情况看，仅 3 家法院能够按月连续发布 2014 年以来的数据且有最新一个月的信息，占 2.86%；4 家法院虽按月连续发布 2014 年以来的数据，但未提供最新一个月的数据，占 3.81%；1 家法院按季度连续发布 2014 年以来的数据，且有最新一个季度的信息，占 0.95%；12 家法院按季度连续发布 2014 年以来的数据，但未提供最新一个季度的数据，占 11.43%；50 家法院按半年发布收结案统计数据且有 2014 年上半年数据，占 47.62%；3 家法院未发布任何统计数据，占 2.86%；29 家法院无 2014 年统计数据，占 27.62%；3 家法院无网站或者网站无法访问，占 2.86%。

②专项统计数据发布不理想

从 2014 年以来门户网站发布专项统计数据的情况看，仅 1 家法院在门户网站发布了 2014 年以来的专项统计数据，占 0.95%，101 家法院未发布 2014 年以来专项统计数据的情况，占 96.19%；3 家法院无网站或者网站无法访问，占 2.86%。

③个别法院的统计数据栏目设置不够醒目

如有的法院统计数据栏目位于“为您服务”栏目项下；有的法院设置于“审务公开”栏目项下；有的法院设置于“专题专栏”栏目项下。

2. 原因分析

（1）用户本位思维仍缺失

法院门户网站是面向当事人和一般社会公众公开信息的第一平台，其目的是让当事人和一般社会公众及时、便捷地获得所需的信息。因此，网站的栏目设置、信息发布方式等必须站在当事人和一般社会公众的角度，从“用户”的视角判断网站是否好用，信息公开是否有效。但至少在2014年评估时，绝大多数网站的建设者还没有转变观念，普遍还只是站在自身角度，至少没有以普通用户的身份和视角去体验过自身网站。这造成的结果是，一方面法院投入很大的人力、物力去建设和维护门户网站，自认为已经公开了所有信息，在很多方面也很有创意，但另一方面，作为用户的当事人和一般公众仍然面临网站运行不稳定、信息不准确、信息难查找等问题，用户体验不好。

（2）公开的理念还需转变

法院作为重要的公权力机关，其职权行使具有公共性，由此产生的信息也具有公共性，不是法院自己的私有财产，除涉及国家秘密、商业秘密、个人隐私及其他有合理理由暂不宜公开的信息外，所有信息都应对当事人和社会公众公开。尤其是通过网站面向不特定社会大众公开的信息，更具有明显的公共性，应当允许社会公众自由使用，无须遮遮掩掩，或者额外附加限制。

（3）公开平台的关系不顺

2014年评估时，司法公开正在呈现多平台同时运行的局面，其相互关系不予理顺，极易造成平台发展混乱的情况。以网站为例，浙江法院公开网开通后，不少业务信息已可以实现通过该网站集中发布，但上下级法院之间在信息发布上应如何协调，下级法院网站是否还需要重复发布相关信息，如果不发布这些信息的话，下级法院网站是否还有必要存在，下级法院发布信息的个性化要求应如何满足，这些问题的存在在一定程度上影响了公开效果。此外，一些基层法院反映，集中到浙江省高级人民法院的平台发布信息后，就只有一个出口，本院要想发布信息，只能先上传给浙江省高级人民法院有关部门，再等其推送到互联网，容易出现发布滞后的情况。再以电话渠道为例，12368平台无疑是一个重大创新，统一的电话接入、专门的人员接听应答、后台的统一管理，这无疑有助于提升法院对外联系的效果，方便公众，甚至也可以使广大的承办法官不需要再因频频应付各种电话咨询而难以集中精力办理案件。但12368不应是公众接近法院的唯一渠道，一旦其联系到业务部门，业务部门也无权拒绝回答，并一律推给12368。推广应用12368的过程只能是逐步引导公众改变习惯，而不是硬性地将公众推向12368。

（4）公开的标准还不统一

从本板块各类信息的发布情况看，各法院在具体信息的发布标准方面不太一致，所以才出现统计数据有的按月发布、有的按季度发布，以及院领导和人员信息有的发布、有的不发布的情况。

（三）2015年浙江法院阳光司法的问题

2015年浙江法院阳光司法指数评估在审务公开板块所评估的内容略有变化，评估的思路总体上是更加关注发布信息的质量和公开的效果。

1. 存在的问题

（1）少数法院网站运行不稳定

虽然浙江104家法院的网站在评估期间都曾可以访问，但有5家法院曾出现网站链接无效的情形。技术监测发现，在监测时间内，有28家网站的首页15秒内均可打开，可用率为100%。有4家网站的首页15秒内打不开的次数占监测总次数的比例超过5%，其中，两个基层法院的网站一直不可用。

（2）网站存在信息链接类错误

技术监测显示，部分法院的网站首页信息链接存在错误。在监测时间内，有71家网站的首页存在错误，其中有5家法院网站的首页错误超过（含）5条。

监测还发现，部分法院网站内外部信息链接存在错误。在监测时间内，对104家法院的105家网站进行了全站扫描，有46家网站存在内部（与首页同一域名或在设定域名范围内）错误链接；84家网站存在外部（与首页不同域名或不在设定域名范围内）错误链接（即转引其他网站的链接）。其中，某基层法院内部错误链接最多，为1272条；某基层法院外部错误链接最多，为97条。

项目组还对其错误进行了分类监测，了解网站自身错误的原因，提出改善建议。便于网站开发人员解决问题。监测时间内，网站错误类型比例如图6－1所示：“找不到页面”2588项，“服务器内部错误”59项，“禁止访问”7项，“服务器不可用”0项，“其他”类型14项，总计2668项。

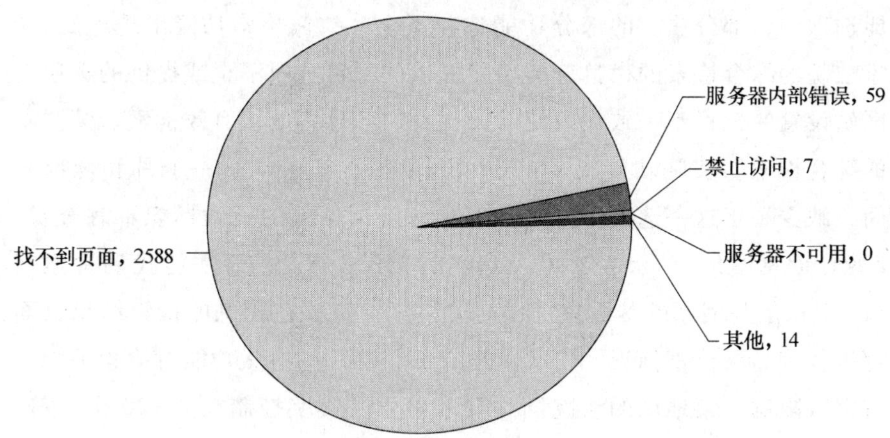

图6－1 网站内部链接错误分布情况（截至2015年7月3日）

监测发现，部分法院网站存在附件不可用的情况，即发布的附件无法下载。监测时间内，14家网站存在不可下载附件的情况，此情形最多的法院有9个附件无法下载。

最后，部分法院门户网站存在图片缺失的问题。监测时间内，有40家法院网站存在缺失图片的情况。

（3）部分门户网站友好性不高

网站友好性是关系到网站用户使用感受的关键因素，为此，网站必须具备方便公众查询、获取信息的要求。但评估发现，仍有部分法院网站设置有游动浮标，影响公众浏览网页。6家法院网站仍设置游动浮标且不可关闭。这些网站上的游动浮标遮挡网页信息，不方便公众阅读。

其次，部分法院网站限制对信息的自由使用。2 家法院网站所抽查的部分信息不可复制，3 家法院网站所抽查的全部信息不可复制。

此外，部分法院未能提供有效的检索功能，不方便公众查找信息。16 家法院未提供检索功能或综合检索功能和简单检索功能均无效。在这 16 家法院中，由于检索功能的评估经过两条信息的抽查检测得出，其中 1 条信息不能被检索成功即视为检索功能无效，所以 9 家法院由于部分信息不能被有效检索而被视为检索功能无效。在综合检索的多种功能选项中，部分法院的部分功能选项不全，致使检索功能出现瑕疵。6 家法院的综合检索的栏目分类功能提供的栏目选项不全或提供的选项与网站设置的栏目不一致，致使部分栏目的信息不能被有效检索。某法院的综合检索的实际功能提供的选项只有一天、一周、一个月和全部时间，缺少一年这一选项。另外，部分法院网站上的检索标识不宜查找。2 家法院网站的首页无检索窗口，在打开一个栏目后才能找到检索窗口；2 家法院网站的首页只提供简单检索窗口，在信息的检索结果页面可以找到高级检索标识。再次，还有部分法院的检索功能对检索关键字有字数限制。某地区的法院网站要求检索关键字控制在 2—20 个字符，某基层法院网站要求将关键字长度控制在 1—10 位之间。最后，有 1 家法院提供的不是站内检索，其检索直接链接到百度搜索引擎。

（4）网站有错别字现象较为普遍

项目组利用技术手段对全省 3 级法院的 105 家网站（不含铁路法院，包括浙江法院新闻网）是否存在错别字进行了技术扫描和诊断。监测时间内，105 家法院网站均存在错别字，如将“明察暗访”误写为“明查暗访”，将“渡过难关”误写为“度过难关”，将“严惩不贷”误写为“严惩不怠”。

（5）12368 平台整合性不理想

提高 12368 平台的功能整合度，将立案咨询、案件查询、联系法官、判后答疑、投诉举报、信访等事项整合在该平台，有助于方便公众和当事人办事，也有助于提高法官的工作效率。但评估发现，5 家法院不能从其网站公开的信息判断其 12368 平台是否已进行整合。经过验证，7 家法院只提供了其他咨询电话，并且明确告知 12368 目前不负责立案咨询。

验证发现，个别法院 12368 平台有效接通情况不理想，共计 6 家法院拨打三次后仍未能成功接通，其中，某基层法院的电话在拨通后被对方挂断。6 家法院电话拨打三次后未能成功接通，无法验证是否提供了人工应答。

多数法院在原告无法获取被告身份证件信息的情况下，告知法院可以协助开具调查函，然后通过 365 便民服务中心、办证大厅、公安局等获取被告身份信息。只有少数法院回应称无法协助获取被告身份信息。有的法院则回应不应该向法院咨询查找被告身份信息的事情，建议委托律师去公安局调取被告身份信息。

多数法院在回应咨询过程中，询问了咨询人和被告人的住址或户籍所在地等身份信息；少数法院对原告和被告的身份信息，如姓名、住址、户籍所在地等要求严格，需告知后才回应咨询内容。

也有个别法院接线人员服务意识差，态度不够严谨专业，缺乏人文关怀。一些法院接线人员在回应咨询时语气生硬，很不耐烦。有个别法院接线人员起初认为咨询人是外地的，有点不耐烦，在得知是本地人和其详细住址之后态度才变好。也有一些法院接线人员开玩笑似地应对咨询，非常不严肃。

2015 年 5 月下旬，项目组现场调取案卷时，也对 12368 平台问题进行现场走访和简单访谈。结果显示，12368 平台接线员查询案件信息的权限有限，很多案件信息无法直接告知当事人，仍需联系法官；12368 平台的后台系统还不健全，遇到当事人联系法官的情况，还不能直接通过系统派单，只能直接将法官的联系电话告知当事人，无法起到缓解法官工作压力的作用。

（6）不同平台人员信息不一致

继前两年对法院人员信息公开情况进行评估后，2015 年的评估结合浙江省高级人民法院开通浙江法院公开网的情况，对多平台之间发布同类信息的一致性进行了验证。浙江法院公开网的开通是希望将其打造成浙江省内全部法院信息的公开平台，因此，在浙江法院公开网上也可以查找到浙江地方法院的人员信息。本次评估将本法院公开的人员信息和浙江法院公开网上公开的相对应法院的人员信息进行了比对后，发现存在如下问题。

首先，浙江法院公开网本身公开的下级法院的人员信息不全面且未分类。如浙江法院公开网并没有提供执行员的专门栏目，法官信息栏目也鲜有执行员信息。另外，浙江法院公开网提供的地方法院的人员信息栏目只分为法官、人民陪审员、特约调解员、特约监督员信息，没有专门的院领导信息、审委会委员、特约调解组织栏目，部分法院的法官信息栏目提供院领导信息和审委会委员信息，但 4 家中级法院等栏目下的法官信息未标注院领导信息；特约调解员栏目则提供特约调解组织信息。

其次，浙江法院公开网的法官信息栏目提供信息的标准不一致。浙江法院公开网的法官信息栏目名为法官信息，但大多数法院的法官信息栏目只提供院领导信息或审委会委员信息；部分法院的法官信息栏目还提供审判员和助理审判员的信息；有的法院的法官信息栏目只提供人名，未提供用于辨别人员的职务、法官等级等信息；个别法院的法官信息栏目提供的信息不是法官信息，如某法院的法官信息栏目提供的是先进个人、劳动模范等获奖个人的信息，某法院的法官信息栏目提供的是各种单位推荐人员的信息。

再次，部分人员信息更新不及时。如浙江法院公开网中对浙江省高级人民法院人员信息的公开就存在更新不及时的情况，个别法官已经调任其他法院，但相关信息并未修改。

最后，大多数法院自身网站公开的人员信息与浙江法院公开网提供的相应法院的同类人员信息不一致。经比对发现，有 83 家法院公开的法院领导全部或部分信息与浙江法院公开网公开的相应信息不一致，占 79.05%，15 家法院公开的法院领导全部或部分信息无法与浙江法院公开网的相应信息进行比对，占 17.29%。有 98 家法院公开的审判人员全部或部分信息与浙江法院公开网公开的相应信息不一致，占 93.33%，2 家法院公开的审判人员部分信息无法与浙江法院公开网的相应信息进行比对，占1.9%。有25家法院公开的审委会委员的全部或部分信息与浙江法院公开网公开的相应信息不一致，占23.81%。有68家法院公开的审委会委员的全部或部分信息无法与浙江法院公开网的相应信息进行比对，占62.96%。有2家法院公开的执行员的全部或部分信息与浙江法院公开网公开的相应信息不一致，占1.9%，有90家法院公开的执行员的全部或部分信息无法与浙江法院公开网的相应信息进行比对，占85.71%。有47家法院公开的人民陪审员的全部或部分信息与浙江法院公开网公开的相应信息不一致，占44.76%，有39家法院公开的人民陪审员的全部或部分信息无法与浙江法院公开网的相应信息进行比对，占37.14%。有14家法院公开的人民调解员的全部或部分信息与浙江法院公开网公开的相应信息不一致，占13.33%，有51家法院公开的人民调解员的全部或部分信息无法与浙江法院公开网的相应信息进行比对，占48.57%。有4家法院公开的人民调解组织信息与浙江法院公开网公开的相应信息不一致，占3.81%，有43家法院公开的人民调解组织信息无法与浙江法院公开网的相应信息进行比对，占40.95%。这无疑会给查找信息的公众造成困惑，降低了司法信息的公信力。

（7）法院未对人员信息做分类

部分法院提供的法院领导信息和审委会委员信息未作区分，混杂在一个栏目中；部分法院提供的审判人员信息和执行员信息混在一个栏目中。另外，部分法院对人民调解员和特约调解员并不加以区分，如有的法院提供的栏目名称为人民调解员或人民调解组织，点开后页面的抬头是特约调解员或特约调解组织；有的法院提供的栏目名称为特约调解员，点开后表格的抬头是人民调解员。此类信息的混杂放置不方便公众查找和区分相应信息。

（8）投诉指南公开程度待提高

投诉指南是用以明示当事人投诉条件、受理机构、所需材料、受理范围、办理流程和时间等信息的文件，指引当事人进行合法合理的投诉行为。在实践中，大多数法院都设有投诉电话如12368或投诉信箱，但是只有个别法院提供了规范的投诉指南或说明。2015 年对投诉指南的评估适用从宽的原则，网上投诉或网上信访系统的使用说明如果包含办理时间也视为提供了投诉说明。

评估发现，一些法院对公开的投诉渠道进行了适当说明。如温州中院和杭州中院网站提供了网上信访说明；诸暨法院提供了涉诉信访指南；乐清法院、下城法院、北仑法院、滨江法院、余杭法院提供了院长信箱的使用说明，宁波中院和舟山中院提供了信访制度说明；莲都法院、缙云法院、松阳法院、景宁法院提供了转到最高人民法院网上申诉信访平台的链接，内有网上申诉信访指南；上虞法院、江干法院、宁海法院的网上信访链接到浙江法院公开网信访预约平台。虽然如此，相较于投诉指南，此类投诉说明仍不够明确。另外，仍有 62 家法院没有提供投诉指南，占 59.05%。

（9）统计数据发布缺乏规律性

在本次评估中，统计数据的发布时效按照数据本身的时间而非数据的发布时间计算。

第一，有 8 家法院提供收结案信息的时间不规律，占 7.62%。部分法院提供的收结案数据时间虽然呈现规律性，但是并没有提供最近一个月的信息。

第二，专项统计数据的规范性待提高。专项统计数据评估是希望法院能够提供简洁明了的表格形式或数字形式的针对专门案件或主题的数据，而非篇幅冗长的调研报告。但本次评估发现除了部分法院提供了数据形式的专项数据外，很多法院都是在统计分析、审判白皮书、审判态势分析报告等文件中提供专项数据。

第三，部分法院提供的专项统计信息时间不规律或未提供专项统计信息。28 家法院提供的专项统计数据的时间未能呈现规律性，占 26.67%。58 家法院未能提供专项统计数据或信息链接无效，占 55.24%。

2. 原因分析

（1）公开的理念仍需进一步转变

司法信息属于公共信息，除涉及国家秘密、商业秘密、个人隐私外，均应当对外公开。司法公开要求法院不仅不得对信息的获取作出限制，也不得对信息的利用作出限制。法院网站的游动浮标和检索功能与信息的可获取性、网站的友好性直接相关，网页内容的可复制或可下载又与信息的可利用性相关，有的法院网站仍对信息的可获取和可利用性作出限制，这不符合司法公开的本质要求，说明个别法院在司法公开的理念上还存在误区。

（2）信息公开的标准仍然欠统一

相同信息甚至相关信息公开的一致性是信息客观性的内在要求。而信息的客观性又是信息权威性和司法公信力的重要保障。浙江法院公开网和地方法院网站之间、地方法院网站相互之间都存在同类信息公开不一致的情况。如，浙江法院公开网和地方法院关于院领导信息公开的不一致可能是由于二者关于法院领导范围的界定不一致。这说明，司法公开的标准还是有进一步统一和明确的必要。

（3）司法公开常态化机制待加强

信息公开尤其是数据公开应成为新时代背景下法院的常规事项。法院应当定期发布、补充、更新其在网站上公开的信息，从而保障所公开信息的真实、准确和客观。但是，部分法院的数据公开仍没有连续性定期发布，即使数据被定期收集或制作，也未能定期发布，换句话说，数据公开仍没有形成常态机制。从浙江法院公开网的运行情况看，其目标是打造全省统一、权威的法院信息发布平台，但由于部分工作还没有常态化，出现了网站公开与各下级法院公开相互脱节的情况，也出现了实际情况发生变化，但信息更新滞后的情况。

（4）门户网站的维护还有待提升

评估显示，门户网站出现稳定性不足、内外部错误、错别字等问题，这反映出不少门户网站日常维护不够、重建设轻用户的使用体验。网站难免随着时间推移出现各种技术错误，或者因为工作疏忽导致出现一些问题，对此只能在使用中发现，或者借助技术手段进行日常不定期监测，及时查补漏洞。国务院 2015 年开展全国政府网站普查，也是出于对政府网站运行情况进行日常监测、及时发现问题、及时改善的目的。而法院网站在这方面还有改善空间，需要各级法院予以高度重视。

网站维护的另一层面问题则是不同平台之间的信息关联机制缺失，导致多平台间的信息不一致。最典型的就是浙江法院公开网与下级法院之间的信息发布关联性缺失，导致下级法院信息更新后，浙江法院公开网信息更新维护滞后。

（5）12368 平台建设配套不理想

首先，12368 平台功能整合还不到位。12368 平台与法院立案庭电话、投诉信访电话需要逐步整合理顺。12368 的网上立案等业务办理板块与立案庭咨询电话部分功能重合，投诉举报、信访查询板块也与法院专设的投诉信访电话有重合的部分，导致一些法院的 12368 接线人员拒绝回答相关问题，直接推诿给立案庭或投诉信访部门。

其次，座席接线人员专业化程度还不够。目前，多数法院的接线人员缺乏实际工作经验，对审判执行业务了解有限，且人员流动性大，这必然影响接听电话的效果。

最后，12368 平台还缺乏强有力的后台支撑系统。从调研情况看，12368 平台基本游离于法院信息平台之外，孤立于后台办公系统，既不能共享后台管理系统中的海量数据，也不能实现向干警派单、提醒监督干警向当事人反馈等的功能。因此，现在的 12368 平台还只不过是一个启用了特殊号码的咨询电话而已。

小结　审务公开的努力方向

审务公开的内容似乎与审判执行关系不密切，但其中很多信息却是公众与法院打交道所不可或缺的，而且，不少信息也是客观反映法院工作成效的内容，公开这些信息一方面体现了服务人民群众的理念，一方面也可以向公众正面展示法院的工作。对浙江法院的评估从网站平台建设、法院基本信息、人员信息、管理文件，到统计数据的公开，全方位涵盖了审务信息的主要内容。评估的结果也显示，浙江三级法院对公开审务信息的重要性的认识不断深化，公开水平不断提升。可以说，要做好审务信息的公开，还必须从如下方面着手。

（一）强化网站公开第一平台理念

网站是司法公开的第一平台，这是信息社会发展的必然趋势。一些传统的公开方式虽不会迅即退出历史舞台，但随着互联网的日益普及，其作用会越来越小，而凭借信息容量大、不受时空限制等优势，网站在司法公开中的作用将势不可当，越来越不可替代。近年来，随着信息技术的普及和电子政务的不断发展，电子政务网站已经从最初的发布信息，向在线交流、在线办事扩展，并已普遍具有这三项功能。其中，发布信息的功能是政务网站最基本也是最不可或缺的功能，其目的在于将公权力运行中产生的信息通过网站分享给公众，起到宣传自身工作、满足公众知情权、方便公众办事、引导公众行为等作用。信息的发布也自然需要立足于公众需要什么、关心什么，以及有关机关希望通过发布达到什么目的。只有明确法院网站能做什么、可以做什么、怎么做更妥当，才能真正发挥网站在公开信息中的作用。

确定这样的定位，就意味着法院网站必须注重信息发布的实效，找准公众需求和自身工作的需要，而不能为了公开而公开、为了发布而发布，令那些公众真正需要的信息淹没在各种无关信息之中，引发对司法权力不必要的质疑和批评。

此外，还要特别处理好对内公开和对外公开的关系。公众并不会反对领导开会、调研、指示，更不反对法官作为一个普通人在业余时间放松、娱乐。关键问题在于这些活动如果与司法活动无直接关系，或者与公众参与诉讼、了解法院情况不直接相关，相关信息的发布就应当有所节制。从这个意义上讲，并非是越透明越好。以对自身工作的宣传为例，宣传法院及法官的活动无疑是必要的，但应当主要侧重于展示法院如何提升司法水平、确保司法为民、公正司法，与之无关的则要慎重对待。

为此，法院网站必须实行内外分离。通过互联网对社会公开的平台尽量做到界面简洁、功能性强，那些与公众无关，对于正面宣传法院工作、拉近法院与公众距离无益的信息，应当退出网站的醒目位置，有些内容可以放到法院内网发布，而不是不加处理地放在互联网上。要建好网站，就必须结合信息化和电子政务发展以及新的社会形势，准确定位法院网站的功能，让其在提升司法公信力和司法权威方面发挥应有的作用。

（二）提升网站的实用性和易用性

建设网站的目的是让外界方便地获取法院的各种信息，这就需要在实用性和易用性上下功夫，应将方便公众获取信息作为改进工作的出发点和落脚点。门户网站做得好不好，关键在于公众是否可以便捷地获取信息。因此，建议各级法院注意增强网站友好性，提升信息获取便利度，如去除网站浮标，完善检索功能，开放网站信息的复制、下载和编辑功能，使法院网站的信息公开更方便公众获取和利用。

首先，配备基本功能，处理好共性与个性的关系。法院网站的建设既有共性的问题，也有个性的问题。诸如本次评估涉及的多个信息栏目就是各级、各地法院普遍应当公开，网站应当设置的，对此，建议自上而下地提出要求，在全省至少要在各地市内，明确其配备的标准，统一要求，确保所有公众需要的信息都能通过网站获取。对于那些关系到当地特定、本院特色的信息，也应鼓励法院从主动宣传自身、拉近公众与法院关系的角度，积极开发、合理配置。

其次，注重网页界面友好性，方便公众使用。在网站设计上要综合考虑栏目的主次、信息的重要性、信息发布的目的性等，把公众最需要获取、法院最需要公开的信息放在醒目位置。栏目设置坚持合理且最少化原则，做好栏目归类，处理好上级栏目与下级栏目的关系，充分发挥栏目作用，规范信息发布位置，避免信息栏目的虚化，并重视检索功能的配置。此外，还应慎重使用悬浮框等有碍网站美观、使用的技术。

再次，法院应从网站使用者的角度，对网站各栏目的设置、有关栏目的功能等进行验证，查找问题。尤其是，可以邀请当事人、律师等对网站设计提出意见建议，了解其对网站公开信息的需求，据此向技术部门或者网站运维企业提出更加具体的业务需求。

最后，建议将门户网站日常监测作为法院公开平台建设的必修课。目前，各法院已经十分重视法院门户网站建设，但网站运行过程中难免出现一些问题，打造好阳光司法的网络平台不仅要做好门户网站的平台建设，还要做好日常监测与维护工作。建议定期或者不定期对网站健康度进行技术监测，及时发现问题，及时进行补救或者完善。

（三）理顺法院各公开平台的关系

在网站建设方面，统一发布主要业务信息必然是一种趋势，但这个过程中要处理好几个关系。首先，应设法在技术上解决上级法院平台与下级法院平台的互联互通，或者在下级法院网站建立相应的链接，精确转链接至上级法院网站中的本院信息界面。其次，应当从技术上研究是否可以向下级法院开放权限，允许其自行对本院在上级法院有关平台的栏目进行维护，自行向有关栏目推送信息。这样一来，既可以确保发布时效，又可以避免为上级法院信息技术部门增添过大负担。最后，未来下级法院网站可以在确保与推送给上级法院平台的信息不矛盾、不冲突的前提下，更多地发布一些个性化的信息。

（四）提升12368平台的服务水平

12368平台是司法为民的重要举措，其关键是让12368平台真正发挥其联系法院与当事人乃至公众的桥梁与纽带作用。为此，必须逐步做到通过12368平台就可以实质性解决当事人乃至公众面临的问题。

在12368平台建设方面，既要继续加大力度，使该平台运行规范、高效，真正实现咨询、查询、投诉、举报等一条龙服务，又要进行技术处理使其与后台信息管理系统对接，实现在线向承办法官、有关部门派单，在线督促其办理回复。同时，原有的联系电话等还需要维持好公开状态，公开的电话必须准确，接到公众来电必须礼貌、详细地应答、回复。

建议参考上海等地的经验，在现有 12368 平台的基础上，整合法院各部门的工作，用以逐步取代各法院单独设立的咨询投诉电话；完善 12368 平台的后台支撑机制，开通连接前台与后台的自动化办公系统，实现 12368 集中对外接受咨询、投诉，相关问题转派有关部门和主管人员；借助电子监察的工作机制，对承办人员的反馈时效、反馈质量进行监督考核，解决当事人等找法官难的问题。还应进一步提高接线人员的专业水平和服务意识。未来，应通过提高待遇等手段，吸纳有经验、知识水平高的人员从事该工作。可考虑安排退休干警参与此工作，并加强培训，提高接线人员应答电话咨询等的专业化水平，并注意提升其服务意识。

结　语

司法公开是人民法院制度建设的一场革命。长期以来，对公众而言，法院一直高居庙堂，司法状况朦胧不清；对法官而言，秘而不宣已经成为习惯。中国宪法和三大诉讼法都明确规定了公开审判的内容，如《中华人民共和国宪法》第125条规定：人民法院审理案件，除法律规定的特别情况外，一律公开进行，被告人有权获得辩护；《中华人民共和国民事诉讼法》第10条规定：人民法院审理民事案件，依照法律规定实行合议、回避、公开审判和两审终审制度；《中华人民共和国行政诉讼法》第6条规定：人民法院审理行政案件，依法实行合议、回避、公开审判和两审终审制度；《中华人民共和国刑事诉讼法》第11条规定：人民法院审判案件，除本法另有规定的以外，一律公开进行，被告人有权获得辩护，人民法院有义务保证被告人获得辩护。但上述规定都限于公开审判、回避以及获得辩护方面，而这只是法院的部分工作，虽然是最重要的工作。公开审判不能代表司法公正的全部，也不必然会带来司法公信，过去几十年的实践也说明了这一点。公开审判具有十分重要的意义，但如果不让案件当事人了解案件审判执行的进度、不让公众了解裁判的结果，反而会大大降低审判公开的作用，无助于提升法院的公信力。因此，除了公开审判，法院还需要与公众进行多方面的沟通，这就构成了司法公开的基本框架：立案审判公开、裁判文书公开、执行信息公开和法院基本信息公开。

立案庭审公开是审判公开的延伸。立案庭审公开对当事人尤为重要，通过审判流程公开平台，当事人可以获知立案日期、合议庭组成人员、承办法官、送达、管辖权处理、财产保全和先予执行等信息。裁判文书公开是裁判结果的公开，展示法官司法的水平和能力。执行信息公开则是结果的公开，判决要得到执行，否则就是一纸空文。当事人可以通过执行信息公开平台，获取执行立案信息、执行人员信息、执行程序变更信息、执行措施信息、执行财产处置信息等。社会公众也可以了解拒不执行生效裁判的当事人的情况，有助于诚信社会的建设。法院基本信息涵盖的内容更多一些，既包括法官的基本信息，如法官的职级、学历，也包括法院运作的基本情况，如保障、财政经费、纪检投诉等内容。上述信息的公开全方位地向公众展示了法院的全貌，司法神秘主义的破除使法院变得透明了，拉近了法院和公众的距离，有利于公众了解司法和监督司法，提升对法院的信任度。需要说明的是，法院信息的全方位公开仍然有限度，即涉及国家机密、个人隐私、商业秘密，以及可能对社会带来危害的信息不在公开之列。当然，判断信息公开的危害性也不是一件简单的事，但两害相权取其轻，法院不应以其为理由拒绝公开应公开的信息。

明确了司法公开所涵盖的内容，司法公开推进的目标就更加清晰了。2013 年，司法公开以前所未有的速度在全国铺开，最高人民法院做好顶层设计并身先士卒，各级法院创新探索司法公开的路径和方法，取得了举世瞩目的成就。与其他改革不同，司法公开可以说是司法改革中遇到阻力最小、受到争议最少、改革成效最明显的内容之一，因此，也获得了包括被改革者在内的全社会最大的认同。司法公开是在法院信息化进程中逐渐展开的，它既是信息时代的要求，也是信息时代的成果。没有信息技术的发展，司法公开的很多想法和做法都不会提出来，更不可能付诸实践。浙江法院地处中国东部发达地区，在司法公开实践中充分发挥了其经济优势，但经济优势并不是推动司法公开的必然条件，还必须有自我限权、自我革命的公开意识。与其他地方不同的是，浙江法院勇于让第三方学术机构深入法院内部，向学术机构全方位开放自身的信息管理系统，开放自身的各项工作，让其对法院司法公开乃至法院工作的细节进行全面总结和分析。学术机构和法院的结合积极稳妥地推进了法院司法公开向纵深推进，称其为中国司法史上的里程碑、法学研究的新模式是名副其实的。纵观过去，人民法院司法公开可圈可点，成就斐然。然而，从全国的层面来看，也有值得总结和分析之处。在今后的司法公开进程中，应当注意以下几个方面的问题。

一 深化司法公开，推动司法改革

司法改革的目标是建立一个公正的司法制度，司法公开是司法改革的重要抓手，也是实现司法改革目标的重要路径。最高人民法院领导在全国法院院长会上的讲话指出，司法公开是全面深化司法改革的必然要求，是新媒体时代满足人民群众对司法工作新期待的必然要求，也是提升司法水平和司法公信力的必然要求。只有全面落实司法公开原则，始终确保审判权在阳光下运行，才能有力推进司法改革进程；只有充分利用新科技，不断扩大司法公开范围、拓宽司法公开渠道、创新司法公开方式，才能适应新媒体环境带来的新变化。

司法公开是司法改革的重要举措之一，应将其纳入司法改革的全局中统一思考和布局，尤其要注意它与其他改革措施的配套性和协调性，注意它在司法改革全局中的地位和作用。很多具体的信息公开制度对于司法机关内部的管理体制改革和办案方式都具有巨大的影响。应当协调司法公开与司法改革的关系。司法公开是司法改革的重要内容，但不是司法改革本身。司法公开给司法机关的管理模式带来较大的冲击，给具体办案的法官以更大的责任和压力。因此，司法公开不能单兵突进，需要与其他司法改革措施相协调，否则公开不仅不能促进司法改革，反而会打乱司法改革的布局和进程。

二 提升观念认识，引领公开工作

观念认识是否到位关系到行动是否有力、有效。纵观司法公开工作中出现的这样或那样的问题，大多数问题都源于思想认识不到位。可以说，没有阳光司法是司法体制改革的“牛鼻子”的认识，就不可能真正重视司法公开工作；没有阳光司法应有公众本位的观念，就不可能把公开工作做出成绩来。而且，司法公开也不是孤立于法院其他工作的事情。司法公开要实现审判、执行流程及其结果的透明、可视，满足人民群众日益增长的多元化司法需求，用公开透明实现答疑解惑、说理服人，实现让人民群众在司法个案中感受到公平正义并不断提升司法公信力的改革目标。因此，司法公开不能限于将司法活动及其结果展示于人民群众眼前。因为即便是再阳光的司法活动，如果展示出来的都是不规范或者不合法的审判与执行流程、说理难以服人的裁判结果、一份份无法兑现的法律“白条”，那么，也不能换来公众的信服和司法权威的提升。所以，推进司法公开还要更加注重其在倒逼司法能力提升、规范司法权力运行方面的积极正面作用。可以说，司法公开是我国在社会主义初级阶段推进司法体制改革的重要路径，体现的是党和国家锐意改革的政治智慧。推进司法公开不是一时一刻的事情，不是作为上级部门的形象工程，而是服务党和国家改革大业、服务经济社会发展、服务广大人民群众切身利益的良心工程。

三　完善制度机制，保证依法推进

应进一步完善阳光司法的制度机制，落实责任，用制度机制推进阳光司法工作持续、稳定开展。一些法院流传着这样一些说法：“老大难工程，老大关注就不难”，“司法公开是一把手工程”。这些表述都表明，当前的司法公开工作还没有摆脱依靠一把手强力推动的局面。事实上，观察浙江法院阳光司法指数评估的结果，我们可以发现，历年评估结果较好的、排名有显著提升的法院，往往都与院长重视阳光司法工作有着密切的关系。2015 年评估的结果中有一个有趣的现象，那就是做得好的法院的院领导被调到其他法院，其他法院的司法公开工作会立竿见影，排名也随之提升，当然，这也许只是个别现象。全省法院领导重视阳光司法工作固然很重要，但只有形成了稳定的制度机制、明确了各部门的责任、确立了科学的考核评价机制后，才能有效避免因领导人的更迭或者领导人关注领域的变化而影响阳光司法公开工作的稳定性和连续性。

为此，必须强调沿着法治化路径推进司法公开。司法公开的主要依据是最高人民法院关于司法公开的一些规范性文件，位阶较低，相关制度也在完善之中。在今后的司法公开实践中，首先，需要从法律的层面将相关的制度固化下来，成为法院的法定职责和义务。其次，需要建立相关的制度，保证司法公开制度落地生根。最后，司法公开制度要契合司法规律，以法院信息化为手段，与法院审判业务和审判相融合，杜绝司法公开和司法业务两张皮现象，使司法公开成为法院内生的司法机能，促进司法改革、促进司法公正。建议针对公开工作中出现的一些事项的公开工作标准不一、各自为政的现象，进一步明确各部门分工责任、细化公开标准和信息化标准、梳理公开清单，为进一步做好公开工作明确方向。

四 以需求为导向，注重公开实效

司法公开应以公众需求为导向。强调以民众需求为导向，一方面，特别要明确法院司法公开的价值取向。司法公开呈现形式多元化趋势，但并没有凸显出其各自的平台优势和对象的针对性。由于公开平台重复建设，强调创新，各自为政，未及司法公开根本，资源浪费现象较为普遍。一些法院司法公开定位模糊，停留在宣传或防止出现负面舆情上，选择性公开仍然比较突出。如裁判文书不公开的数量仍然较大，不公开审批随意性强。可以说，司法公开的法治思维尚未形成，司法公开随意性大。

另一方面，司法公开不应是法院一家唱“独角戏”，而应充分考虑公众的需求。“信息不对称”问题广泛存在，信息的拥有者处于信息传播的优势地位，如果缺乏相应的规则制度，“信息不对称”状况还会进一步加剧。在司法公开中，法院明显处于优势地位，而普通民众则处于弱势地位，司法公开应当是沟通民众与人民法院之间的一座桥梁。在传统的“权力本位”语境中，司法公开往往体现为“指令性”和“粗放性”特征，司法机关利用其优势地位，根据自身需要公开相关信息，造成供给和需求失衡。[①] 在司法公开过程中，当事人与社会公众对司法信息的需求不同。当事人关注的是涉己案件的信息，社会公众关心的是人民法院的工作信息，以及一些具有重大社会影响的案件信息。当事人和社会公众要求司法公开的内容不同。当事人需要知晓司法机关的立案、庭审、执行、文书、听证等方面的信息，社会公众关注的重点集中在审判公开的过程以及判决结果。因此，法院在司法公开的时候，应针对不同对象的需求推出不同层面的司法信息，以满足其需求。

五　提升司法能力，确保内容质量

应当进一步明确同步推进阳光司法工作与提升司法能力建设的重要地位，避免阳光司法单兵突进。阳光司法不是研究室、办公室、审管办等部门自己的事情，而是每个法院全院所有部门与所有干警的事情，需要各部门的参与与配合，尤其是要在切实提升司法能力的基础上，谋划提升阳光司法的实效、满足人民群众关注司法工作的现实需求。这也是3年来浙江省高级人民法院放手并支持法学研究所项目组依托法院内部数据尤其是审判执行办案数据、开展独立第三方评估的高明之处。未来，阳光司法工作及其评估工作的重点都应当进一步从关注形式公开向关注实质公开、从主要关注公开向更多关注司法权力规范运行转移，以最终实现以公开促公正、以公正提公信的改革目标。以裁判文书公开为例，必须在推动公开的基础上加强裁判文书说理。裁判文书是案件审判的最终结晶，是当事人法律关系认定、权利义务确定的重要文书。无论是案件当事人，还是社会公众，其所关心的不仅仅是案件的审判流程，

① 陈奎：《论司法公开的困惑与消解》，《山东社会科学》2015年第10期。

还关心案件的审判结果，特别是法院得出某一审判结论的事实根据、法律依据，因此，裁判文书说理充分，是让人民群众在每一个司法案件中感受到公平正义的必然要求，也是确保当事人服判息诉，维护并提升司法权威的必然要求。随着裁判文书上网发布制度化，大批的裁判文书发布在互联网上，文书的公开问题得到了初步解决，但公开不是最终目的，通过公开向公众展示法官认定案件事实、适用法律、得出裁判结论的推理过程，才能真正实现文书公开对提升司法水平、规范司法权力运行的倒逼作用。

六 协调处理关系，有序推动公开

首先，要处理好司法公开的地区性发展平衡关系。现有的司法资源匮乏制约着司法公开的落实，表现为中西部基层法院的人才匮乏，人员数量少或比例分配不均；西部地区基层法院经费不足，高科技装备、数字法庭建设、网络技术等欠缺，司法公开力不从心。因此，要重点加大中西部地区司法公开的力度，拓展中西部法院的司法公开的范围。不但要适应信息化发展的趋势，还要因地制宜，用公众容易接受、形式丰富的样式推进司法公开，需要一定的经费保障和技术支持，提高司法公开平台的科技含量。

其次，司法公开应处理好与司法审判的关系。保障公民的知情权是司法公开的重要任务，司法公开保障公众获取司法信息，知晓司法流程，但是司法公开同时也必然需要面对和处理好民意对司法审判的影响。司法公开实际上也是一个政治较量的平台，司法公开有益于推动司法民主化，让公民表达自己的意见。但民意汹涌却可能导致舆论审判、冲击程序正义。在民意裹挟下，裁判结果一旦与民意不一致，质疑司法不公的舆情便会甚嚣尘上，给法官施加巨大的压力。因此，司法公开应做到及时、全面、公正，要及时辨别民意、回应民意，但不被民意所裹挟。在这方面，与媒体建立良好的沟通关系至关重要。媒体监督司法权是公众参与的一部分。在一些大案要案面前，法院和法官往往会承受很大的媒体压力，在审判时瞻前顾后，“左右不是”，总是会以社会稳定为重，或重判或轻纵，违背司法公平的宗旨。当前，司法公开特别要处理好媒体与法院、法官的关系，媒体和司法应各归其位。媒体监督法院工作对保证法院公正司法有重要作用，但媒体报道、监督法院工作必须在一定的范围内，不可过度干扰司法正常程序。此外，法院和法官在司法时还不应受其他党政机关、社会团体、个人的干预影响，在这方面特别要按司法规律办事，以事实为依据，以法律为准绳，切实保证法官依法独立审判。

最后，司法公开要处理好公开与保密的关系。当事人诉讼权利与当事人隐私权之间的关系如何协调是司法公开必须面对的问题。司法公开保障了当事人的诉讼权利，但公开不当也可能侵害当事人的隐私权、泄露法人的商业秘密甚至国家秘密。司法公开必须兼顾正义性和私权性的双重价值。司法活动不仅要实现正义，还要以看得见的方式实现正义。司法公开会牵涉个体、法人或国家的权益，其中有些权益是相互冲突和矛盾的，公正、效率、秩序、安定等都是司法的价值目标，必须对这些冲突权益进行平衡和选择。司法公开应适度，不能以实现正义而牺牲个人、法人乃至国家的权益。应当权衡社会利益和个人利益保护的利弊，做出正确的抉择。在司法公开过程中，应严格遵守《中华人民共和国保守国家秘密法》的规定，注重对绝密、机密、秘密文件的保管与处理，同时在裁判文书上网时，协调好司法公开与当事人隐私之间的平衡问题，切勿顾此失彼。

裁判文书上网是司法公开的重要方面，以公开倒逼法官审慎行使裁判权，认真撰写裁判文书，提升裁判文书说理性，同时也有助于法制宣传、法学研究、案例指导、统一裁判标准等。推进裁判文书公开的实质性目的是要通过公开向公众展示法官认定案件事实、适用法律、得出裁判结论的推理过程，让司法活动在阳光下进行，真正实现文书公开对提升司法水平、规范司法权力运行的倒逼作用，因此裁判文书公开是司法公开的重要内容。

第一，不宜一概将以调解方式结案的案件作为裁判文书公开的例外。双方当事人在法院的主持下自愿达成调解协议，其实质是双方意志的表达，而非法院适用法律作出的裁判，法院不应该强制予以上网公开。但是司法调解毕竟动用了司法资源，调解结案的案件还是应该保持一定的公开度，特别是对于那些“被调解”案件，公开会起到监督作用。实践中，有时法院为了提高调解率，会动员或者诱使当事人接受调解，如果一概将调解结案的裁判文书排除在公开范围之外，则起不到监督作用。因此，对于调解结案的案件，应将是否公开的决定权留给当事人，即原则上，法院可以不予上网公开，但是双方当事人同意公开的除外。另外，有些刑事附带民事诉讼调解书的公开对于公众了解该刑事案件也是有意义的，实践中也确实进行了公开。

第二，例外事项不宜设计兜底条款。兜底条款的存在给司法机关留下了自由裁量权空间，尽管按照文件规定不宜公开的裁判文书要经过审批，但是司法机关作为裁判主体，会避重就轻，将不愿公开的裁判文书以不宜公开为借口回避上网公开。为最大限度地推进裁判文书公开，除涉及国家秘密、个人隐私和青少年违法犯罪案件属于法定不公开范围之外，裁判文书均应该上网公开，取消司法机关“不宜公开”的自由裁量权。

第三，不宜将生效作为裁判文书上网的前提。裁判文书作为公文，法院作出之后即应具有公定力和公信力，向当事人送达与否仅会对其权利义务具有影响，非经法定程序，不得更改或撤销。因此，裁判文书的公开时限不应该从生效之日起算，而应该从裁判文书作出之日起计算。也有人担心，裁判文书在二审中一旦被变更或撤销，提前公开会对当事人造成不利影响，也起不到对社会的引导作用。但是由于再审制度的存在，即使生效的裁判文书也存在被撤销或改变的可能性，显然担心案件有变的理由不成立。司法机关通过对有变化的裁判文书及时进行标识，完全可以消除不利影响，还可以与变更后的裁判文书一起接受社会监督。

第四，裁判文书实名公开不宜“一刀切”。裁判文书包含当事人信息，涉及个人隐私或商业秘密，因此裁判文书公开一方面要保障公众的知情权，另一方面也要注重保护个人信息和商业秘密。虽然实名公开有助于诚信社会建设，但应通过法院与相关机关、征信机构之间建立信息共享机制来实现，而不能采用在网络公开大量的个人信息的方式。

七　善用信息技术，力争事半功倍

实践中，人民法院面临的客观困难是案多人少，在一些经济发达地区尤其如此。司法公开客观上会增加不小的工作量。有的基层法院的法官一人年均办案数百起，每个案件有办案期限、办案质量的要求。受科技条件的限制，有的法院还做不到诉讼案卷随机生成，所公开的司法信息需要人工输入，甚至有的信息需要多次录入。化解案件数量和司法公开之间的冲突的解决之道是，借助科技手段来提高司法公开的效率，用信息技术来保证司法公开的质量。

毫不夸张地说，法院信息化与阳光司法是当前法院工作的两驾马车，也是推进法院自我革命的两大路径。最高人民法院在谋划人民法院信息化3.0版的过程中提出，推进司法公开全覆盖，实现全国法院全覆盖、各项工作全覆盖、人员岗位全覆盖，并充分利用各类媒体，扩大公开渠道，简化操作流程，完善服务功能。未来的阳光司法工作必须紧密结合“互联网+”“大数据”等的发展方向，改变传统的公开模式和公开理念，以公众需求为本位、以信息化为手段，提升阳光司法的效率和效果。浙江法院集控中心建设、司法网拍、借助淘宝网送达法律文书等的创新实践已经走在了全国前列。但未来还必须着力解决法院内部信息系统数据标准不一、共享困难，内部信息系统数据录入量大、录入不准确，法院门户网站建设水平参差不齐，信息化设备使用水平不高导致高质量的设备难以发挥应有作用等问题。

因此，人民法院应依托信息技术推动立案庭审、执行、裁判文书、审务公开，推动司法程序、流程、结果公开。人民法院应加强对司法公开的信息化保障，如推进四级法院联网的案件数据信息库、审判流程管理、执行指挥中心、诉讼服务系统和科技法庭、电子卷宗、数字审委会建设，开发自动纠错电子软件等。应完善案件数据随案生成的同步机制，法院司法公开工作应尽量做到数据信息一次完成，提高司法公开数据的真实性、客观性和及时性，减小法官的工作量。

后　记

至 2015 年年末，浙江法院阳光司法指数评估届满三年，评估工作圆满告一段落。三年间，我们与浙江法院一样，感受良多。对我们这样一个学术机构、这样一群学者而言，尝试了一种新的法学研究方法，对浙江法院而言，这样向一个研究机构全方位开放，让一群“外人”评估自身司法公开的成效也是第一次。所以，2013 年 11 月，当我们双方共同在最高人民法院第一审判庭发布第一年的评估结果时，艳惊四座。

三年时间如白驹过隙。2013 年年初，时任浙江省高级人民法院研究室主任的魏新璋法官冒着凛冽寒风，单枪匹马来法学研究所洽谈第三方评估的情景仍历历在目。魏主任这一次来访，我因故未能参加，他见到我们团队的主力研究人员、当时还是副研究员的吕艳滨时，不无好奇地说：“没想到吕艳滨是男的啊，还以为是个女同志!”时隔月余，魏主任再次来法学研究所，见到我本人，更加惊讶：“田禾怎么是个女的啊?”在他的心目中，主持这么有影响力的重要研究，应该是个男的才对。魏主任代表浙江省高级人民法院在一个月的时间内两访法学研究所，让我们感受到了浙江法院的合作诚意。一个月后，我们的调研组赴浙江进行评估前的预调研。之后，浙江省高级人民法院对法学研究所全方位开放，无论是法院机构、统计数据、案卷信息，还是法院信息系统，这让我们深受感动。

浙江是我国东部发达地区，其之所以发达是有道理的。浙江人脑子灵活、善于思考、勇于创新，这在法院这样相对保守的地方都得到了淋漓尽致的体现。公开是法治的基础，没有公开就没有法治，这一点已经不需要再加证明。中国社会科学院法学研究所多年来坚持对中国各级政府的信息公开工作进行评估，形成了著名的中国政府透明度指数报告；坚持对中国各级法院的司法公开工作进行评估，连续发布中国司法透明度指数报告，亲身经历、见证并推动了中国司法公开的发展和进步。而浙江省及其部分城市，在我们的上述两项评估中，几乎都名列前茅。宁波市在全国49家较大的市的政府透明度评估中多年名列第一，宁波市中级人民法院、宁波海事法院则分别多次在49家较大的市的中级人民法院司法透明度评估和全国10家海事法院司法透明度评估中夺得桂冠。这足以从一个层面说明，浙江的确是一个开放的省份。

开展浙江法院阳光司法指数评估时，我们结识了浙江当地的很多法官，他们的敬业和努力让我们对法官群体有了新的认识。时任浙江省高级人民法院院长齐奇给我们留下了深刻的印象。浙江法院阳光司法指数评估是齐奇院长在任时，直接领导和推动的。每一次项目组到浙江全境调研，齐奇院长都会跟项目组直接沟通，并过问评估的很多具体事务。齐奇院长非常儒雅，虽然是大法官，但是对项目组的年轻人都很亲切，善于跟每个人沟通。第一次评估结果出来以后，浙江省高级人民法院的排名不尽人意，在全省103家法院中排名第75位，有个板块还得了0分，可以说是很没有面子。这很容易让人抓住不放——瞧瞧，作为全省司法公开的领导者、推动者，你们的工作还不如大部分的中级法院和基层法院！项目组看到这个结果也有点无语，曾经想把高级法院单列出来，不参加大排名。但是齐奇院长很有魄力，说这说明浙江省高级人民法院“灯下黑”的现象还比较严重，进而说，阳光司法指数评估结果也应该阳光。这样，我们将第一年的评估结果原封不动地向全社会做了公开。与前期担心会有负面舆情不同的是，浙江省高级人民法院不怕露丑的心态、勇于接受社会监督的精神、立志改进工作的勇气反而受到了社会的广泛称赞。

另一个给我们留下了深刻印象的是浙江省高级人民法院的朱深远副院长。朱副院长幽默风趣，每次与他见面研讨，都是一次愉快的心理旅程。评估三年，朱院长能记住评估组的每一个他见过的成员，事无巨细地关注每一个细节。第一年的评估结果要在最高人民法院举办成果新闻发布会，朱副院长率领浙江法院各有关部门，如新闻处、研究室、审管办、行装处与最高人民法院的司改办、新闻局、研究室、审管办和行装局一一对接、家家协调，直到每一个环节都落实到位，他真的是一位生性风趣、工作严谨的领导干部。

浙江省高级人民法院的魏新璋主任是浙江法院与我们沟通合作最多的法官了。魏主任初看非常严肃，不苟言笑，似乎对学者也有点看法。这也难怪，学者食洋不化、食书不化的人不在少数，常常下车伊始，咿哩哇啦，颐指气使，其实狗屁不通。之所以选择与法学研究所合作，是因为法学研究所做的中国司法透明度指数评估已经大名鼎鼎。跟我们合作之后，魏主任可能发现，这个团队似乎有点不一样，非常接地气。2013 年首次在浙江全境调研时，整个项目组十余人集结在杭州中院，一同再次推敲了现场阅卷评估的细节。随后，项目组分成了三个小组，每个组由法学研究所的科研人员任组长，以每个地级市为调研核心，对全市法院的案卷进行集中评查，我们这个小组留守杭州，随后将去金华、湖州、嘉兴。午饭后，其他两个小组出发了，这时，我对魏主任说："你回去吧，不用跟着我们了。"这让魏主任大惑不解，觉得学者就是生硬、不解国情。其实，我们是想掌握调研的主导性，不让被调研对象影响调研的客观性。魏主任实际上后来接受了我们的做法，在具体工作中让浙江省高级人民法院做到了对下级法院"四不"，即不提前通知、不提前布置、不作动员、不告知评估科目。这样在调研时，我们能做到以我为主，保证了结果客观可信。此外，对浙江三级法院的调研时，我们非常尊重法官，在涉及法院非常细节化的技术信息方面，我们与魏主任反复沟通，魏主任则不厌其烦、仔细回答。这让我们觉得魏主任不仅是一个法官，而且也像一个学者。而在现场调研的各类细节上，魏主任也是心思缜密。比如，调研小组从一地到另一地是由上一站的法院送过去，还是由下一站的法院来接，都会反复推敲，最终为了避免因为司机长时间驾车而出现疲劳驾驶的风险，魏主任拍板决定请上一站的法院派车把小组成员送到下一个调研法院。

浙江法院中像齐奇院长、朱副院长、魏主任这样的法官还有很多。许惠春，嘉兴中院院长，一个充满童心的法官，调研之余与课题组的年轻人嬉笑玩闹；李章军，宁波中院副院长，一个对司法公开极其认真的法官，说什么事都一板一眼；程建乐，时任浙江省高级人民法院研究室副主任，一个看起来十分腼腆但满腹经纶的白净书生，在推动阳光司法和指数评估方面务实肯干；姚海涛，浙江省高级人民法院信息中心处处长，对法院信息化工作了如指掌；陈肖，浙江省高级人民法院研究室副主任，是一个风一般的能干的女法官；张福军，浙江省高级人民法院研究室科长，是在整个评估中出于对评估细节保密的考虑，除魏主任外唯一一位了解全部评估细节的人，更是一位勤勤恳恳、兢兢业业的法官；郭文利，湖州中院研究室主任，聪明活泼并对法官职业怀有深厚感情；时任宁波中院研究室主任王玉飞，是一位认真负责、精通业务的“女汉子”……这些法官颠覆了我们和参与评估的同学们对法官的固有印象——呆板、严肃、不好玩。他们有血有肉，有情有义，工作时严肃认真，工作之余热情活泼。在我们的心目中，他们不再是穿着法袍，高居庙堂之上、不食人间烟火的工作动物，而是朋友、良师和亲人。

调研和评估对项目组来说是一件很苦的差事。浙江 103 家法院，后来增加到 105 家法院，都是我们阳光司法评估的对象。三年评估，项目组几十名成员在浙江全境东奔西跑，纵横驰骋，每年都有一部分学术助理和学生离开，但铁打的营盘流水的兵，每年也都有一批新鲜血液补充进来。调研时经常遇到交通不畅，有时能在车上堵上五六个小时。2013 年，我所在的项目组从金华法院去湖州中院，下午 4 点出发，正常情况 2 个多小时就应该到了。结果遇到杭州绕城高速堵车，不得已进了杭州城。由于金华法院的司机师傅不熟悉杭州的道路，在杭州城里来回行驶，完全转向。车上所有人都把手机导航系统打开，每个系统的指令也不一样，一个说向右，一个说向左，司机无所适从。那天，我们三渡钱塘江，饥肠辘辘，看到杭州城里的“留下支队”的指示牌，差点打电话给魏新璋主任，真想当晚就留下不走了。但湖州中院的法官们还在翘首以待，结果到湖州中院已经是晚上十点。让我们感动的是，湖州中院的法官们望眼欲穿，一直在等待我们的到来，饭菜冷了热上，冷了再热。评估期间，我们的成员第一次发现浙江还有山区，第一次发现浙江还有少数民族地区，经济发展也不平衡。

观察三级法院的门户网站是第三方评估的主要任务，主要看法院对社会公众的公开情况。项目组还需要到法院实地考察，抽查法院的立案大厅、科技法庭等硬件的设置情况。此外，项目组还要抽查三级法院的案卷，看法院对当事人告知诉讼权利及重大事项的情况。在与法院打交道的过程中，年轻人们对法官、法院的看法由偏见转向客观和理解。年轻的同事们理解了法官的辛苦和不易，对妖魔化法院和法官的说法有了更独立客观的看法。对一个法学研究者来说，我们更多是从书本上掌握司法制度的知识，对制度的实际操作没有很深的了解。有的研究人员终其一生也不会跟法院有什么交集，甚至不知道案卷长什么样子，这对一个应用学科的学者而言实在是一件令人啼笑皆非的事。年轻人在浙江法院阳光司法指数评估中，深入法院、了解法官，对中国的司法制度、中国司法权的运行的认识远非书本提供的知识所能解决的，因而对中国国情、中国改革开放、中国实践有了更深入的认识，而不再由那些二杆子学者和胡说八道的网络言论所左右。

浙江法院阳光司法指数评估对浙江法院阳光司法的推进是显而易见的。2013 年，项目组刚开始评估的时候，法官观望、不理解的情绪较高。在跟法官座谈，谈到法官信息公开时，不少人对此不太理解。其实早在 2011 年我们在宁波调研另外一个课题时，当时还在业务庭的王玉飞法官拿着手机给我看，说："田老师你看，就这样当事人还在威胁我，今晚在我家楼下等我，如果我公布了我的个人信息，我对自身的安全保障没有信心。"在司法环境较差的情况下，法官的这种担心不是没有道理的。而且，法院案多人少的情况很普遍，司法公开如果没有很好的信息化系统的支撑，可能会给本来就很忙碌的法官增加不小的工作量。三年评估下来，过去的担心已经淡化了很多，法官们都认识到了司法公开乃大势所趋，利多弊少，因此接受了以公开为常态、以不公开为例外的原则。在三年评估期间，宁波中院的王玉飞法官恰恰转岗到研究室，直接对接评估工作，也成为了全市推动司法公开的先锋。浙江三级法院的司法公开由此有了一个质的飞跃，在全国司法公开工作中名列前茅。

这本书记录了三年的评估、三年的艰辛、三年的努力，正如最高人民法院沈德咏常务副院长所说，浙江省高级人民法院以实施阳光司法指数评估体系为抓手，构建开放、透明、便民、信息化的阳光司法新机制这一做法在人民法院系统具有首创性质和示范效应。此后，项目组还在浙江法院阳光司法指数评估的基础上，陆续对北京三级法院开展了评估，将重庆市渝北区法院纳入浙江基层法院序列进行了评估，2016 年还受广西壮族自治区高级人民法院委托，对全区 129 家法院开展了评估。

本书中的部分文字，如法治指数研究方法、司法透明度指数研究方法、中国司法透明度指数，浙江法院阳光司法指数历年评估总体情况等曾公开发表，特此说明。

浙江法院阳光司法指数三年评估，支持、帮助我们的人很多，很难把大家的名字一一列上，在此只能对大家说一声谢谢，特别要谢谢最高人民法院的领导和法官们，你们对浙江法院的支持，对中国社会科学院的开放也是这个项目成功的主要因素。要感谢的还有中国社会科学院的李培林副院长，法学研究所的陈甦书记、李林所长、莫纪宏副所长、穆林霞副所长，以及法学研究所的各位同事们，你们的理解和与我们并肩作战的精神，是我们研究的最大动力。最后要感谢的是参与这个课题的学术助理和法学研究所的同学们，他们付出了最艰辛的劳动，以保证每一个数据准确无误，是浙江法院阳光司法指数评估成功的重要条件。先后参与浙江阳光司法指数评估的法学研究所科研人员有吕艳滨、王小梅、栗燕杰、张文广、刘小妹、缪树蕾、徐斌、刘雁鹏等；参与的学术助理有赵千羚、曹景南、王旭、刘平、张誉、刘迪、许倩、姜瑞、杨芹、马小芳、曹雅楠、樊京、朱红豆等；参与的学生有郑博、常君、廉天娇、郭明丽、熊金鑫、周妮、慕寿成、王凤艳、张晓晴、崔亚平、刘雅茜、赵凡、张多、张爽、胡增姗、周震、宁妍、徐蕾、宋君杰、刘永利、李家琛等（排名不分先后）。在此，对他们一并表示感谢。上述人员当中有不少学术助理、学生，毕业后进入了律师事务所，有的进入了法院系统，有的成了公务员，在各个行业发挥着作用。对他们而言，参与阳光司法调研是难得的学术训练，也是自己一生的宝贵体验。本书出版过程中，法治国情调研室王祎茗助理研究员、学术助理王洋、硕士研究生王君秀等参与了校对工作，在此一并致谢。

田　禾

2016 年 10 月 18 日于去延安高铁上